土木工程测量

主　编　李捷斌　王　宁
参　编　靳　洁　武晴晴　纪海源
主　审　姜　刚

北京理工大学出版社
BEIJING INSTITUTE OF TECHNOLOGY PRESS

内 容 提 要

本书参照行业新仪器、新技术、新工艺和国家最新的工程测量规范，结合近年来高等职业教育教学改革的最新成果编写而成。本书共分为 10 个项目，包括测量基础知识、水准测量、全站仪及角度测量、距离测量与直线定向、小区域控制测量、地形图识读与应用、测设的基本工作、建筑施工测量、建筑物变形观测、竣工总图的编绘与竣工测量。各项目重点任务拍摄制作成微课视频，以二维码的形式嵌入页面相应位置。此外，本书还配套在线开放课程，可开展线上线下混合式教学。

本书可作为职教本科、高职等高等院校土木工程专业、建筑室内设计专业、工程造价专业、道桥类专业的教材，也可作为相关工程技术人员培训、自学、参考用书。

版权专有　侵权必究

图书在版编目（CIP）数据

土木工程测量 / 李捷斌，王宁主编. -- 北京：北
京理工大学出版社，2025.1.
ISBN 978-7-5763-4957-3

Ⅰ . TU198
中国国家版本馆 CIP 数据核字第 2025WN3321 号

责任编辑：江　立		**文案编辑**：江　立	
责任校对：周瑞红		**责任印制**：王美丽	

出版发行 / 北京理工大学出版社有限责任公司

社　　址 / 北京市丰台区四合庄路 6 号

邮　　编 / 100070

电　　话 / (010) 68914026（教材售后服务热线）

　　　　　　(010) 63726648（课件资源服务热线）

网　　址 / http：//www.bitpress.com.cn

版 印 次 / 2025 年 1 月第 1 版第 1 次印刷

印　　刷 / 河北鑫彩博图印刷有限公司

开　　本 / 787 mm × 1092 mm　1/16

印　　张 / 15

字　　数 / 347 千字

定　　价 / 78.00 元

FOREWORD 前言

　　本书是一本全面介绍建筑工程领域测量技术及应用的教材。本书融入目前建筑工程中的新规范、新标准和新技术，具有较强的技能性、实用性和先进性，符合技术技能型人才培养的要求。编写人员多次深入施工现场进行调研，与现场施工技术人员进行探讨，并邀请企业测量专家共同参与本书的编写。

　　本书主要特色如下：

　　（1）紧密贴合建筑工程测量实际，教材内容以生产项目实践使用的测量仪器为主体编写。

　　（2）采用现行国家标准，相关术语以《工程测量基本术语标准》(GB/T 50228—2011)为主，相关要求采用《工程测量标准》(GB 50026—2020)、《建筑施工测量标准》(JGJ/T 408—2017)。

　　（3）增加了装配式建筑施工测量、钢柱施工测量的内容。

　　（4）融入国家职业标准和"1+X"等职业技能标准，力求体现高等教育特点，突出应用、加强实践，按"必需、够用"的原则，适当减少理论知识，强调操作步骤和过程知识。

　　（5）本书突出职业素养的培养，配套在线课程，重点任务制作成微课视频，以二维码的形式嵌入页面相应位置。本书配套智慧树平台《建筑工程测量》课程网址为http://coursehome.zhihuishu.com/courseHome/1000077035/214279/21#teachTeam.

　　本书由陕西工业职业技术学院李捷斌、王宁担任主编，陕西工业职业技术学院靳洁、武晴晴、纪海源参与编写；具体编写分工为：项目1～项目2由李捷斌编写，项目3～项目4由靳洁编写，项目5～项目7由王宁编写；项目8、项目10、附录由武晴晴编写，项目9由纪海源编写；南方测绘西安分公司山伟负责提供技术指导和修订意见，全书由李捷斌统稿，长安大学地测学院姜刚副教授对本书进行审定。

　　本书为校企合作教材，在编写本书过程中，编者得到了广州南方测绘科技股份有限公司西安分公司的指导和帮助，同时得到了北京理工大学出版社的大力支持，在此也一并致谢！

　　由于编者水平有限，书中难免存在缺点和错误，恳请读者批评指正！

编　者

CONTENTS 目录

CONTENTS

CONTENTS

项目1　测量基础知识

🟦 **教学目标**

知识目标	能力目标	素养目标
1. 掌握确定地面点位的原理和方法； 2. 理解绝对高程、相对高程和高差的含义； 3. 熟悉测量学中的独立直角坐标系； 4. 理解测量工作的基准面、地理坐标； 5. 掌握高斯平面直角坐标、空间直角坐标系的定义，理解其应用； 6. 了解用水平面代替水准面的限度； 7. 熟悉测量的基本工作和基本原则； 8. 了解产生误差的原因； 9. 理解测量误差的分类和特点； 10. 理解评定观测值精度的标准和方法	1. 能够通过坐标表示地面点； 2. 能够进行不同高程基准间的高程转换； 3. 能够完成不同坐标系间的坐标转换； 4. 能够完成高斯平面坐标带号与中央子午线间的转换计算； 5. 能够遵守测量基本原则完成测量的基本工作； 6. 能够掌握误差的规律，减少控制测量误差； 7. 能够根据观测数据评定观测精度	1. 培养工程意识，具有细心、严谨、吃苦耐劳、敬业的工匠精神； 2. 培养学生独立思考和解决问题的能力，以及创新能力； 3. 具备良好的观察力和分析能力，能够准确、快速地进行测量和数据处理； 4. 培养实践能力和创新意识，提高综合素质； 5. 培养学生遵守国家标准和规范的意识，树立质量第一的理念，提高工程测量的责任感和使命感

🟦 **相关规范**

1.《工程测量标准》(GB 50026—2020)；

2.《工程测量通用规范》(GB 55018—2021)。

🟦 **学习重难点**

1. 测量工作的基准面、基准线；

2. 确定地面点位和高程的方法；

3. 地面点的坐标、空间直角坐标系；

4. 测量的基本工作和基本原则；

5. 测量误差的来源及分类、评定精度的标准和计算方法。

🟦 **岗课赛证**

1. 全国职业院校技能大赛地理空间信息采集与处理赛项规程

(1)水准测量：完成规定水准路线的观测、记录、计算和成果整理，提交合格成果。

(2)导线测量：完成规定附合导线的观测、记录、计算和成果整理，提交合格成果。

1.1 建筑工程测量的任务

测量学是研究如何量测地球或地球局部区域的形状、大小和地球表面的几何形状及其空间位置，并将量测结果用数据或图形表示出来的科学。

建筑工程测量是测量学的一个重要组成部分，它是建筑工程在勘测设计、施工建设和组织管理等阶段，应用测量仪器和工具，采用一定的测量技术和方法，根据工程施工进度和质量要求，完成应进行的各种测量工作。

视频：建筑
工程测量概述

1.1.1 工程测量的内容

1. 测定

测定是将地球表面局部区域的地物、地貌按一定的比例尺缩绘成地形图，作为建筑规划、设计的依据。

2. 测设

测设是将图纸上规划、设计好的建筑物、构筑物的位置，按设计要求标定到地面上，作为施工的依据。

1.1.2 工程测量的任务和作用

工程测量是测绘科学与技术在国民经济和国防建设中的直接应用，是综合性地应用测绘科学与技术。按工程建设程序，工程测量可分为规划设计阶段的测量、施工建设阶段的测量和竣工后运营管理阶段的测量。

1. 规划设计阶段的测量

规划设计阶段的测量主要是提供地形资料，取得地形资料的方法是在所建立的控制测量的基础上进行地面测图或航空摄影测量。

2. 施工建设阶段的测量

施工建设阶段的测量主要任务是按照设计要求在现场实地准确地标定建筑物各部分的平面位置和高程，作为施工与安装的依据。一般要先建立施工控制网，然后根据工程施工的要求进行各种测量工作，以确保工程质量。

3. 竣工后运营管理阶段的测量

竣工后运营管理阶段的测量包括竣工测量及为监视工程安全状况的变形观测与维修养护等测量工作，以便及时掌握其沉降、位移、倾斜、裂缝和挠度变形情况等。以动态监测的手段，及时采取相应的技术措施，确保工程安全，同时，也为改进设计、施工提供科学的依据。

测量工作贯穿工程建设的整个过程，测量工作的质量直接关系到工程建设的进度和质量。所以，每位从事工程建设的人员，都必须掌握必要的测量知识和技能。

✳ 特别提示

> 施工阶段测量工作的主要内容有施工前的场地平整测量、建（构）筑物的定位、放线测量、施工阶段的基础工程和主体砌筑中的施工测量、构件安装测量、工程后期的竣工测量及建（构）筑物的变形观测等。

1.2 地面点位的确定

1.2.1 测量工作的基准面

地球表面是一个不规则的旋转椭球体，其表面错综复杂，有陆地、海洋，有高山、低谷，所以，地球表面不是一个单一的规则面。地球表面约 71% 的面积被海洋覆盖，陆地面积仅占地球总面积的 29%。为了表示所测地面点位的高低位置，应在施测场地确定一个统一的起算面，这个面称为基准面。

1. 水准面和水平面

人们设想以一个静止不动的海水面延伸穿越陆地，形成一个闭合的曲面包围了整个地球，这个闭合曲面称为水准面。水准面的特点是水准面上任意一点的铅垂线都垂直于该点的曲面。

与水准面相切的平面，称为水平面。

2. 大地水准面

水准面有无数个，其中与平均海水面相吻合的水准面称为大地水准面。它是测量工作的基准面，是水准面中特殊的一个，且具有唯一性。

由大地水准面所包围的形体，称为大地体。

3. 铅垂线

重力的方向线称为铅垂线。它是测量工作的基准线。在测量工作中，取得铅垂线的方法如图 1-1 所示。

大地水准面、水平面、铅垂线是测量的基准面和基准线。

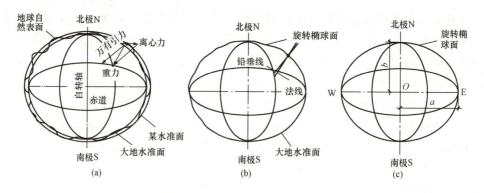

图 1-1　地球自然表面、大地水准面和旋转椭球面

1.2.2　确定地面点位的方法

　　地球表面上的点称成为地面点，不同位置的地面点有不同的点位。测量工作的实质就是确定地面点的点位。如图 1-2 所示，设想地面上不在同一高度上的 A、B、C 三点，分别沿着铅垂线投影到大地水准面 P' 上，得到相应的投影点 a'、b'、c'，这些点分别表示地面点在地球面上的相对位置。

　　如果在测区中央内做大地水准面 P' 的相切平面 P，A、B、C 三点的铅垂线与水平面 P 分别相交于 a、b、c，这些点表示地面点在水平面上的相对位置。

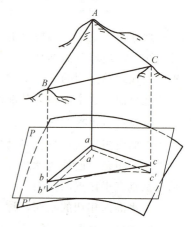

图 1-2　确定地面点位的方法

　　由此可见，地面点的相对位置可以用点在水准面或水平面上的位置，以及点到大地水准面的铅垂距离来确定。

1.2.3 地面点高程

地面点高程是指地面点到基准面的铅垂距离。由于选用的基准面不同而有不同的高程系统。

1. 绝对高程

地面点到大地水准面的铅垂距离称为该点的绝对高程，用 H 表示。如图 1-3 所示，H_A、H_B 分别表示地面点 A、B 的高程。

目前，我国以 1953 年至 1977 年青岛验潮站资料确定的平均海水面作为绝对高程基准面，称为"1985 年国家高程基准"，并在青岛建立了国家水准原点，其高程为 72.260 m。

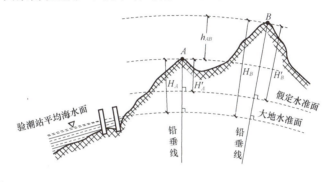

图 1-3　高程系统

2. 相对高程

局部地区采用国家高程基准有困难时，可以采用假定水准面作为高程起算面。相对高程又称为"假定高程"，是以假定的某一水准面为基准面，地面点到假定水准面的铅垂距离。如图 1-3 所示，H_A'、H_B' 分别表示 A、B 两点的相对高程。

地面两点的高程之差称为高差，用 h 表示。A、B 两点间的高差为

$$h_{AB} = H_B - H_A \tag{1-1}$$

或

$$h_{AB} = H_B' - H_A' \tag{1-2}$$

当 h_{AB} 为正时，B 点高于 A 点；当 h_{AB} 为负时，B 点低于 A 点。

B、A 两点间的高差为

$$h_{BA} = H_A - H_B \tag{1-3}$$

或

$$h_{BA} = H_A' - H_B' \tag{1-4}$$

视频：高程系统

由此可见，A、B 的高差与 B、A 的高差绝对值相等，符号相反，即 $h_{AB} = -h_{BA}$。

> **✦ 特别提示**
>
> 在建筑工程中，除建筑总平面图首层室内外地坪用绝对高程标注外，其余各部位均用相对高程标注，它是以首层主要房间地坪为 ±0.000，其他各部位的相对高程都是距首层主要房间地坪的铅垂距离。

1.2.4 地面点坐标

地面点坐标常用地理坐标或平面直角坐标表示。

1. 地理坐标

地理坐标是指用经度(λ)和纬度(φ)表示地面点位置的球面坐标，如图 1-4 所示。经度是从本初子午线(指通过格林尼治天文台的子午线)起算，分为东经(向东 $0°\sim180°$)和西经(向西 $0°\sim180°$)；纬度是从赤道起算，分为北纬(向北 $0°\sim90°$)和南纬(向南 $0°\sim90°$)。

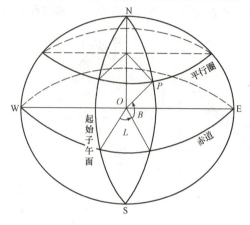

图 1-4 大地地理坐标系

视频：地理坐标系

我国位于地球的东半球和北半球，所以，各地的地理坐标都是东经和北纬，例如，北京的地理坐标为东经 $116°28'$，北纬 $39°54'$。地理坐标常用于大地问题的解算，研究地球形状和大小，编制地图，火箭和卫星发射及军事方面的定位与运算等。

2. 平面直角坐标

地理坐标是球面坐标，在实际工程建设规划、施工中若利用地理坐标会带来诸多不便。因此，须将球面坐标按照一定的数学法则归算到平面上，即测量工作中所成的投影。我国采用的是高斯投影法。

视频：高斯克吕格投影

(1)高斯平面直角坐标。利用高斯投影法建立的平面直角坐标系，称为高斯平面直角坐标系。在广大区域内确定点的平面位置，一般采用高斯平面直角坐标。

高斯投影法是将地球按 $6°$ 的经差分为 60 个带，从首子午线开始自西向东编号，东经 $0°\sim6°$ 为第一带，$6°\sim12°$ 为第二带，以此类推，如图 1-5 所示。

位于每一带中央的子午线称为中央子午线，第一带中央子午线的经度为 $3°$，则任一带中央子午线的经度 λ_0 与带号 N 的关系为

$$\lambda_0 = 6°N - 3° \tag{1-5}$$

为了方便理解，将地球看作球体，并设想将投影平面卷成圆柱体套在地球上，使圆柱体面与某 $6°$ 带的中央子午线相切，如图 1-6(a)所示。在球面图形与柱面图形保持等角的条件下将球面图形投影到圆柱面上，然后将圆柱体沿着通过南极、北极的母线 LL'、KK' 剪

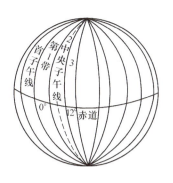

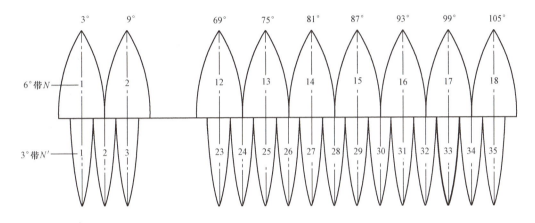

图 1-5　投影的分带

开，并展开成平面。展开后的平面称为高斯投影面。其投影如图 1-6(b) 所示。投影后，中央子午线为一直线，且长度保持不变，其他子午线和纬线均为曲线。选取中央子午线为坐标纵轴 x，取与中央子午线垂直的赤道作为坐标横轴 y，两轴交点为坐标原点 O，从而构成使用于这一带的高斯平面直角坐标系，规定 x 轴向北为正，y 轴向东为正，坐标象限按顺时针编号。

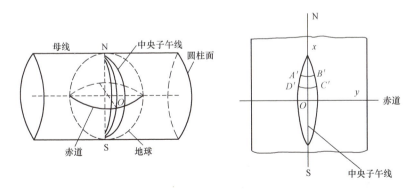

图 1-6　高斯平面投影

在高斯投影中，除中央子午线外，球面上其余的曲线，投影后都会发生变形。离中央子午线越远，长度变形越大，因此，当要求投影变形更小时，可采用 3°带。3°带是从东经 1°30′起，每隔经度 3°划分一带，整个地球划分 120 个带，如图 1-5 所示。每带中央子午线

经度 λ'_0 与带号 n 的关系为

$$\lambda'_0 = 3n \qquad\qquad (1\text{-}6)$$

由于我国位于北半球，因此在我国范围内，所有点的 x 坐标均为正值，而 y 坐标有正有负，如图 1-7(a) 所示。为了使 y 坐标不出现负值，将每带的坐标原点西移 500 km，如图 1-7(b) 所示。为了确定某点所在的带号区域，规定在横坐标之前冠以带号。例如，纵轴西移前，$y_A = +136\ 780$ m，$y_B = -272\ 440$ m；纵轴西移后，$y_A = 500\ 000 + 136\ 780 = 636\ 780$（m），$y_B = 500\ 000 - 272\ 440 = 222\ 560$（m）。设 A、B 位于第 20 带中，则 $y_A = 20\ 636\ 780$ m，$y_B = 20\ 222\ 560$ m，分别表示离 20 带中央子午线向东 136.780 km 和向西 272.440 km 处。

视频：地图投影

目前，我国以陕西泾阳县永乐镇为坐标原点进行定位，称为"1980 年国家大地坐标系"，简称 80 坐标。

（2）独立平面直角坐标。当测区范围较小时，可以不考虑地球曲率的影响，而将大地水准面看作水平面，并在平面上建立独立直角坐标系。这样，地面点在大地水准面上的投影位置就可以用平面直角坐标来确定。

测量上选用的独立平面坐标系，规定纵坐标轴为 x 轴，向北为正方向；横坐标为 y 轴，向东为正方向，坐标原点一般选择在测区的西南角，避免任意点的坐标均为正值。坐标象限按顺时针标注，如图 1-8 所示。

视频：空间直角坐标系和独立坐标系

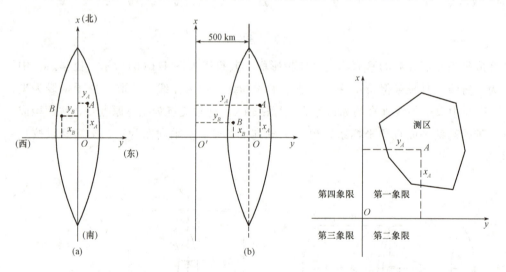

图 1-7　高斯平面直角坐标系　　　　图 1-8　独立平面直角坐标系

特别提示

测量学上的坐标与数学上的坐标在纵横轴和象限划分上是不同的。数学上坐标的横轴为 x 轴，向右为正，纵轴为 y 轴，向上为正，坐标象限是按逆时针方向标注的。所以要对测量学和数学的坐标系加以区别。

1.2.5　空间直角坐标系

目前，随着卫星大地测量技术的发展，采用空间直角坐标系表示空间点位，已在多个领域中得到应用。坐标原点位于参考椭球的中心，X 轴指向起始子午面与赤道的交点，Z 轴指向参考椭球的北极，过 O 点与 XOZ 面垂直，按右手法则确定 Y 轴方向，如图 1-9 所示。某点的位置用 $(X，Y，Z)$ 表示。

2000 国家大地坐标系是中国当前最新的国家大地坐标系。英文缩写为 CGCS2000。2008 年 4 月经国务院批准，自 2008 年 7 月 1 日起，中国将全面启用 2000 国家大地坐标系，国家测绘局授权组织实施。

2000 国家大地坐标系是全球地心坐标系在中国的具体体现，其原点为包括海洋和大气的整个地球的质量中心。Z 轴指向 BIH1984.0 定义的协议极地方向（BIH 国际时间局）；X 轴指向 BIH1984.0 定义的零子午面与协议赤道的交点；Y 轴按右手坐标系确定，如图 1-10 所示。

视频：坐标转换

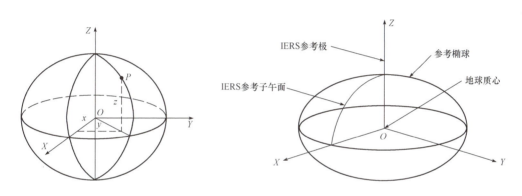

图 1-9　空间直角坐标系　　　　　　图 1-10　2000 国家大地坐标系示意

1.2.6　用水平面代替水准面的范围

当测区范围小，用水平面取代水准面所产生的误差不超过测量容许误差范围时，可以用水平面取代水准面。但是在多大面积范围内才容许这种取代，有必要加以讨论。假定大地水准面为圆球面，下面将讨论用水平面取代大地水准面对距离、角度和高程测量的影响。

1. 对水平距离的影响

如图 1-11 所示，设地面上 A、B、C 三点在大地水准面上的投影分别是 a、b、c 三点，过点 a 做大地水准面的切平面，地面点 A、B、C 在水平面上的投影分别为 a'、b'、c'。设 ab 的弧长为 D，$a'b'$ 的长度为 D'，球面半径为 R，D 所对应的圆心角为 θ，则用水平长度 D' 取代弧长 D 所产生的误差为

$$\Delta D = D' - D = R\tan\theta - R\theta = R(\tan\theta - \theta) \tag{1-7}$$

在小范围测区 θ 角很小。$\tan\theta$ 可用级数展开，得

$$\tan\theta = \theta + \frac{1}{3}\theta^3 + \frac{5}{12}\theta^5 + \cdots$$

因 D 比 R 小得多，θ 角又很小，只取级数前两项代入式(1-7)中，得

$$\Delta D = R\left(\theta + \frac{1}{3}\theta^3 - \theta\right) = \frac{R}{3}\theta^3$$

将 $\theta = \frac{D}{R}$ 代入上式中，得

$$\frac{\Delta D}{D} = \frac{D^2}{3R^2} \qquad (1\text{-}8)$$

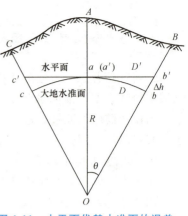

图 1-11　水平面代替水准面的误差

地球平均半径 $R = 6\ 371\ \text{km}$，用不同的 D 值代入式(1-8)中得到表 1-1 的结果。

表 1-1　用水平面代替大地水准面对水平距离的影响

D/km	$\Delta D/\text{cm}$	$\Delta D/D$
1	0.00	—
5	0.10	1/4 871 000
10	0.82	1/1 218 000
15	2.77	1/541 000
20	6.57	1/304 000
50	102.65	1/48 700

计算表明两点相距 10 km 时，用水平面代替大地水准面产生的误差为 0.82 m，相对误差为 1/1 218 000，相当于精密量距精度的 1/1 100 000。所以，在半径为 10 km 测区内，可以用水平面取代大地水准面，其产生的距离投影误差可以忽略不计。

2. 对水平角测量的影响

如图 1-12 所示，球面上为一三角形 ABC，设球面多边形面积为 P，地球半径为 R，通过对其测量可知，球面上多边形内角之和比平面上多边形内角之和多一个球面角超 ε。其值可用多边形面积求得

$$\varepsilon = \rho\frac{P}{R^2} \qquad (1\text{-}9)$$

其中，$\rho = 206\ 265''$。

球面多边形面积 P 取不同的值，球面角超 ε 得到相应的结果，见表 1-2。

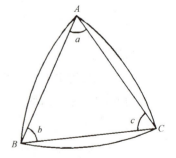

图 1-12　球面三角形和
平面三角形的角度差

表 1-2　球面角超 ε

P/km^2	10	50	100	300
$\varepsilon/('')$	0.05	0.25	0.51	1.52

当测区面积为 100 km² 时，用水平面取代大地水准面，对角度影响最大值为 0.51″，对于土木工程测量而言在这样的测区内可以忽略不计。

3. 对高程的影响

如图 1-13 所示，以大地水准面为基准面的 B 点绝对高程 $H_B = Bb$，用水平面代替大地水准面时，B 点的高程 $H'_B = Bb'$，两者之差 Δh 就是对点 B 高程的影响，也称为地球曲率的影响。在 $\triangle Oab'$ 中，得知：

$$(R + \Delta h)^2 = R^2 + D'^2$$

推导可得：

$$\Delta h = \frac{D'^2}{2R + \Delta h}$$

D 与 D' 相差很小，可以用 D 代替 D'，Δh 相对于 $2R$ 很小，可以忽略不计，则

$$\Delta h = \frac{D^2}{2R} \qquad (1-10)$$

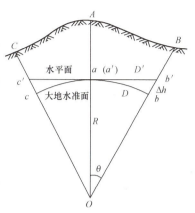

图 1-13　地球曲率差

对于不同的 D 值产生的高差误差见表 1-3。

表 1-3　对于不同的 D 值产生的高差误差

D/km^2	0.05	0.1	0.2	1	10
$\Delta h/\text{mm}$	0.2	0.8	3.1	78.5	7 850

计算表明，地球曲率对高差影响较大，即使在不长的距离（如 200 m），也会产生 3.1 mm 的高程误差，所以高程测量中应考虑地球曲率的影响。

视频：水平面代替水准面的讨论

> ✳ **特别提示**
>
> 用水平面代替水准面，关于对水平距离、水平角和高程影响过程的推导仅做参考，但其结论非常重要。

1.3　测量工作概述

1.3.1　测量的基本工作

在实际测量工作中，一般不能直接测量出地面点的坐标和高程。通常是求得待定点与已测量出坐标和高程的已知点之间的几何位置关系，然后推算出待定点的坐标和高程。

如图 1-14 所示，设 A、B 为坐标、高程已知的点，C 为待定点，三点在投影平面上的投影位置分别是 a、b、c。在 $\triangle abc$ 中，只要测量出一条未知边和一个角（或两个角，或两条未知边），就可以推算出 C 点的坐标。可见测定地面点的坐标主要是测量水平距离和水平角。欲求 C 点的高程，则要测量出高差 h_{AB}（或 h_{BC}），然后推算出 C 点高程。所以，测定

某点高程的主要测量工作是测高差。

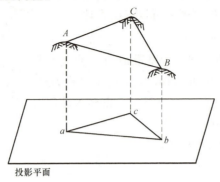

图 1-14 测量基本内容

综上所述，高差测量、水平角测量、水平距离测量是测量工作的基本内容。

测量工作按其性质可分为外业（野外作业）工作和内业（室内作业）工作两种。外业工作的内容包括应用测量仪器和工具在测区内进行测定与测设工作；内业工作时将外业观测成果或按照图纸要求的放样数据加以整理、计算、绘图等以便使用。

✳ 特别提示

测定时一般遵守"先外业后内业"的工作程序；测设时一般遵守"先内业后外业"的工作程序。对于较为复杂的工程而言，外业工作和内业工作是双向交叉进行的。

1.3.2 测量工作的基本原则

进行建筑工程测量时，需要测定（或测设）许多特征点或碎部点的坐标和高程。如果从一个特征点开始至下一个特征点逐一进行施测，尽管能够确定各待定点的位置，但由于测量中不可避免地存在误差，会导致前一个点的测量误差传至下一点，这样累积起来的误差就有可能超出容许误差范围。此外，逐点传递的测量效率也很低。施工测量人员的工作既要保证工程的质量，也要跟上工程施工的进度，因此，测量工作必须按照一定的原则进行。

"从整体到局部，先控制后碎部，由高精度到低精度"是测量工作应遵循的重要原则之一。施工测量首先应对施测场地布设整体控制网，用较高的精度控制全区域，在其控制的基础上，再进行各局部碎部点的定位测设。这种方法不但可以减少碎部点测量误差积累，而且可以同时在各个控制点上进行碎部测量，从而提高测量工作效率。

施工测量还必须遵守"重检查，重复核"的原则。在控制测量或碎部测量中都有可能发生错误，小错误会影响工程质量，大错误则会造成返工浪费，甚至导致无法挽回的损失，因而，在实际操作与计算中均应步步设防采取校核手段，检查已进行的工作有无错误，从而找出错误并加以改正，保证各个工作环节可靠，以确保工程质量。

1.4 测量误差概述

从测量工作的实践中可以看出，对某一量进行多次观测时，无论测量仪器和工具多么精密与先进，观测人员多么认真细致，其测量结果之间总是存在着差异。这说明观测之中不可避免地存在测量误差。

视频：测量误差概述

1.4.1 测量误差产生的原因

测量误差有许多方面的原因，概括起来主要有以下三个方面。

1. 仪器误差

使用的仪器在构造及制造工艺诸方面不十分完善，尽管经过了检验和校正，但还有可能存在残留误差，因此不可避免地会给观测值带来影响。

2. 观测误差

由于观测者的感觉器官鉴别能力的限制，在进行测量时都有可能产生一定的误差。同时，观测者操作技术、工作态度也会对观测值产生影响。

3. 外界条件的影响

由于测量时外界自然条件（如温度、湿度、风荷载等）的变化，也会给观测值带来误差。

观测者、测量仪器和观测时的外界条件是引起观测误差的主要因素，通常称为观测条件。观测条件相同的各次观测称为等精度观测；观测条件不同的各次观测称为非等精度观测。在工程测量中多采用等精度观测。

综上所述，任何一个观测值都含有误差。因此，必须对误差做进一步了解和研究，以便对不同的误差采取不同的措施，达到消除或减少误差的目的。

1.4.2 测量误差分类

测量误差按其观测结果影响性质的不同，可分为系统误差和偶然误差两大类。

1. 系统误差

在相同的观测条件下，对某量进行一系列观测，如果观测误差在大小和符号上均相同，或者按照一定规律变化，这种误差称为系统误差。例如，将 30 m 的钢尺与标准尺比较，其尺长误差 3 mm，用该钢尺丈量 30 m 的距离，就会有 3 mm 的误差，若丈量 60 m，就有 6 mm 的误差。就一段而言，其误差为固定的常数；就全长而言，其误差与丈量的长度成正比。

系统误差具有积累性，对测量成果影响很大，但它的符号和大小又具有一定的规律性。一般可采用观测值加改正数或选择适当的观测方法来消除或减少其影响。

2. 偶然误差

在相同的观测条件下，对某量进行一系列观测，如果观测误差在大小和符号上都不一致，从其表面上看没有任何规律性，这种误差称为偶然误差。如读数时，估计的数值比正确数值可能大一点，或者小一点，因而产生读数误差；照准目标时可能偏离目标的左侧或右侧而产生照准误差。偶然误差在观测前无法预测，也不能用观测方法消除，它的产生是由于许多偶然因素的综合影响。

在测量工作中，由于观测者粗心大意，可能发生错误，如看错目标，读错数字，记错、算错等，统称为粗差。在观测中，粗差是不允许出现的，为了避免粗差、及时发现错误，除测量人员要细心工作外，还必须采用适当的方法进行检核，以保证观测结果的正确性。

在观测成果中，系统误差和偶然误差同时存在，由于系统误差可用计算改正或采取适当的观测方法消除，所以观测成果中主要是偶然误差的影响。因此，误差理论主要针对不可避免的偶然误差而言，为此需要对偶然误差的性质做进一步探讨。

3. 偶然误差的特性

偶然误差从表面上看没有任何规律性，但是随着对同一量观测次数的增多，大量的偶然误差就会显现出一定的统计规律性，观测次数越多，其规律性就越加明显。例如，在相同条件下，观测了162个三角形的全部内角，由于观测值中存在偶然误差，三角形内角观测值和 l 不等于真值 X（三角形内角和的真值为 $180°$），真值与观测值之差，称为真误差 Δ。

$$\Delta = X - l \tag{1-11}$$

> **特别提示**
>
> 任一个观测量，客观上存在着一个能代表其真正打消的数值，称为该量的"真值"。使用仪器或工具对某一个观测量进行直接观测，所得的数值，称为该的"观测值"。

由式(1-11)计算出162个真误差，再按照误差的绝对值大小划分范围，排列于表1-4中。

表 1-4　偶然误差统计表

误差区间	正误差个数	负误差个数	总数
0".0～0".2	20	20	40
0".2～0".4	18	18	36
0".4～0".6	16	13	29
0".6～0".8	10	12	22
0".8～1".0	9	8	17
1".0～1".2	5	6	11
1".2～1".4	1	3	4
1".4～1".6	1	2	43

误差区间	正误差个数	负误差个数	总数
1".6 以上	0	0	0
总和	80	82	162

在其他测量结果中也显示出上述同样的规律，通过大量试验统计，结果表明，偶然误差存在着以下特性：

(1)在一定的观测条件下，偶然误差的绝对值不会超过一定的限值。

(2)绝对值小的误差比绝对值大的误差出现的可能性大。

(3)绝对值相等的正误差与负误差出现概率相等。

(4)偶然误差的平均值随观测次数的增加而趋近于零，即

$$\lim_{n \to \infty} \frac{[\Delta]}{n} = 0 \qquad (1\text{-}12)$$

式中 n——观测次数。

$$[\Delta] = \Delta_1 + \Delta_2 + \cdots + \Delta_n$$

由偶然误差的特性可知，当对某量有足够的观测次数时，其偶然误差的正负误差可以相互抵消。因此，可以采用多次观测取其结果的算术平均值作为最终的结果。

1.5　衡量精度的标准

精度又称为精密度，是指对某一个量的多次观测中，其误差分布的密集或离散的程度。在一定的观测条件下进行一组观测，若观测值非常集中，则精度高；反之，精度低。例如，有两组对于同一三角形的内角各做 10 次观测，其真误差列于表 1-5 中。从表中不难看出，第一组的真误差分布相对密集，第二组真误差分布较为离散，所以，第一组的观测精度比第二要高。但在实际工作中，这种方法既麻烦又不便应用，为了易于正确比较各观测值的精度，通常用下列几种指标，作为衡量精度的标准。

表 1-5　误差分布统计表

第一组				第二组			
次数	观测值		真误差 Δ /(")	次数	观测值		真误差 Δ /(")
	(°)	(')	(")		(°)	(')	(")	

次数	(°)	(')	(")	真误差 Δ /(")	次数	(°)	(')	(")	真误差 Δ /(")
1	179	59	57	+3	1	180	00	00	0″
2	180	00	02	−2	2	180	00	01	−1
3	180	00	04	−4	3	180	00	07	−7
4	179	59	58	+2	4	179	59	58	+2
5	180	00	00	0	5	179	59	59	+1

	第一组					第二组			
次数	观测值			真误差 Δ	次数	观测值			真误差 Δ
	(°)	(′)	(″)	/(″)		(°)	(′)	(″)	/(″)
6	180	00	04	−4	6	179	59	59	+1
7	179	59	57	+3	7	180	00	08	−8
8	179	59	58	+2	8	180	00	00	0
9	180	00	03	−3	9	179	59	57	+3
10	180	00	01	−1	10	180	00	01	−1

1.5.1 中误差

在相同的观测条件下，对某未知量进行 n 次观测，其观测值为 l_1、$l_2 \cdots l_n$，相应的真误差为 Δ_1、$\Delta_2 \cdots \Delta_n$。则中误差为

$$m = \pm \sqrt{\frac{[\Delta\Delta]}{n}} \tag{1-13}$$

式中，$[\Delta\Delta] = \Delta_1^2 + \Delta_2^2 + \cdots + \Delta_n^2$；$m$ 为观测值的中误差，又称为标准差。

从式（1-13）中可以看出，中误差与真误差之间的关系。中误差不等于真误差，它仅是一组真误差的代表值，中误差 m 值的大小反映了这组观测值精度的高低。因此，一般采用中误差作为衡量观测质量的标准。

> **特别提示**
>
> 在一组等精度观测值中，虽然它们的真误差各不相同，但每一观测值的中误差均为 m。

[例 1-1] 试根据表 1-5 中所列的数据，分别计算各组观测值的中误差。

解：第一组观测值的中误差为

$$m_1 = \pm \sqrt{\frac{3^2 + (-2)^2 + (-4)^2 + 2^2 + 0^2 + (-4)^2 + 3^2 + 2^2 + (-3)^2 + (-1)^2}{10}} = \pm 2.7''$$

第二组观测值的中误差为

$$m_2 = \pm \sqrt{\frac{0^2 + (-1)^2 + (-7)^2 + 2^2 + 1^2 + 1^2 + (-8)^2 + 0^2 + 3^2 + (-1)^2}{10}} = \pm 3.6''$$

$m_1 < m_2$，说明第一组的精度高于第二组的精度。

1.5.2 容许误差

在一定观测条件下，偶然误差的绝对值不应超过的限值，称为容许误差，又称为限差或极限误差。根据误差理论和实践证明，在第一组大量的等精度观测中，绝对值大于两倍中误差的偶然误差出现的概率为 5%；绝对值大于三倍中误差的偶然误差出现的概率仅为 0.3%。例如，表 1-6 中列出的 40 个三角形各自内角和对应的真误差。根据真误差可以计算出观测值的中误差：

$$m = \pm\sqrt{\frac{[\Delta\Delta]}{n}} = \pm\sqrt{\frac{3\,252.68}{40}} = \pm 9.0'' \tag{1-14}$$

表 1-6　三角形内角和真误差统计表

三角形编号	真误差 Δ /(″)	三角形编号	真误差 Δ /(″)	三角形编号	真误差 Δ /(″)	三角形编号	真误差 Δ /(″)
1	+1.5	11	−13.0	21	−1.5	31	−5.8
2	−0.2	12	−5.6	22	−5.0	32	+9.5
3	−11.5	13	+5.0	23	+0.2	33	−15.5
4	−6.6	14	−5.0	24	−2.5	34	+11.2
5	+11.8	15	+8.2	25	−7.2	35	−6.6
6	+6.7	16	−12.9	26	−12.8	36	+2.5
7	−2.8	17	+1.5	27	+14.5	37	+6.5
8	−1.7	18	−9.1	28	−0.5	38	+2.2
9	−5.2	19	+7.1	29	−24.2	39	−16.5
10	−8.3	20	−12.7	30	−9.8	40	+1.7

从表 1-6 中可以看出，偶然误差的绝对值大于中误差 9″ 的有 14 个，占总数的 35%；绝对值大于两倍中误差 18″ 的仅有 1 个，占 2.5%；绝对值大于三倍中误差的没有出现。因此，在观测次数不多的情况下，可以认为大于三倍中误差的偶然误差实际上是不可能出现的。所以，通常以三倍中误差作为偶然误差的容许误差，即

$$\Delta_{容} = 3m \tag{1-15}$$

如一观测值的偶然误差超过三倍中误差时，可以认为次观测值中含有粗差，不符合精度要求，应予舍去并重测。

当测量精度要求较高时，往往以两倍中误差作为容许误差，即

$$\Delta_{容} = 2m \tag{1-16}$$

1.5.3　相对中误差

真误差、中误差和容许误差仅仅表示误差本身的大小，都是绝对误差。在某些情况下，衡量测量成果的精度利用绝对误差评定观测值的精度，并不能准确地反映观测的质量。例如，丈量两段距离，一段是 $D_1 = 200\ \text{m}$，中误差 $m_1 = \pm 1\ \text{cm}$，$D_2 = 30\ \text{m}$，中误差 $m_2 = \pm 1\ \text{cm}$，尽管 $m_1 = m_2$，但不能说明这两段丈量精度相同，前段精度远高于后段丈量精度，这时就应采用相对中误差 K 作为衡量精度的标准。

视频：误差传播定律

相对中误差 K 就是根据对误差的绝对值与相应测量结果，并以分子为 1 的分数形式表示，即

$$K = \frac{|m|}{D} = \frac{1}{D/|m|} \tag{1-17}$$

在上例中，

$$K_1 = \frac{0.01}{200} = \frac{1}{20\,000}$$

$$K_2 = \frac{0.01}{30} = \frac{1}{3\ 000}$$

前者精度远高于后者,所以相对中误差能确切地评定距离测量的精度。

在实际工程中,有些量不能直接观测,而是与直接观测量构成一定的函数关系计算出来。这种观测值中误差与观测值函数中误差之间关系的定律为误差传播定律。它主要包括一般函数的误差传播和线性函数的误差传播。因误差传播定律及利用改正数求得观测中误差平差的方法在实际工程应用较小,难度也较大,故本项目将不再赘述。

【知识思维导图】

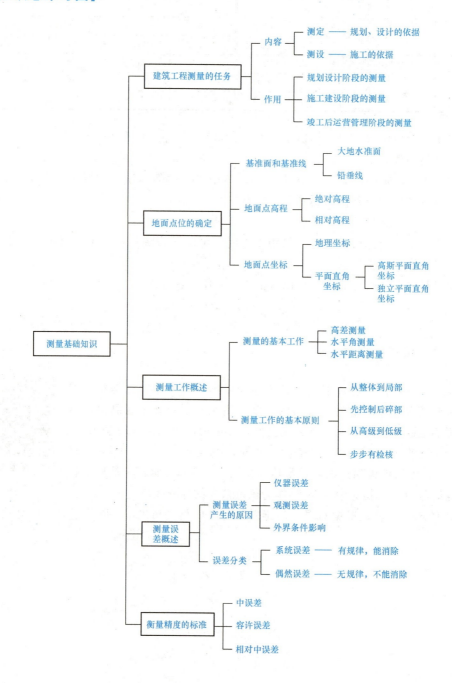

知识要点	能力要求	所占分值(100 分)	自评分数
建筑工程测量的任务	明确建筑工程测量的任务	8	
地面点位的确定	(1)掌握确定地面点位的原理和方法	12	
	(2)理解绝对高程、相对高程和高差的含义	12	
	(3)熟悉测量学中的独立直角坐标系	10	
	(4)领会用水平面代替水准面的限度	14	
测量工作概述	熟悉测量的基本工作和基本原则	10	
测量误差概述	(1)了解产生误差的原因	8	
	(2)理解测量误差的分类	12	
评定精度的标准	理解评定观测值精度的标准和方法	14	
总分		100	

【素养提升】

1. 爱国主义教育

强调测绘学科的国家意义，如珠穆朗玛峰高程测量项目，展示我国科技实力和国家自豪感。通过测绘技术在国防和领土维护中的应用，培养学生的国家安全意识。

2. 职业道德与法治意识

遵守测绘法规，强调测量工作的公正性和科学性，培养遵纪守法的职业道德。通过测量误差的控制和分析，教育学生养成追求真实、准确的科学精神。

3. 团队合作与集体荣誉感

在测量实践中强调团队协作，培养学生的团队精神和集体责任感。通过团队完成测量项目，学生体会到集体成就的重要性。

4. 社会责任感与历史使命

通过测量学在国家重大工程中的应用，如奥运场馆建设，培养学生的社会责任感。引导学生认识到作为测量工作者在国家发展中承担的历史使命。

课后习题

一、选择题

(1)测量学的任务是(　　)。

A. 高程测量　　　　B. 角度测量　　　　C. 距离测量　　　　D. 测定和测设

(2)确定地面点位关系的基本元素是(　　)。

A. 竖直角、水平角和高差　　　　　　　　B. 水平距离、竖直角和高差

C. 水平角、水平距离和高差　　　　　　　D. 水平角、水平距离和竖直角

(3)测量上所说的正形投影，要求投影后保持(　　)。

A. 角度不变　　　　　B. 长度不变　　　　　C. 角度和长度都不变　D. 面积不变

(4)我国现在采用的 1980 年大地坐标系的原点设在(　　)。

A. 北京　　　　　　　B. 上海　　　　　　　C. 西安　　　　　　　D. 青岛

(5)自由静止的海水面向大陆、岛屿内延伸而成的闭合曲面称为水准面，其面上任一点的铅垂线都与该面相垂直。与平均海水面相重合的水准面称为大地水准面。某点到大地水准面的铅垂距离称为该点的(　　)。

A. 相对高程　　　　　B. 高差　　　　　　　C. 标高　　　　　　　D. 绝对高程

(6)位于东经116°28′、北纬39°54′的某点所在 6°带带号及中央予午线经度分别为(　　)。

A. 20、120°　　　　　B. 20、117°　　　　　C. 19、111°　　　　　D. 19、117°

(7)某点所在的 6°带的高斯坐标值 $x_m = 366\ 712.48$ m，$y_m = 21\ 331\ 229.75$ m，则该点位于(　　)。

A. 21°带、在中央子午线以东　　　　　　　B. 36°带、在中央子午线以东

C. 21°带、在中央子午线以西　　　　　　　D. 36°带、在中央子午线以西

(8)目前，我国建立的统一测量高程系和坐标系分别称为(　　)。水准原点在山东青岛，大地原点在陕西泾阳。

A. 渤海高程系、高斯平面直角坐标系　　　　B. 1956 高程系、北京坐标系

C. 1985 国家高程基准、1980 国家大地坐标系　D. 黄海高程系、84WGS

(9)从测量平面直角坐标系的规定可知(　　)。

A. 象限与数学坐标象限编号顺序方向一致

B. x 轴为纵坐标轴，y 轴为横坐标轴

C. 方位角由横坐标轴逆时针量测

D. 东西方向为 x 轴，南北方向为 y 轴

(10)测量工作的基本原则是从整体到局部、从高级到低级和(　　)。

A. 从控制到碎部　　　　　　　　　　　　　B. 从碎部到控制

C. 控制与碎部并行　　　　　　　　　　　　D. 测图与放样并行

(11)测量误差按其性质分为系统误差和偶然误差(随机误差)。误差的来源为(　　)。

A. 测量仪器构造不完善　　　　　　　　　　B. 观测者感觉器官的鉴别能力有限

C. 外界环境与气象条件不稳定　　　　　　　D. A、B 和 C

(12)水准尺分划误差对读数的影响属于(　　)。

A. 系统误差　　　　　　　　　　　　　　　B. 偶然误差

C. 粗差　　　　　　　　　　　　　　　　　D. 其他误差

(13)等精度观测是指(　　)的观测。

A. 允许误差相同　　　　　　　　　　　　　B. 系统误差相同

C. 观测条件相同　　　　　　　　　　　　　D. 偶然误差相同

(14)测得两个角值及中误差为∠A ＝ 22°22′10″±8″和∠B ＝ 44°44′20″±8″，据此进行精度比较，得(　　)。

A. 两个角精度相同　　　　　　　　　　　　B. ∠A 精度高

C. ∠B 精度高　　　　　　　　　　　　　　D. 相对中误差 $K_A > K_B$

(15)偶然误差具有(　　　)。

　　①累积性　②有界性　③小误差密集性　④符号一致性　⑤对称性　⑥抵偿性

A. ①②④⑤　　　　　　B. ②③⑤⑥　　　　　　C. ②③④⑥　　　　　　D. ③④⑤⑥

二、简答题

(1)什么是测量学？建筑工程测量的任务是什么？

(2)测量的基准面有哪些？各有什么用途？

(3)测量学中的平面直角坐标系与数学中的平面直角坐标系有何不同？

(4)如何确定地面点的位置？

(5)什么是水平面？用水平面代替水准面对水平距离、水平角和高程分别有什么影响？

(6)什么是绝对高程？何谓相对高程？何谓高差？已知 $H_A = 36.735$ m，$H_B = 48.386$ m，求 h_{AB} 和 h_{BA}。

(7)测量的基本工作是什么？测量工作的基本原则是什么？

(8)误差的产生原因、表示方法及其分类是什么？

(9)系统误差和偶然误差有什么不同？在测量工作中对这两种误差应如何处理？

(10)衡量观测结果精度的标准有哪几种？各有什么特点？

项目2　水准测量

教学目标

知识目标	能力目标	素养目标
1. 掌握水准测量原理； 2. 掌握水准仪各组成部分的名称和功能； 3. 熟练掌握水准仪的操作步骤及使用方法； 4. 了解水准点及点之记的意义； 5. 理解不同水准路线布设的作用； 6. 掌握普通水准测量的观测方法； 7. 熟练掌握水准测量手簿的填写； 8. 掌握水准路线的成果计算方法及步骤； 9. 掌握水准仪的主要轴线及满足的条件； 10. 掌握水准仪的检验方法及校正操作； 11. 了解产生误差的原因及消除误差的方法	1. 能够熟练操作水准仪、瞄准、读数； 2. 能够绘制水准点点之记； 3. 能够布设水准路线； 4. 能够用变动仪器高法实施观测； 5. 能够使用双面尺法实施观测； 6. 能够完成水准测量内业的计算； 7. 能够完成水准仪的检验； 8. 能够通过观测程序控制测量误差； 9. 能够分析测量错误，寻找错误原因	1. 培养学生文明生产、安全第一的工程意识； 2. 培养团队合作精神和集体荣誉感； 3. 鼓励学生独立思考，培养解决问题的能力和创新能力； 4. 培养细心、严谨、吃苦耐劳、敬业的工匠精神

相关规范

1.《工程测量标准》(GB 50026—2020)；

2.《工程测量通用规范》(GB 55018—2021)；

3.《国家三、四等水准测量规范》(GB/T 12898—2009)。

学习重难点

1. 水准测量的原理和方法；

2. 自动安平水准仪的使用；

3. 水准测量的施测程序与成果检验；

4. 水准仪的检验校正；

5. 水准测量误差的影响与消除方法。

岗课赛证

1. 全国职业院校技能大赛地理空间信息采集与处理赛项规程

水准测量：完成规定水准路线的观测、记录、计算和成果整理，提交合格成果。

2. "1+X"测绘地理信息数据获取与处理职业技能等级标准

初级：

(1)水准仪的认识及使用；

(2)能熟记水准仪使用的一般注意事项；能认识水准仪的系列及精度指标；能识别指定自动安平水准仪的基本结构，各部件的名称和作用；能认识水准标尺、塔尺，可以正确的扶尺；能进行指定自动安平水准仪的安置、瞄准和读数；能进行自动安平水准仪一测站的水准测量、记录和高差计算。

3. 国家职业技能标准——工程测量员(2019年版)

中级：

(1)能对水准仪进行测前检视(含 i 角检验)；

(2)能进行三、四等水准测量的选点、埋石、观测、记录；

(3)能进行三、四等水准观测数据的检查与资料整理。

2.1　水准测量原理

测量地面上各点高程的工作，称为高程测量。高程测量根据所使用的仪器和施测方法不同，可分为水准测量(Leveling)、三角高程测量(Trigonometric Leveling)、气压高程测量(Air Pressure Leveling)、GNSS测量(GNSS Leveling)。

视频：水准测量
原理与方法

水准测量是高程测量中最基本的、精度较高的一种测量方法，在国家高程控制测量、工程勘测和施工测量中被广泛采用。

利用水准仪提供一条水平视线，借助竖立在地面点上的水准尺，直接测定地面上各点的高差，然后根据其中一点的已知高程推算出其他各点的高程。

1. 高差法

如图 2-1 所示，在 A、B 两点各竖立一根水准尺，在两点之间安置水准仪。读出已知高程 A(后视点)的水准尺读数 a，称为后视度数。同时，测量出未知高程点 B(前视点)的水准尺度数 b，称为前视度数。由此可知，A、B 两点的高差 h_{AB} 可由下式求得：

$$h_{AB}=a-b \qquad (2-1)$$

测得两点间高差 h_{AB} 后，若已知 A 点高程 H_A，则可得 B 点的高程。

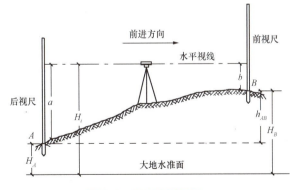

图 2-1　水准测量原理

$$H_B=H_A+h_{AB} \qquad (2-2)$$

2. 视线高法

高程也可以通过水准仪的视线高程 H_i 计算，即

$$H_i = H_A + a \qquad (2\text{-}3)$$

$$H_B = H_i + b \qquad (2\text{-}4)$$

这种利用仪器视线高程 H_i 计算未知点 B 点高程的方法，称为视线高法。在施工测量中，有时安置一次仪器，需要测定多个地面点的高程，采用视线高法就比较方便。

在上述测量中，只需要在两点之间安置一次仪器就可测得所求点的高程，这种方法叫作简单水准测量。

如果两点之间的距离较远或高差较大时，仅安置一次仪器不能测得它们的高差，这时需要加设若干个临时的立尺点，作为传递高程的过渡点，称为转点。欲求 A 点至 B 点的高差 h_{AB}，选择一条施测路线，用水准仪依次测出 AP 的高差 h_{AP}、PQ 的高差 h_{PQ} 等，直到最后测出的高差 h_{WB}。每安置一次仪器，称为一个测站，而 P、Q、R···W 等点即转点，如图 2-2 所示。

$$h_{AB} = h_{AP} + h_{PQ} + \cdots + h_{WB} \qquad (2\text{-}5)$$

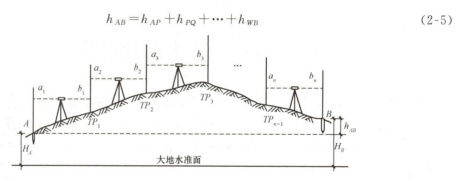

图 2-2 连续水准测量

各测站的高差均为后视读数减去前视读数之值，即 $h_{AP} = a_1 - b_1$，$h_{PQ} = a_2 - b_2$，···，$h_{WB} = a_n - b_n$ 下标 1、2···n 表示第一站、第二站···第 n 站的后视读数和前视读数。

$$h_{AB} = (a_1 - b_1) + (a_2 - b_2) + \cdots + (a_n - b_n) = \sum(a - b) \qquad (2\text{-}6)$$

在实际作业中可先计算出各测站的高差，然后取它们的总和而得 h_{AB}。再用式 (2-6)，即用后视读数之和 $\sum a$ 减去前视读数之和 $\sum b$ 计算高差 h_{AB}，检核计算是否有错误。

2.2 水准测量的仪器与工具

水准测量所使用的仪器为水准仪，工具有水准尺和尺垫。

2.2.1 水准仪的型号及精度

水准仪按照结构可分为微倾式水准仪、自动安平水准仪、激光水准仪、电子水准仪。目前，建筑施工测量用的是电子水准仪和自动安平水准仪；按照精度可分为精密水准仪和

普通水准仪，分为 DS05、DS1、DS3 及 DS10 等。"D"和"S"表示"大地"和"水准仪"。"05""1""3"及"10"等数字表示该类仪器的精度。DS3 型和 DS10 型水准仪称为普通水准仪，用于国家三、四等水准及普通水准测量；DS05 型和 DS1 型水准仪称为精密水准仪，用于国家一、二等精密水准测量。

> ✳ **特别提示**
>
> 　　国家水准测量按精度要求分为一、二、三、四等，不属于国家规定等级的水准测量一般称为普通（或称等外）水准测量。普通水准测量特点是精度要求低、布设灵活、水准点的密度要求不高、与等级水准测量作业原理相同。

2.2.2　自动安平水准仪的构造

自动安平水准仪结构如图 2-3 所示。自动安平水准仪在一定的竖轴倾斜范围内，利用补偿器自动获取视线水平时水准标尺读数的水准仪。当圆水准器气泡居中仪器放平之后，不需再经手工调整即可读出视线水平时的读数。

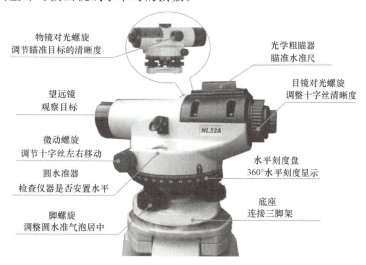

图 2-3　水准仪的结构

2.2.3　自动安平水准仪测量配件和工具

水准仪配套有水准尺、三脚架、尺垫等，如图 2-4 所示。水准尺进行水准测量时与水准仪配合使用的标尺。常用的水准尺有双面尺和塔尺两种。

（1）双面尺多用于三、四等水准测量，其长度为 2～3 m，两根为一对。一面为红白相间，称为红面；另一面为黑白相间，称为黑面。两根尺的黑面均由零开始；而红面，一根由 4.678 m 开始，另一根由 4.787 m 开始。

（2）塔尺仅用于等外水准测量。一般由两节或三节套接而成，其长度有 3 m 和 5 m 两种。塔尺可以伸缩，尺的底部为零点。塔尺接头处容易损坏，观测时容易出现误差。

视频：水准仪、水准尺、尺垫

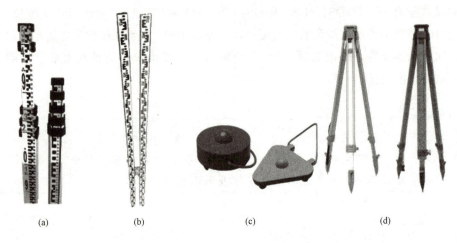

图 2-4　水准尺及附件

(a)塔尺；(b)双面尺；(c)尺垫；(d)三脚架

尺垫是在转点处放置水准尺用的。其作用是防止转点位移动和水准尺下沉。三脚架是用来稳定测量仪器的一种支撑架。三脚架可分为木质、铝合金材料。

2.3　水准仪的使用

使用自动安平水准仪时的操作步骤为安置水准仪、粗平、瞄准、读数。

使用水准仪时，将仪器安装于三脚架上，安置在选择好的测站上，三脚架头大致水平，仪器的各种螺旋都调整到适中位置，以便螺旋向两个方向均能转动。用脚螺旋调节圆水准器的气泡居中，称为粗平；望远镜精确瞄准水准尺；通过望远镜用十字丝中间的横丝在水准尺上读数。

2.3.1　安置水准仪

(1)松螺钉 A，将三脚架调至适合的位置，固紧螺钉 A。展开脚架呈正三角形，调整三脚架头大致水平。

(2)将水准仪安置在架头上，将中心螺钉 B 固紧，如图 2-5 所示。

(3)如果地面比较松软则应用脚踏实，使仪器稳定。

2.3.2　粗平

用脚螺旋将圆水准气泡调整到居中位置。在整平过程中，气泡移动的方向与左手大拇指转动的方向一致，如图 2-6 所示。

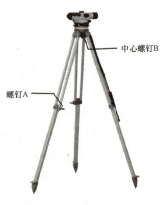

图 2-5　安置水准仪

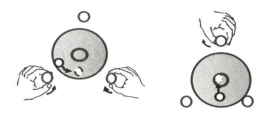

图 2-6　粗略整平的操作

视频：自动安平水准仪
构造及使用（实操）

2.3.3　瞄准

（1）目镜对光：转动目镜螺旋，使十字丝成像清晰；
（2）瞄准水准尺：用光学瞄准器瞄准水准尺；
（3）调焦：转动物镜调焦螺旋，使水准尺成像清晰；
（4）微动（十字丝微动）：转动微动螺旋，使尺成像在十字丝视场中心。

✳ 特别提示

　　视差及视差的消除：瞄准时应注意消除视差。眼睛在目镜处上下左右做少量的移动，发现十字丝和目标有着相对的运动，这种现象称为视差。测量作业是不允许存在视差的，因为这说明不能判明是否精确地瞄准了目标。

2.3.4　读数

　　读数前再次确认圆水准气泡已居中；尺子扶正，尺面朝向水准仪；塔尺刻画至毫米，直接读出四位读数。

　　如图 2-7 所示，双面尺的尺面刻画为 1 cm，每分米（E 字形刻画尖端之间）注记数字，按由大到小的方向，读取米、分米、厘米、毫米四位数字，最后一位毫米估读。

　　读数时，先确定中丝所在的分米注记，如图 2-8 所示，分米注记为"07"，即米的读数是 0，分米位上的读数是 7。中丝处于第八个分划上面，厘米读数为 7，毫米位估读，中丝将第八个分划分成两部分，下半部分约占十分之三，毫米读数为 3。所以，中丝读数为 0 773 mm。

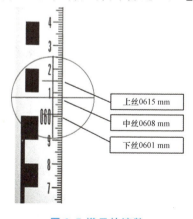

上丝0615 mm

中丝0608 mm

下丝0601 mm

图 2-7 塔尺的读数

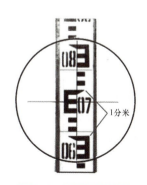

1分米

图 2-8　双面尺的读数

2.4 水准测量的施测方法

2.4.1 水准点

水准点有永久性水准点和临时性水准点两种。

1. 永久性水准点

国家等级永久性水准点由国家测绘部门在全国布设，一般用混凝土制成标石，顶部嵌有半球形的金属标志，标志顶点表示该水准点的高程及位置，如图 2-9 所示。也可将金属标志埋设在永久性建筑物的墙脚上，称为墙上水准点。墙上水准点可分为一、二、三、四等。一等为高级水准点，如图 2-10 所示。

图 2-9　国家等级水准点标志　　　图 2-10　墙上水准点

建筑施工所用的国家等级永久性水准点，一般由规划单位提供的。提供的点比较有限，一般一个项目只提供 2~3 个点。这个高程一般是绝对高程。

2. 临时性水准点

规划部门提供的水准点如图 2-11 所示。施工过程中不能满足需要，还需要另外引设水准点，并需要复核才能使用。由于临时水准点不在国家水准网中，通常称为等外水准点。

临时水准点可利用地面凸起的坚硬岩石做上记号，也可在稳固的路面上钉测钉表示，如图 2-12 所示。

图 2-11　建筑施工水准点　　　图 2-12　临时水准点

2.4.2 水准路线

在水准测量中，为了避免观测、记录和计算中发生人为粗差，并保证测量成果能达到一定的精度要求，必须布设某种形式的水准路线，利用一定的条件检验所测成果的正确性。在一般的工程测量中，水准路线有闭合水准路线，附合水准路线和支水准路线三种形式，如图 2-13 所示。

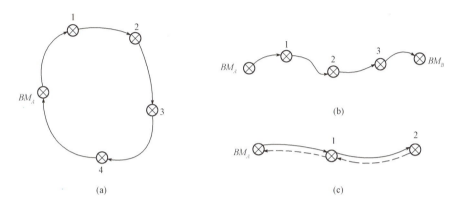

图 2-13　水准路线布设
(a)闭合水准路线；(b)附合水准路线；(c)支水准路线

1. 闭合水准路线

水准测量从已知高程的水准点开始，最后又闭合到起始点上的水准路线，称为闭合水准线。

从理论上讲，闭合水准路线上各点间高差的代数和应等于零。即

$$\sum h_{理} = 0 \tag{2-7}$$

误差致使高差闭合差不等于零，则高差闭合差为

$$f_h = \sum h_{测} \tag{2-8}$$

2. 附合水准路线

水准测量从一个已知高级水准点开始，结束于另一已知的高级水准点的水准路线，称为附合水准路线。

理论上，附合水准路线中各待定高程点间的高差代数和，应等于始、终两个水准点的高程之差，即

$$\sum h_{理} = (H_{终} - H_{始}) \tag{2-9}$$

高差闭合差为

$$f_h = \sum h_{测} - \sum h_{理} = \sum h_{测} - (H_{终} - H_{始}) \tag{2-10}$$

3. 支水准路线

水准测量从一已知高程的水准点开始，最后既不附合也不闭合到已知高程的水准点上

的水准路线，称为支水准路线。

理论上，往、返测高差代数和应等于零，即

$$\sum h_{往} + \sum h_{返} = 0 \tag{2-11}$$

如不等于零，则高差闭合差为

$$f_h = \sum h_{往} + \sum h_{返} \tag{2-12}$$

4. 水准网

若干条单一水准路线相互连接构成的形状，称为水准网。

> **特别提示**
>
> - 附合水准路线——适用于开阔区域；
> - 闭合水准路线——适用于补充测量；
> - 支水准路线——适用于狭长区域。

2.4.3 普通水准测量方法

水准点埋设完毕，即可按拟订的水准路线进行水准测量。现以图 2-14 为例，介绍水准测量的具体做法。图中为 BM_A 已知高程水准点，TP 为转点，B 为拟测高程的水准点。

已知水准点 BM_A 的高程 $H_A = 19.153$ m，欲测定距水准点 BM_A 较远的 B 点高程，按普通水准测量的方法，由点 BM_A 出发共需设五个测站，连续安置水准仪测出各站两点之间的高差，观测步骤如下：

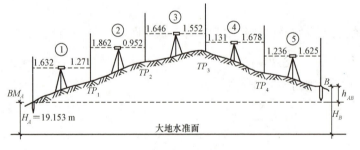

图 2-14 普通水准测量

视频：普通水准测量

(1) 将水准尺立于已知高程的水准点 BM_A 上作为后视，水准仪置于施测路线前进方向上，取仪器至后视大致相等的距离放置尺垫，在尺垫上竖立水准尺作为前视。

(2) 将水准仪粗平，瞄准后视尺，消除视差，用中丝读取后视读数 a_1，转动望远镜，瞄准前视尺，消除视差，用中丝读取前视读数 b_1，计入水准测量记录表。

(3) 将仪器搬迁至第二测站，把第一测站的后视尺移到第二测站的转点 TP_2。把原第一测站前视，变为第二测站的后视。

(4) 重复上述过程，测回至完成。

视频：普通水准
测量实操

观测记录与计算见表 2-1。

表 2-1　水准测量手簿

日期　　　　　　　　　仪器　　　　　　　　　观测
天气　　　　　　　　　地点　　　　　　　　　记录

测　站	点号	后视度数/m	前视度数/m	高差/m	高程/m	备注
1	BM_A	1.632		+0.361	19.153	已知
	TP_1		1.271			
2	TP_1	1.862		+0.910		
	TP_2		0.952			
3	TP_2	1.646		+0.094		
	TP_3		1.552			
4	TP_3	1.131		−0.547		
	TP_4		1.678			
5	TP_4	1.367		−0.258	19.713	
	B		1.625			
计算检核		$\sum a = 7.638$	$\sum b = 7.078$	$\sum h = +0.560$	19.713−19.153	
		$\sum a - \sum b = 7.638 - 7.078 = 0.560$			+0.560	

对于记录表中每项所计算的高差和高程要进行计算检核。即后视读数总和减去前视读数总和、高差之和，以及 B 点高程与 A 点高程之差值，这三个数字应当相等；否则计算有误。

2.4.4　测站检验方法

在进行连续水准测量时，若其中任何一个后视读数或前视读数有错误，都要影响高差的正确性。对于每一测站而言，为了校核每次水准尺读数有无差错，可采用改变仪器高的方法或双面尺法进行测站检核。

1. 变动仪器高的方法

变动仪器高法是在同一测站通过调整仪器高度（重新安置与整平仪器），两次测得高差，改变仪器高度在 0.1 m 以上；或者用两台水准仪同时观测，当两次测得高差的差值不超过容许值（如等外水准测量他、容许值为 ±6 mm），则取两次高差平均值作为该站测得的高差值。否则需要检查原因，重新观测。

2. 双面尺法

双面尺法是在同一个测站上，仪器高度不变，而立在前视点和后视点上的水准尺分别用黑面和红面各进行一次读数，测得两次高差，互相检核。若同一水准尺红面与黑面（加常数后）之差在 3 mm 以内，且黑面尺高差 $h_黑$ 与红面尺高差 $h_红$ 之差不超过 ±5 mm，则取黑面、红面高差平均值作为该站测得的高差值；否则需要检查原因，重新观测。

2.5　水准测量的误差及注意事项

水准测量的误差包括仪器误差、观测误差、外界条件的影响 3 个方面。在水准测量作业中应根据误差产生的原因，采取相应的措施，尽量减弱或消除其影响。

视频：水准测量的
误差分析

2.5.1　仪器误差

1. 仪器校正后的残余误差

在水准测量前虽然经过严格检验校正，但仍然存在残余误差。而这种误差大多数是系统性的，可以在测量中采取一定的方法加以减弱或消除。例如，水准管轴与视准轴不平行误差，当前后视距相等时，在计算高差时其偏差值将相互抵消。因此，在作业中，应尽量使前后视距相等。

2. 水准尺的误差

水准尺分划不准确、尺长变化、尺身弯曲，都会影响读数精度。因此，水准尺要经过检验才能使用，不合格的水准尺不能用于测量作业。此外，由于水准尺长期使用而使低端磨损，或有水准尺使用过程中粘上泥土，这些情况相当于改变了水准尺的零点位置，称为水准尺零点误差。对于水准尺零点误差，可采取两固定点间设置偶数测站的方法，消除其对高差的影响。

2.5.2　观测误差

1. 水准气泡居中误差

水准测量时，视线的水平是根据水准气泡居中实现的。由于气泡居中存在误差，致使视线偏离水平位置，从而带来读数误差。消除此误差的办法：每次读数时，使气泡严格居中。

2. 读数误差

水准尺估读毫米数的误差，与人眼的分辨能力、望远镜的放大倍数及视线长度有关。在作业中，应遵循不同等级的水准测量对望远镜放大率和最大视线长度的规定，以保证估读精度。

3. 视差影响

水准测量时，如果存在视差，由于十字丝平面与水准尺影像不重合，眼睛的位置不同，读出的数据不同，会给观测结果带来较大的误差。因此，在观测时应仔细进行调焦，严格消除视差。

4. 水准尺倾斜影响

如图 2-15 所示，水准尺倾斜将使尺上的读数增大。误差大小与在尺上的视线高度及尺子的倾斜程度有关。为消除这种误差的影响，扶尺必须认真，使水准尺既直又稳，有的水准尺上装有圆水准器，扶尺时应使气泡居中。

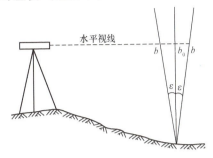

图 2-15　水准尺倾斜误差

2.5.3　外界条件的影响

1. 仪器下沉

当仪器安置在土质疏松的地面上时，会产生缓慢下降现象，由后视转前视时视线下降，读数减小，可采用"后、前、前、后"的观测顺序，减小误差。

2. 尺垫下沉

如果转点选择在松软的地面时，转站时，尺垫发生下沉现象，使下一站后视读数增大，引起高差误差。可采取往返测取中数的办法减小误差的影响。

3. 地球曲率及大气折光的影响

如图 2-16 所示，用水平视线代替大地水准面在水准尺上的读数产生误差 c：

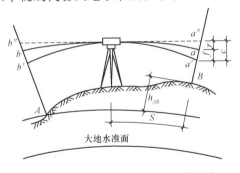

图 2-16　地球曲率及大气折光的影响

$$c = \frac{D^2}{2R} \tag{2-13}$$

式中　D——仪器到水准尺的距离；

　　　R——地球的平均半径，取 6 371 km。

另外，由于地面大气层密度的不同，使仪器的水平视线因折光而弯曲，弯曲的半径为地球半径的 6～7 倍，且折射量与距离有关。它对读数产生的影响为

$$r = \frac{D^2}{2 \times 7R} \tag{2-14}$$

地球曲率及大气折光两项影响之合为

$$f = c - r = 0.43 \frac{D^2}{R} \tag{2-15}$$

计算测站的高差时，应从后视和前视读数中分别减去 f，方能得出正确的高差，即

$$h = (a - f_a) - (b - f_b) \tag{2-16}$$

若前视、后视距离相等时，则 $f_a = f_b$，地球曲率及大气折光的影响在计算高差时可以抵消。所以，在水准测量中，前视、后视距离应尽量相等。

4. 大气温度和风力的影响

大气温度的变化会引起大气折光的变化，以及水准管气泡的不稳定。尤其是当强阳光直射仪器时，会使仪器各部件因温度的急剧变化而发生变形，水准管气泡会因烈日照射而收缩，从而产生气泡居中误差。另外，大风可使水准尺竖立不稳，水准仪难以置平。因此，在水准测量时，应随时注意撑伞，以遮挡强烈阳光的照射，并应避免在大风天气里观测。

2.6 水准测量的成果计算

普通水准测量外业观测结束后，首先应复查与检核记录手簿，计算各点间高差。经检核无误后，根据外业观测的高差计算闭合差。若闭合差符合规定的精度要求，则调整闭合差，最后计算各点的高程。

按水准路线布设形式进行成果整理，其内容包括水准路线高差闭合差计算与校核；高差闭合差的分配和计算改正后的高差；计算各点改正后的高程。

不同等级的水准测量，对高差闭合差的容许值有不同的规定。等外水准测量的高差闭合差容许值：

(1)对于普通水准测量，有

1)适用于平原区

$$f_{h容} = \pm 40\sqrt{L}$$

2)适用于山区

$$f_{h容} = \pm 12\sqrt{n} \tag{2-17}$$

式中　$f_{h容}$——高差闭合差限差(mm)；

　　　L——水准路线长度(km)；

　　　n——测站数。

(2)在山丘地区，当每千米水准路线的测站数超过 16 站时，容许高差闭合差可用 $f_{h容} = \pm 12\sqrt{n}$ (mm)计算。式中，n 为水准路线的测站总数。

在施工中，如设计单位根据工程性质提出具体要求时，应按要求精度施测。

2.6.1 附合水准路线成果计算

[例 2-1] 如图 2-17 所示为按图根水准测量要求施测某附合水准路线观测成果略图。BM_A 和 BM_B 为已知高程的水准点，A 点的高程为 65.376 m，B 点的高程为 68.623 m，图中箭头表示水准测量前进方向，点 1、2、3 为待测水准点，各测段高差、测站数、距离如图 2-17 所示。现以图 2-17 为例，按高程推算顺序将各点号、测站数、测段距离、实测高差及已知高程填入表 2-2 相应栏。

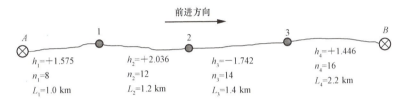

图 2-17 附合水准路线观测

表 2-2 附合水准测量成果计算表

测段编号	点名	距离/km	测站数	实测高差/m	改正数/m	改正后的高差/m	高程/m	备注
1	A	1.0	8	+1.575	−0.012	+1.563	65.376	
	1						66.939	
2		1.2	12	+2.036	−0.014	+2.022		
	2						68.961	
3		1.4	14	−1.742	−0.016	−1.758		
	3						67.203	
4		2.2	16	+1.446	−0.026	+1.420		
	B						+68.623	
Σ		5.8	50	+3.315	−0.068	+3.247		
辅助计算				$f_h = +68$ mm		$L = 5.8$ km		
				$f_容 = \pm 40\sqrt{5.8} = \pm 96$ (mm)		$-f_h/L = -12$ mm		

解：

1. 计算高差闭合差

$$f_h = \sum h_测 - (H_终 - H_始) = 3.315 - (68.623 - 65.376) \times 10^3 = 68(\text{mm}) \tag{2-18}$$

每千米测站数：$n = 50 \div 5.8 = 8.6$ (站) < 16 站，故采用平地计算公式：

$$f_{h容} = \pm 40\sqrt{L} = \pm 40\sqrt{5.8} = \pm 96(\text{mm}) \tag{2-19}$$

因为 $|f_h| < |f_{h容}|$，其精度符合要求，可进行闭合差分配。

2. 调整高差闭合差

高差闭合差的调整原则和方法是按其与测段距离（测站数）成正比并反符号改正到各相

应测段的高差上，得改正后得高差即

$$v_i = -\frac{f_h}{\sum n} \times n_i$$

或
$$v_i = -\frac{f_h}{\sum l} \times l_i \tag{2-20}$$

改正后得高差：

$$h_{i改} = h_{i测} + v_i \tag{2-21}$$

式中　v_i，$h_{i改}$ —— 第 i 段测段的高差改正数和改正后得高差；

　　　$\sum n$，$\sum l$ —— 路线总测站数与总长度；

　　　n_i，l_i —— 第 i 段测段的测站数与长度。

题中各测段改正数：

$$v_1 = -\frac{0.068}{5.8} \times 1.0 = -0.012 \ (\text{m})$$

$$v_2 = -\frac{0.068}{5.8} \times 1.2 = -0.014 \ (\text{m})$$

$$v_3 = -\frac{0.068}{5.8} \times 1.4 = -0.016 \ (\text{m})$$

$$v_4 = -\frac{0.068}{5.8} \times 2.2 = -0.026 \ (\text{m})$$

将各测段高差改正数分别填入相应改正数栏，并检核：改正数的总和与所求得的高差闭合差绝对值相等、符号相反，即

$$\sum v = -f_h = -0.068 \ \text{m} \tag{2-22}$$

各测段改正后的高差为

$$h_{1改} = h_{1测} + v = +1.575 - 0.012 = +1.563 \ (\text{m})$$
$$h_{2改} = h_{2测} + v = +2.036 - 0.014 = +2.022 \ (\text{m})$$
$$h_{3改} = h_{3测} + v = -1.742 - 0.016 = -1.758 \ (\text{m})$$
$$h_{4改} = h_{4测} + v = +1.446 - 0.026 = +1.420 \ (\text{m})$$

将各测段改正后的高差分别填入相应的栏内，并检核；改正后的高差总和应等于两已知高程之差，即

$$\sum h_{改} = H_B - H_A = +3.247 \ \text{m} \tag{2-23}$$

3. 计算待定点高程

由水准点 BM_A 已知高程开始，逐一加各测段改正后的高差，即得各待定点高程，并填入相应高程栏内。

$$H_1 = H_A + h_{1改} = 65.376 + 1.563 = 66.939 \ (\text{m})$$
$$H_2 = H_1 + h_{2改} = 66.939 + 2.022 = 68.961 \ (\text{m})$$
$$H_3 = H_2 + h_{3改} = 68.961 - 1.758 = 67.203 \ (\text{m})$$
$$H_4 = H_3 + h_{4改} = 67.203 + 1.420 = 68.623 \ (\text{m})$$

推算 B 点的高程应该等于该点的已知高程，以此作为计算的检核。

2.6.2 闭合水准路线成果计算

闭合水准路线各测段高差的代数和应等于零。如果不等于零，其代数和即闭合水准路线的闭合差 f_h，即 $f_h = \sum h_测$。当 $f_h < f_{h容}$ 时，可进行闭合水准路线的计算调整，其步骤与附合水准路线相同。

2.6.3 支水准路线成果计算

对于支水准路线取其往、返测高差的平均值作为成果，高差的符号应以往测为准，最后推算出待测点的高程。

以图 2-18 为例，已知水准点 A 的高程为 186.785 m，往、返测站共 16 站。高差闭合差为

$$h_{A1(往)} = -1.357 \text{ m} \qquad n = 16 \text{ 站}$$

$$h_{A1(返)} = +1.398\ 6 \text{ m}$$

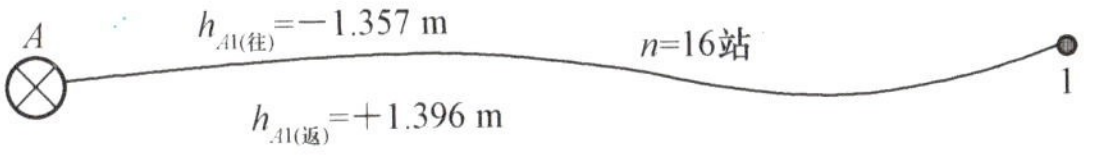

图 2-18　支水准路线观测

$$f_h = h_往 + h_返 = -1.357 + 1.396 = 0.021 \text{（m）} \tag{2-24}$$

闭合差容许值为

$$f_{h容} = \pm 12\sqrt{n} = \pm 12 \times \sqrt{16} = \pm 48 \text{（mm）} \tag{2-25}$$

$|f_h| < |f_{h容}|$ 说明符合普通水准测量的要求。经检核符合精度要求后，可取往测和返测高差绝对值的平均值作为 A，1 两点间的高差，其符号与往测高差符号相同，即

$$h_{AB} = \frac{h_往 + h_返}{2} = \frac{(-1.375 + 1.396)}{2} = -1.386 \tag{2-26}$$

$$H_1 = 186.785 - 1.386 = 185.399 \text{（m）}$$

2.7　水准仪的检验和校正

1. 水准仪的主要轴线及应满足的条件

如图 2-19 所示，水准仪有四条主要轴线，即望远镜的视准轴 CC、水准管轴 LL、圆水准轴 $L'L'$、仪器的竖轴 VV。各轴线应满足的几何条件如下：

（1）水准管轴 LL//视准轴 CC，即 LL//CC。当此条件满足时，水准管气泡居中，水准管轴水平，视准轴处于水平位置。

（2）圆水准轴 $L'L'$//竖轴 VV。当此条件满足时，圆水准气泡居中，仪器的竖轴处于垂直位置，这样仪器转动到任何位置，圆水准气泡都应居中。

（3）十字丝垂直于竖轴，即十字丝横丝要水平。这样，在水准尺上进行读数时，可以用

十字丝的任何部位读数。

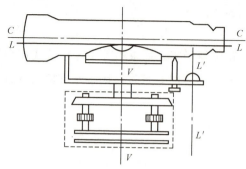

视频：水准仪的检验

图 2-19　水准仪的轴线

以上这些条件，在仪器出厂前经严格检校都是满足的，但是由于仪器长期使用和运输中的振动等原因，可能使某些部件松动，上述各轴线间的关系会发生变化。因此，为保证水准测量质量，在正式作业之前，必须对水准仪进行检验校正。

2. 水准仪的检验与校正

(1)圆水准器的检验与校正。

目的：使圆水准器轴平行于竖轴，即 $L'L'$ // VV。

检验：转动脚螺旋使圆水准器气泡居中，如图 2-20(a)所示，然后将仪器转动 180°，这时，如果气泡不再居中，而偏离一边，如图 2-20(b)所示，说明 $L'L'$ 不平行于 VV，需要校正。

校正：旋转脚螺旋使气泡向中心移动偏距一半，然后用校正拨针拨圆水准器底下的三个校正螺旋，使气泡居中。

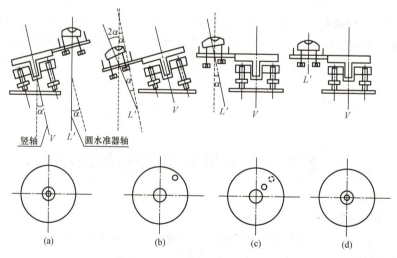

图 2-20　圆水准器的检验与校正

校正工作一般难以一次完成，需要反复校核数次，直到仪器旋转到任何位置时气泡都居中为止。最后，应注意拧紧固紧螺钉。

该项检验与校正的原理如图 2-20 所示，假设圆水准器轴 $L'L'$ 不平行于竖轴 VV，两者相交一个 α 角，转动脚螺旋，使圆水准器气泡居中，则圆水准器轴处于铅垂位置，而竖轴倾斜了一个角α，如图 2-20(a)所示；将仪器绕竖轴旋转 180°，圆水准器轴转动竖轴另一侧，此时圆水准器气泡不居中，因为旋转时圆水准器轴与竖轴保持α角，所以旋转后圆水准器轴与铅垂之间的夹角为 2α角，如图 2-20(b)所示，这样，气泡也同样偏离相对的一段弧长。校正时，旋转脚螺旋使气泡向中心移动偏离值的一半，从而消除竖轴本身偏斜的一个角α，如图 2-20(c)所示，使竖轴处于铅垂方向。然后拨圆水准器上校正螺旋，使气泡退回另一半居中，这样就消除了圆水准器轴与竖轴间的夹角α，如图 2-20(d)所示，使两者平行，达到 $L'L'//VV$ 的目的。

（2）十字丝横丝的检验与校正。

目的：当仪器整平后，十字丝的横丝应水平，即横丝应垂直与竖轴。

检验：整平仪器，在望远镜中用横丝的十字丝中心对准某一标志 P，拧紧制动螺旋，转动微动螺旋。微动时，如果标志始终在横丝上移动，则表明横丝水平。如果标志不在横丝上移动，如图 2-21 所示，表明横丝不水平，需要校正。

校正：松开四个十字丝环的固定螺钉，如图 2-22 所示，按十字丝倾斜方向的反方向微微转动十字丝环座，直至 P 点的移动轨迹与横丝重合，表明横丝水平。校正后将固定螺钉拧紧。

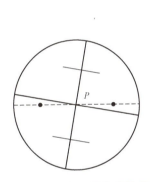

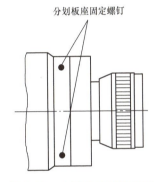

分划板座固定螺钉

图 2-21　十字丝横丝的检验　　图 2-22　十字丝横丝的校正

（3）水准管轴平行于视准轴（i 角）的检验与校正。

目的：使水准管轴平行于望远镜的视准轴，即 $LL//CC$。

检验：在平坦的地面上选定相距为 80 m 左右的 A、B 两点，各打一大木桩或放尺垫，并在上面立尺，然后按以下步骤对水准仪进行检验，如图 2-23 所示。

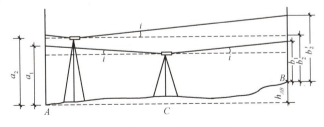

图 2-23　水准管轴的检验

将水准仪置于与 A、B 等距离的 C 点处，用仪器高法（或双面尺法）测定 A、B 两点间的高差 h_{AB}，设其读数分别为 a_1 和 b_1，则 $h_{AB}=a_1-b_1$。两次高度之差小于 3 mm 时，取其平均值作为 A、B 间的高差。此时，测量出的高差值是正确的。因为，假设此时水准仪的视准轴不平行水准管轴，即倾斜了 i 角，分别引起读数误差 Δ_a 和 Δ_b，但因 $BC=AC$，则 $\Delta_a=\Delta_b=\Delta$，则

$$h_{AB}=(a_1-\Delta)-(b_1-\Delta)=a_1-b_1 \tag{2-27}$$

这说明无论视准轴与水准管轴平行与否，由于水准仪安置在距水准尺等距离处，测量出的是正确高差。

将仪器搬至距离 A 尺（或 B 尺）3 m 左右处，精平仪器后，在 A 尺上读数 a_2。因为仪器距离 A 尺很近，忽略 i 角的影响。根据近尺读数 a_2 和高差 h_{AB} 计算出 B 尺上水平视线时的应有读数为

$$b_2=a_2-h_{AB} \tag{2-28}$$

然后，调转望远镜照准 B 点上水准尺，精平仪器读取读数。如果实际读出的数 $b_2'=b_2$，说明 $LL//CC$；否则，存在 i 角，其值为

$$i=\frac{b_2'-b_2}{D_{AB}}\times\rho \tag{2-29}$$

式中　D_{AB}——A、B 两点间的距离；

　　　ρ——$\rho=206\ 265''$。

对于 DS3 型水准仪，当 $i>20''$ 时，则需要校正。

校正：转动微倾螺旋，使中丝在 B 尺上的读数从 b_2' 移到 b_2，此时视准轴水平，而水准管气泡不居中。用校正针拨动水准管的上、下校正螺钉，如图 2-24 所示，使符合气泡居中。校正以后，变动仪器高度再进行一次检验，直到仪器在 A 端观测并计算出的 i 角值符合要求为止。

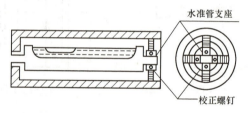

图 2-24　水准管轴的校正

2.8　电子水准仪简介

电子水准仪又称为数字水准仪，由基座、水准器、单远镜及数据处理系统组成。电子

水准仪是以自动安平水准仪为基础，在望远镜光路中增加了分光镜和探测器（CCD）。并采用条纹编码标尺和图像的处理电子系统而构成的光机电一体化的高科技产品。图2-25所示为常见的电子水准仪及条码尺。

电子水准仪的照准标尺和调焦仍需目视进行。人工调试后，标尺条码一方面被成像在望远镜分化板上，供目视观测；另一方面通过望远镜的分光镜，又被成像在光电传感器（又称为探测器）上，供电子读数。由于各厂家标尺编码的条码图案各不相同，因此条码标尺一般不能互通使用。

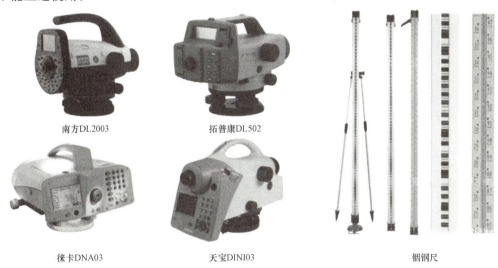

南方DL2003　　　　拓普康DL502

徕卡DNA03　　　　天宝DINI03　　　　铟钢尺

图2-25　常见的电子水准仪

电子水准仪操作如下：

(1)安置仪器：电子水准仪的安置同光学水准仪。

(2)整平：旋动脚螺旋使圆水准盒气泡居中。

(3)输入测站参数：输入测站高程。

(4)观测：将望远镜对准条纹水准尺，按仪器上的测量键。

(5)读数：直接从显示窗中读取高差和高程。

它与传统仪器相比具有以下特点：

(1)读数客观。不存在误读、误记问题，没有人为读数误差。

(2)精度高。多数仪器都有进行多次读数取平均的功能，可以削弱外界条件影响。不熟练的作业人员也能进行高精度测量。

(3)速度快。由于省去了读数、报数、听记、现场计算的时间，以及人为出错的重测数量。

(4)效率高。只需调焦和按键就可以自动读数，减轻了劳动强度。视距还能自动记录、检核、处理并能输入电子计算机进行后处理，可实现内业、外业一体化。

在使用电子水准仪之前必须注意以下几项：

(1)不要将镜头对准太阳，将仪器直接对准太阳会损伤观测员眼睛及损坏仪器内部电子元件。在太阳较低或阳光直接射向物镜时，应用伞遮挡。

(2)条纹编码尺表面保持清洁，不能擦伤，仪器是通过读取尺子黑白条纹来转换成电信号的，如果尺子表面粘上灰尘、污垢或擦伤，会影响测量精度或根本无法测量。

【知识思维导图】

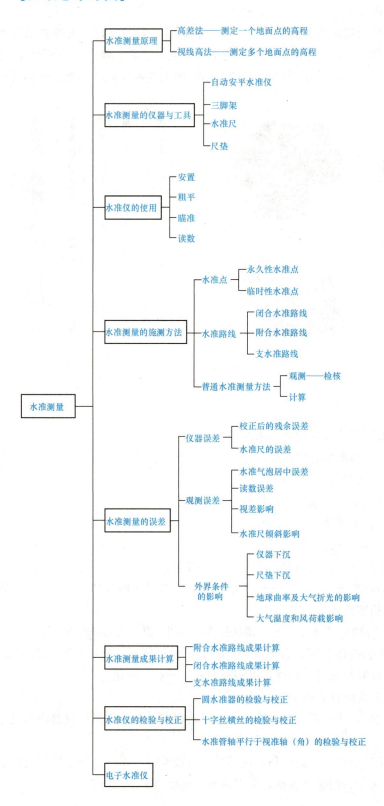

水准测量
- 水准测量原理
  - 高差法——测定一个地面点的高程
  - 视线高法——测定多个地面点的高程
- 水准测量的仪器与工具
  - 自动安平水准仪
  - 三脚架
  - 水准尺
  - 尺垫
- 水准仪的使用
  - 安置
  - 粗平
  - 瞄准
  - 读数
- 水准测量的施测方法
  - 水准点
    - 永久性水准点
    - 临时性水准点
  - 水准路线
    - 闭合水准路线
    - 附合水准路线
    - 支水准路线
  - 普通水准测量方法
    - 观测——检核
    - 计算
- 水准测量的误差
  - 仪器误差
    - 校正后的残余误差
    - 水准尺的误差
  - 观测误差
    - 水准气泡居中误差
    - 读数误差
    - 视差影响
    - 水准尺倾斜影响
  - 外界条件的影响
    - 仪器下沉
    - 尺垫下沉
    - 地球曲率及大气折光的影响
    - 大气温度和风荷载影响
- 水准测量成果计算
  - 附合水准路线成果计算
  - 闭合水准路线成果计算
  - 支水准路线成果计算
- 水准仪的检验与校正
  - 圆水准器的检验与校正
  - 十字丝横丝的检验与校正
  - 水准管轴平行于视准轴（角）的检验与校正
- 电子水准仪

【能力评价】

知识要点	能力要求	所占分值(100 分)	自评分数
水准测量原理	具备灵活应用水准测量方法的能力	6	
水准仪的构造及使用	(1)掌握水准仪各组成部分的名称和功能	6	
	(2)理解水准仪四条主要轴线	8	
	(3)理解圆水准器与水准管的作用	6	
	(4)熟练掌握水准仪的操作步骤及方法	8	
	(5)掌握水准仪的读数方法	6	
普通水准测量	(1)了解水准点及点之记的意义	4	
	(2)理解不同水准路线布设的作用	8	
	(3)掌握普通水准测量的观测方法	10	
	(4)熟练掌握水准测量手簿的填写	6	
水准测量误差及注意事项	(1)了解产生误差的原因	2	
	(2)掌握消除不必要误差的方法	2	
水准测量成果计算	(1)理解闭合差及闭合差容许值	2	
	(2)掌握三种水准路线的成果计算方法及步骤	10	
	(3)掌握闭合及附合水准测量成果计算表的填写	6	
水准仪的检验与校正	(1)掌握水准仪的主要轴线及满足的条件	6	
	(2)掌握水准仪的检验方法及校正操作	4	
总分		100	

【素养提升】

1. 工程意识与责任感

通过讲授水准测量在国民经济和国防建设中的重要性，培养学生的工程意识和责任感。

2. 工匠精神与职业素养

强调水准测量的精度要求和工作环境的艰苦性，培养学生的精益求精、吃苦耐劳的职业素养。

3. 团队合作与集体荣誉感

通过小组合作完成测量任务，培养学生的团队精神和集体荣誉感。

4. 爱国情怀与民族自豪感

通过介绍中国测量学的发展史和先进技术，如北斗导航系统，激发学生的爱国情怀和民族自豪感。

5. 职业认同与社会责任

结合工程案例，培养学生的职业认同感和社会责任感。

一、选择题

(1)视线高等于(　　)＋后视点读数。

A. 后视点高程　　　　　　　　　　　B. 转点高程

C. 前视点高程　　　　　　　　　　　D. 仪器点高程

(2)在水准测量中转点的作用是传递(　　)。

A. 方向　　　　　　B. 角度　　　　　　C. 距离　　　　　　D. 高程

(3)水准测量时,为了消除 i 角误差对一测站高差值的影响,可将水准仪置在(　　)处。

A. 靠近前尺　　　　　　　　　　　　B. 两尺中间

C. 靠近后尺　　　　　　　　　　　　D. 无所谓

(4)产生视差的原因是(　　)。

A. 仪器校正不完善　　　　　　　　　B. 物像与十字丝面未重合

C. 十字丝分划板不正确　　　　　　　D. 目镜呈像错误

(5)水准测量中,同一测站,当后尺读数大于前尺读数时说明后尺点(　　)。

A. 高于前尺点　　　　　　　　　　　B. 低于前尺点

C. 高于侧站点　　　　　　　　　　　D. 与前尺点等高

(6)往返水准路线高差平均值的正负号是以(　　)的符号为准。

A. 往测高差　　　　　　　　　　　　B. 返测高差

C. 往返测高差的代数和　　　　　　　D. 以上三者都不正确

(7)圆水准器轴与管水准器轴的几何关系为(　　)。

A. 互相垂直　　　　　　　　　　　　B. 互相平行

C.60°相交　　　　　　　　　　　　D. 120°相交

(8)转动目镜对光螺旋的目的是(　　)。

A. 看清近处目标　　　　　　　　　　B. 看清远处目标

C. 消除视差　　　　　　　　　　　　D. 看清十字丝

二、简答题

(1)什么是高差法?何谓视线高程法?视线高程法求高程有何意义?

(2)设 A 为后视点, B 为前视点, A 点的高程为 126.016 m。读得后视读数为 1.123 m,前视读数为 1.428 m,问 A、B 两点间的高差是多少?B 点比 A 点高还是低?B 点高程是多少,并绘图说明。

(3)什么是视准轴和水准管轴?圆水准器和管水准器各起何作用?

(4)什么是视差?如何检查和消除视差?

(5)什么是水准点?什么是转点?在水准测量中转点作用是什么?

三、计算题

(1)根据表 2-3 中所列观测资料,计算高差和待求点 B 的高程,并作校核计算。

表 2-3　水准测量记录表

测站	点名	后视读数/m	前视读数/m	高差/m	高程/m	备注
1	TP_1	1.481			437.654	
	TP_1		1.347			
2	TP_1	0.684				
	TP_3		1.269			
3	B	1.473				
	TP_3		1.584			
4	TP_3	2.762				
	B		1.606			
计算检核						

（2）附合水准线路的观测成果见表 2-4，试计算各点高程，列于表 2-4 中。

表 2-4　附合水准线路成果计算表

点名	测站数	高差/m	改正数/m	改正后的高差/m	高程/m
A					56.200
	10	−0.854			
I					
	6	−0.862			
II					
	8	−1.258			
III					
	10	+0.004			53.194
B					

（3）某闭合等外水准路线，其观测成果列于表 2-5 中，由已知点 BM_A 的高程计算 1、2、3 点的高程。

表 2-5　闭合水准路线成果计算表

点名	距离/km	高差/m	改正数/m	改正后的高差/m	高程/m
A					453.873
	1.4	−2.873			
I					
	0.8	+1.459			
II					
	2.1	+3.611			
III					
	1.7	−2.221			
A					
总和					

四、简答题

(1)DS3 水准仪有哪些轴线？它们之间应满足什么条件？

(2)为检验水准仪的视准轴是否平行水准管轴，安置仪器于 A、B 两点中间，测得 A、B 两点间高差为 -0.315 m；仪器搬至前视点 B 附近时，后视读数 $a=1.215$ m，前视读数 $b=1.556$ m。

问：1)视准轴是否平行于水准管轴？

2)如不平行，说明如何校正？

3)水准测量中前、后视距相等可消除或减少哪些误差的影响？

项目3 全站仪及角度测量

教学目标

知识目标	能力目标	素养目标
1. 掌握水平角、竖直角测量原理； 2. 掌握水平角、竖直角、天顶距的概念； 3. 掌握全站仪的构造和各部件的作用； 4. 熟练掌握全站仪的安置； 5. 熟练掌握测回法测量水平角的方法、记录格式和计算； 6. 掌握方向值、角度值和2C值的计算方法； 7. 掌握竖直角测量的方法、记录格式和计算； 8. 了解水平角测量误差产生的原因； 9. 掌握提高角度测量精度的方法； 10. 了解全站仪各轴线应满足的条件； 11. 掌握全站仪各项检验的步骤和校正方法	1. 能够认识全站仪各个组成部件； 2. 能够安置全站仪； 3. 能够使用测回法进行水平角测量； 4. 能够正确计算水平角各项数据值并正确记录； 5. 能够使用测回法进行竖直角测量； 6. 能够正确计算竖直角各项数据值并正确记录； 7. 能够通过正确的观测方法提高角度观测的精度； 8. 能够完成全站仪的各项检验与校正	1. 了解测量技术的最新发展，包括国内外的新技术和方法； 2. 培养学生团队协作精神和质量意识，规范意识； 3. 培养对测量数据进行误差分析和错误分析的能力； 4. 培养学生独立思考和解决问题的能力，以及创新能力

相关规范

1.《工程测量标准》(GB 50026—2020)；

2.《工程测量通用规范》(GB 55018—2021)。

学习重难点

1. 水平角、竖直角测量原理；

2. 全站仪的构造及使用；

3. 水平角、竖直角测量、记录及计算方法；

4. 水平角测量误差产生的原因及注意事项；

5. 全站仪的检验与校正。

岗课赛证

1. 全国职业院校技能大赛地理空间信息采集与处理赛项规程

(1)导线测量：完成规定附合导线的观测、记录、计算和成果整理，提交合格成果。

(2)曲线测设：依据给定的测设参数，计算放样元素，利用全站仪在实地测设相应点位，并对测设成果现场检核测量。

（3）施工放样：根据大赛提供的待定点坐标和电子设计图获取放样点位坐标，计算放样元素，利用全站仪放样待定点，并对测设成果现场检核测量。

2."1＋X"测绘地理信息数据获取与处理职业技能等级标准

初级：

（1）全站仪的认识及使用；

（2）能熟记全站仪使用的一般注意事项；

（3）能认识全站仪的系列及精度指标；

（4）能识别出指定全站仪的基本结构及各操作部件的名称和作用；

（5）能识别指定全站仪各按键的名称及其功能；

（6）能掌握显示符号的含义及使用；

（7）能完成指定全站仪的安置；

（8）能完成指定全站仪的参数设置；

（9）能在一个测站上使用全站仪测量角度、距离和坐标的方法，并将数据记录在记录表中。

全站仪的基本应用：

（1）能使用全站仪建站；

（2）能使用全站仪进行距离测设及点位三维坐标的测设；

（3）能使用全站仪进行交会定点（后方交会）；

（4）能使用全站仪进行对边观测；

（5）能使用全站仪进行面积和周长测量；

（6）能使用全站仪进行悬高测量。

3. 国家职业技能标准——工程测量员（2019 年版）

中级：

（1）能对全站仪主机进行测前检视；

（2）能进行一、二、三级导线测量的选点、埋石、观测、记录；

（3）能进行一、二、三级导线观测数据的检查与资料整理。

3.1 角度测量原理

3.1.1 水平角测量原理

为了测量地面点的平面位置，需要观测水平角。

水平角是地面上任意一点出发到两目标的方向线在水平面上的投影之间的夹角。水平角一般用 β 表示，其范围为 $0°\sim360°$。水平角测量原理如图 3-1 所示。

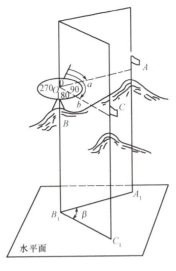

视频：角度测量原理

图 3-1 水平角测量原理

地面上高程不同的三个点 A、B、C，过 BA、BC 直线的铅垂面投影到同一水平面 P 上，得到 B_1A_1、B_1C_1。则水平线 B_1A_1、B_1C_1 之间的夹角 β，就是地面上 BA、BC 之间的水平角。

$$\beta = \angle A_1B_1C_1$$

设想在 B 点沿铅垂线上方，放置一按顺时针注记的水平度盘($0° \sim 360°$)，使其中心位于角顶的铅垂线上。过 BA 铅垂面通过水平度盘的读数为 a，过 BC 铅垂面通过水平度盘的读数为 b，一般水平度盘的读数顺时针增大，则水平角 $\beta = b - a$。

> ✳ **特别提示**
>
> 在水平角计算时，$a - b$ 和 $b - a$ 不是同一个角度，而是两者加起来等于 $360°$。

3.1.2 竖直角测量原理

在同一竖直面内，目标方向与水平方向的夹角称为竖直角。目标方向在水平方向以上称为仰角 $0° \sim \pm 90°$。

竖直角测量原理与水平角一致，即在拟测定竖直角的方向线的起始点上安置一个有刻度的圆盘，该圆盘称为竖直度盘，并令其圆心与该起始点重合，则竖直角也是度盘上两个方向的读数之差，如图 3-2 所示。这两个方向必有一个是水平方向。全站仪设计时，将水平方向设为固定方向，即视线水平时，竖直度盘读数为固定值 $90°$ 或 $270°$。在竖直角测量时，只需读出目标点的一个方向值，便可用该值与水平时的固定值相减得到该竖直角的角值。

Z 为天顶距(地面点 O 垂直方向的北端，顺时针转至观测视线 OA 方向线的夹角)。天顶距与竖直角的关系为 $Z = 90° - \alpha$。

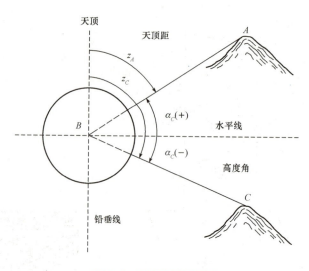

图 3-2 竖直角测量原理

测量竖直角的目的，是通过公式 $H_B = H_A + i - v + \tan\alpha$ 计算高程；可以看出 α 的正负决定 $\tan\alpha$ 的正负，也就决定 B 点的高程值，所以，竖直角的正负至关重要，不能搞错。

3.1.3　角度测量的仪器及工具

角度测量的仪器主要有光学经纬仪、电子经纬仪和全站仪，如图 3-3 所示。随着电子信息技术的发展、电子仪器的普及，现在主要使用的测角仪器是全站仪。

(a)　　　　　　　　(b)　　　　　　　　(c)

图 3-3　角度测量仪器

(a)光学经纬仪；(b)电子经纬仪；(c)全站仪

全站仪角度测量的辅助工具为反射棱镜，如图 3-4 所示。全站仪进行测量作业时，需在目标处放置反射棱镜，可安置在三脚架上，也可安置在对中杆上。

图 3-4　角度测量辅助工具

<h1>3.2　全站仪的构造与功能</h1>

<h2>3.2.1　全站仪的特点及分类</h2>

1. 全站仪的主要特点

全站仪是现代测量工作中常用的一种精密测量工具，在建筑、工程、地质勘探等领域广泛应用。

全站仪是可以同时进行角度(水平角、竖直角)测量、距离(斜距、平距、高差)测量和三维坐标测量的测量仪器。由于只需一次安置，仪器便可以完成该测站上所有的测量工作，故将其称为全站型电子速测仪，简称全站仪。因此，用全站仪进行施工放样、导线测量时，操作简便、速度快，精度高。全站仪可通过输入输出接口设备，将其与计算机绘图程序、绘图仪连接在一起，形成一套完整的测绘系统，大大提高测绘工作的质量和效率。

视频：全站仪的介绍

2. 全结仪的分类

(1)全站仪按测角精度分为 0.5″、1″、2″、3″、5″等几个等级。

(2)全站仪按所测距离分为以下几类：

1)短距离测距全站仪：测程小于 3 km，主要用于普通测量和城市测量。

2)中测程全站仪：测程为 3～15 km，常用于一般等级的控制测量。

3)长测程全站仪：测程大于 15 km，常用于国家三角网及特级导线测量。

(3)全站仪按测量功能可分为以下几类：

1)常规全站仪：具备全站仪电子测角、电子测距和数据自动记录等基本功能，有的还可以运行厂家或用户自主开发的机载测量程序。

2)自动驱动全站仪：在计算机的在线控制下，可按计算机给定的方向值自动照准目标，并可实现自动正镜、倒镜测量。

3）智能型全站仪：在软件的控制下，智能型全站仪在无人干预的条件下可自动完成多个目标的识别、照准与测量，又称为"测量机器人"。

3.2.2 全站仪的基本结构

全站仪的种类较多，各种型号结构基本相同。全站仪大多是由水平角测量系统、竖直角测量系统、测距系统、计算机微处理机、基座、望远镜等几大部分构成的。下面以南方NTS360系列全站仪（图3-5、图3-6）进行说明。

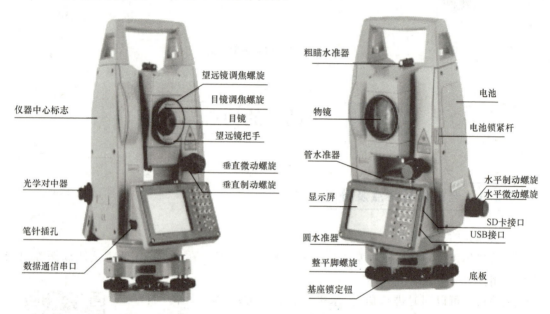

图 3-5　全站仪各部件名称

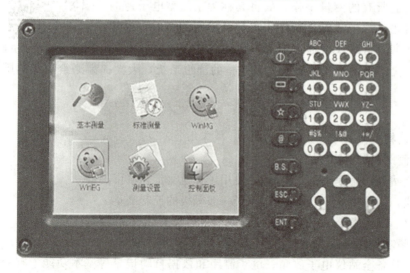

视频：全站仪的构造

图 3-6　全站仪显示屏及功能键

按下 POWER 键开机。进入 WIN 全站仪界面。

全站仪操作键及功能说明见表 3-1。

表 3-1　全站仪操作键及功能说明

按键	名称	功能
◐	电源键	控制电源的开/关
0~9	数字键	输入数字，用于欲置数值
A~/	字母键	输入字母
⊡	输入面板键	显示输入面板
★	星 键	用于仪器若干常用功能的操作
α	字母切换键	切换到字母输入模式
B.S	后退键	输入数字或字母时，光标向左删除一位
Esc	退出键	退回到前一个显示屏或前一个模式
Enter	回车键	数据输入结束并认可时按此键
✛	光标键	上下左右移动光标

3.2.3　全站仪的主要功能

南方 NTS360 系列全站仪的主要功能，可分为基本测量和标准测量。

（1）基本测量包含角度测量、距离测量、坐标测量。

（2）标准测量的应用测量程序包括放样、悬高测量、对边测量、线高测量、导线测量、偏心测量模式等。

视频：全站仪的认识

3.3　全站仪的使用

全站仪使用过程包括测前准备、安置仪器、选择测量模式、调焦与瞄准、读数、记录、计算、整理仪器。

3.3.1　测前准备工作

1. 仪器和工具准备

领取全站仪、三脚架、棱镜及对中杆，检查全站仪、三脚架、对中杆是否可用，检查全站仪电池电量是否充足。对全站仪进行检验及校正。

视频：全站仪的安置

2. 场地准备

在实训场地，检查设站点点位是否稳定可靠。

3.3.2 安置仪器

安置仪器包括全站仪的对中及整平。

1. 架设三脚架

松开架腿的固定螺旋，根据观测者身高，将三脚架伸到适当高度，确保三腿等长、打开，拧紧固定螺旋，使三脚架顶面近似水平，且位于测站点的正上方。将三脚架腿支撑在地面上，使其中一条腿固定。

2. 安放仪器

打开全站仪箱盖，看清楚全站仪在箱内的安放位置，确保水平、垂直制动螺旋松开，一只手握住全站仪提手，另一只手旋转连接螺旋，将仪器安置到三脚架上，拧紧中心连接螺旋，固定时，注意使全站仪位于架头中间位置，将三个角螺旋调至中间位置。

3. 粗略对中（通过移动脚架腿进行）

对中的目的是使全站仪水平度盘圆心与测站点位于同一条铅垂线上。

（1）光学对中器对中。调节光学对中器的目镜使小圆圈或十字丝清晰，调节光学中器物镜，使目标清晰。双手握住两条未固定的架腿移动，通过对光学对中器的观察调节该两条腿的位置。使光学对中器小圆圈中心或十字丝交点与地面测站点标志中心重合。

（2）激光对中器对中。双手握住两条未固定的架腿移动，用眼睛直接观测，对中器激光指示在地面测站点标志中心。

4. 精确对中（通过旋转角螺旋进行）

踩实架腿，观察对中器，旋转脚螺旋使仪器精确对中。若偏移量较大，仍需重复推拉脚架腿进行对中。

5. 粗略整平（通过伸缩脚架腿进行）

粗略整平的目的是使仪器竖轴铅垂，使圆水准器气泡居中。

松开脚架固定螺旋，使气泡偏离的架腿伸长或使气泡偏向的架腿缩短。使全站仪圆水准气泡居中。

6. 精确整平（通过旋转脚螺旋进行）

精确整平是使管水准器气泡居中。转动照准部使水准管大致平行于任意两个脚螺旋的连线，如图 3-7(a)所示，两手同时向内（或向外）转动脚螺旋使气泡居中。注意气泡移动方向与左手大拇指转动方向一致，转动照准部 90°，旋转另一个脚螺旋，使气泡居中，如图 3-7(b)所示。反复进行，直至照准部转动到任何位置气泡总是居中，气泡偏移量均不超过一格。这时仪器的竖轴铅垂，水平度盘水平。

7. 再次精确对中（通过平移仪器进行）

将中心连接螺旋松开一半，双手握住仪器基座，使仪器在架头上平行移动（注意不要旋转仪器），使仪器精确对中。再拧紧中心连接螺旋。

8. 再次精确整平（通过旋转脚螺旋进行）

检查仪器是否精确整平，如不精确整平，重复步骤 6，同时，使照准部在上述两个互相垂直的方向上，管水准器气泡的偏移量不超过一格。

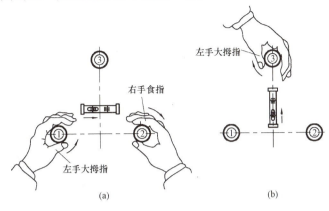

图 3-7　精确整平操作步骤

一般经过两次精确对中、精确整平后，仪器基本能够达到可以观测的状态；否则需要重复上述步骤 3～8。

特别提示

转动仪器或望远镜前，必须先松开水平制动螺旋和垂直制动螺旋，以免损坏仪器。

3.3.3　选择测量模式

进入 WIN 全站仪界面，单击基本测量，选择测角模式，可通过触摸屏进入其他测量模式。

3.3.4　调焦与瞄准

进行调焦与瞄准的目的是使视准轴对准观测目标的中心，一般瞄准立于目标点上的棱镜。具体方法如下：

（1）目镜调焦。转动照准部，使望远镜对向明亮处，调节目镜调焦螺旋，使十字丝成像清晰。

（2）粗瞄制动。松开水平制动螺旋，用望远镜上的粗瞄准器对准目标，使其位于视场内，固定望远镜制动螺旋和照准部制动螺旋。

（3）物镜调焦。转动物镜调焦螺旋，使目标影像清晰。

（4）微动精瞄。旋转望远镜微动螺旋，使目标像的高低适中；旋转照准部微动螺旋，使目标像被十字丝的单根竖丝平分，或被双根竖丝夹在中间。

（5）视差消除。眼睛微微左右移动，检查有无视差，如果有，调节调焦螺旋予以消除。

当测量水平角时，应用十字丝竖丝尽量瞄准目标下部，用十字丝双丝夹住目标或单丝平分目标。

3.3.5　读数与记录

按要求读取观测数据，填入记录表。

3.3.6　计算与检核

根据相应测量规范及具体任务要求，完成所需计算与检核工作。确认无误后，进行下一步工作。

3.3.7　整理仪器

整理仪器时，应先长按电源按钮关闭电源，松开水平制动螺旋和垂直制动螺旋，再将脚螺旋调节至中间位置，以便下次使用。一只手握住仪器把手，另一只手松开连接螺旋，双手取下仪器，放入仪器箱中，检查箱内物品齐全后，在箱盖自然闭合情况下，将箱盖锁紧；否则检查原因，不能强行压箱盖，以防止压坏仪器。

3.4　全站仪测定水平角

水平角的观测方法有测回法、方向观测法两种。建筑施工测量常用测回法进行角度测量。

3.4.1　测回法测定水平角

测回法是观测水平角的一种基本方法，常用于观测两个方向的单个水平夹角。如图 3-8 所示。

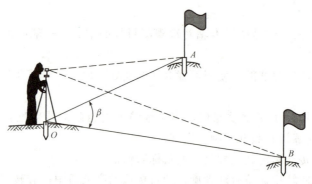

图 3-8　测回法水平角观测

观测时，如果竖直度盘位于望远镜左侧，称为盘左位置，简称盘左，又称为正镜；如果竖直度盘位于望远镜右侧，称为盘右位置，简称盘右，又称为倒镜。通常先以盘左位置测角，称为上半测回，测定的角值称为上半测回角值；然后以盘右位置测角，称为下半测回，测定的角值称为下半测回角值。上半测回和下半测回合在一起称为一个测回。根据精度要求，有时水平测量需要观测多个测回。

当观测多个测回时，为了减小度盘刻画不均匀误差的影响，各测回之间要按 $180°/n$（n 为测回数）的差值变换度盘的起始位置。

如图 3-8 所示，用测回法两测回观测水平角 $\angle AOB$ 的步骤如下。

（1）在 O 点安置全站仪，对中、整平。开机进入基本测量的角度量模式。

（2）第一测回上半测回（盘左，自左向右观测并记录读数）。

1）松开水平制动螺旋、垂直制动螺旋，使仪器处于盘左位置。

2）先瞄准左方目标 A，水平制动、垂直制动，调节微动螺旋精确瞄准目标下部，进行目镜、物镜调焦，消除视差。按下"置零"键使水平角 HR 读数显示为 $0°00'00''$，记入观测手簿。

3）松开水平制动螺旋，顺时针方向转动照准部，同法再瞄准右方目标 B，将 HR 读数 $85°15'12''$，记入观测手簿，计算得到上半测回水平角为

$$\beta_左 = b_左 - a_左 = 85°15'12'' - 0°00'00'' = 85°15'12'' \tag{3-1}$$

（3）第一测回下半测回（盘右，自右向左观测并记录读数）。

1）松开水平制动螺旋、垂直制动螺旋，使仪器处于盘右位置。

2）同样的方法，瞄准右方目标 B，将 HR 读数 $265°15'15''$ 计入观测手簿。

视频：测回法水平角测量

3）逆时针方向转动照准部，瞄准左方目标 A，将 HR 读数 $180°00'04''$ 计入观测手簿，则下半测回水平角为

$$\beta_右 = b_右 - a_右 = 265°15'15'' - 180°00'04'' = 85°15'11'' \tag{3-2}$$

（4）第一测回角值的计算与检核。指标差 $2C$ 值限差，各测回上下半测回角值互差（$2''$ 精度的全站仪 $2C$ 值限差为 $8''$，上下半测回角值互差限差为 $12''$），如果超出允许误差则需要重测，未超出允许误差则计算一测回角值，其取盘左盘右角平均值作为第一测回角值：

$$\beta = \frac{1}{2}(\beta_左 + \beta_右) = \frac{1}{2} \times (85°15'12'' + 85°15'11'') = 85°15'12'' \tag{3-3}$$

（5）第二测回上半测回（盘左，自左向右观测并记录读数）。

1）松开水平制动螺旋、垂直制动螺旋，使仪器处于盘左位置，照准 A 点。

2）按下"置角"键，输入角度值处输入 90.0000。使水平角 HR 读数显示为 $90°00'00''$，记入观测手簿。

3）松开水平制动螺旋，顺时针方向转动照准部，同法再瞄准右方目标 B，将水平角 HR 读数 $b_左 = 175°15'08''$ 记入观测手簿。计算得到上半测回水平角为

$$\beta_右 = b_右 - a_右 = 175°15'08'' - 90°00'00'' = 85°15'08'' \tag{3-4}$$

（6）第二测回下半测回（盘右，自右向左观测并记录读数）。

1）松开水平制动螺旋、垂直制动螺旋，使仪器处于盘右位置。

2）先瞄准右方目标 B，将 HR 读数 $355°15'12''$ 计入观测手簿。

3）再逆时针方向转动照准部，瞄准左方目标 A，将 HR 读数 $270°00'03''$ 计入观测手簿，则下半测回水平角为

$$\beta_右 = b_右 - a_右 = 355°15'12'' - 270°00'03'' = 85°15'09'' \tag{3-5}$$

与第一测回计算相同，未超出允许误差则计算一测回角值，其取盘左盘右角平均值作为第二测回角值

$$\beta = \frac{1}{2}(\beta_左 + \beta_右) = \frac{1}{2} \times (85°15'08'' + 85°15'09'') = 85°15'08'' \tag{3-6}$$

（7）各测回平均角值计算与检核。当第一测回与第二测回角值的较差小于限差（$2''$ 精度的全站仪各测回之间角值限差为 $12''$），取两个测回角值的平均值作为最后结果。数据记录及计算见表 3-2。

表 3-2 测回法水平角观测记录表

测回	测站	竖盘位置	目标	水平盘读数 /(° ′ ″)			半测回角值 /(° ′ ″)			一测回角值 /(° ′ ″)			各测回角值 /(° ′ ″)		
1	O	盘左	A	00	00	00	85	15	12	85	15	12	85	15	10
			B	85	15	12									
		盘右	A	180	00	04	85	15	11						
			B	265	15	15									
2	O	盘左	A	90	00	00	85	15	08	85	15	08			
			B	175	15	08									
		盘右	A	270	00	03	85	15	09						
			B	355	15	12									

3.4.2 记录计算注意事项

(1)水平角观测测回数、2C 值、半测回角值互差、各测回角值较差根据相关标准确定。全站仪水平角观测限差见表 3-3。

(2)角度测量计算记录时,分、秒的十位数的 0 不能省略,必须写出,保证读数是两位,如 270°00′03″。

表 3-3 2″全站仪水平角观测限差

全站仪测角精度	2C 限差	上下半测回角值之差	测回之间角值限差
2″	8″	12″	8″
仪器精度	$2C = \mid \alpha_左 - \alpha_右 \pm 180° \mid \leqslant 8″$	$\mid \beta_左 - \beta_右 \mid \leqslant 12″$	$\mid \beta_{测回1} - \beta_{测回2} \mid \leqslant 8″$

(3)用右侧目标减去左侧目标的数值,如果不够减,应先加上 360° 后再减,确保所测水平角范围为 0°～360°。

(4)计算一测回角值、各测回平均角值时,秒的数值不能出现小数,采取 4 舍 6 入,当尾数是 5 时,看 5 前面一位,如果是奇数,就进位。否则就不进位。如第一测回上下半测回角值平均值为 85°15′11.5″,根据规则,应记为 85°15′12″。

3.5 全站仪测定竖直角

在工程测量中,竖直角主要用于将倾斜距离转化为水平距离或者在三角高程测量中计算高差。

3.5.1 竖直角计算公式

1. 竖直角计算公式

竖直角是竖直度盘上视线方向读数与水平向读数之间的差值。竖直度盘一般也采用顺时针标注，且视线水平时，竖直度盘读数为定值，盘左时读数为 $90°$，盘右时读数为 $270°$，如图 3-9 所示。

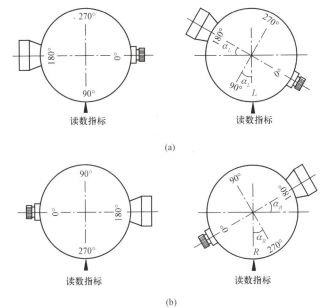

(a)

(b)

图 3-9 竖直度盘读数与竖直角计算

（a）盘左；（b）盘右

因此，盘左位置望远镜向上瞄准时，竖直度盘读数 L 减小，此时的竖直角 a_L 为

$$a_L = 90° - L \qquad (3-7)$$

盘右位置望远镜向上瞄准时，竖直度盘读数 R 增大，此时的竖直角 a_R 为

$$a_R = R - 270° \qquad (3-8)$$

同水平角测量一致，盘左位置观测为上半测回，盘右位置观测为下半测回，两者合并为一测回。由于观测过程中存在各种误差，盘左、盘右所获得的竖直角不完全相等，故应取盘左、盘右竖直角的平均值作为竖直角一测回角值的观测结果，即

$$a = \frac{1}{2}(a_L + a_R) = \frac{1}{2}[(R - L) - 180°] \qquad (3-9)$$

2. 指标差

当气泡居中时，仪器长期使用可能指标所处的实际位置与相应的正确位置有偏差角 x，x 称为指标差。

盘左在望远镜水平竖盘读数实际上是 $90 + x$，盘右实际上是 $270 + x$。故盘左、盘右观测的正确竖直角应为

$$a_左 = (90° + x) - L = a_L + x \qquad (3-10)$$

$$a_右 = R - (270° + x) = a_R - x \qquad (3-11)$$

由上两式可以导出

$$x = \frac{1}{2}(L+R-360°) \tag{3-12}$$

 **特别提示**

> 竖直角观测时，用十字丝的横丝精确照准目标的顶端。

3.5.2 垂直角的观测

测定竖直角示意如图 3-10 所示。

1. 盘左位置观测（上半测回）

将仪器在 A 点安置好，确认在角度测量模式。盘左位置精确瞄准 B 点标志，注意消除视差，读取 VZ 读数 $64°49'00''$，记入表 3-4 中。

2. 盘右位置观测（下半测回）

松开水平制动螺旋和垂直制动螺旋，倒转望远镜，盘右位置再次精确瞄准 B 点标志，注意消除视差，读取 VZ 读数 $295°10'52''$，记入表 3-4 中。

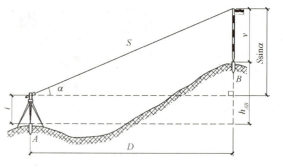

图 3-10　测定竖直角示意

若要测量多个测回，则重复以上盘左、盘右观测过程即可。

3. 计算检核与数据修正

根据公式分别计算 a_L、a_R、x，当竖盘指标差 x 不超限差要求时，取 a_L、a_R 的平均值为一测回的竖直角；否则须重测。用 $2''$ 级仪器进行电磁波测距三角高程测量时，四等高程控制测量对应的竖盘指标差较差、测回较差均 $\leqslant 7''$，五等高程控制测量对应的均 $\leqslant 10''$。

视频：竖直角测量

$$a_L = 90°00'00'' - 64°49'00'' = 25°11'00''$$
$$a_R = 295°10'52'' - 270°00'00'' = 25°10'52''$$
$$x = (64°49'00'' + 295°10'52'') - 360°00'00''/2 = -4''$$
$$a = (25°11'00'' + 25°10'52'')/2 = 25°10'56''$$

表 3-4　竖直角记录表

测点	目标	竖盘位置	竖盘读数 /(° ' ")	半测回竖直角 /(° ' ")	指标差 /(")	一测回竖直角 /(° ' ")
A	B	左	64　49　00	25　11　00	−4	25　10　56
		右	295　10　52	25　10　52		

3.5.3 水平角与竖直角的显示模式

工程测量中使用全站仪时，可根据需要选择更加方便的水平角与竖直角的显示模式，如水平右角与水平左角间的切换、竖直角与坡度间的切换、竖直角的天顶距与高度角间的切换，如图 3-11、图 3-12 所示。

1. 水平右角与水平左角间的切换

全站仪安置好后，确认在角度测量模式下，按"左/右角"键，水平角测量右角 *HR* 模式与左角 *HL* 模式可相互切换。一般全站仪出厂默认设置为右角 *HR* 模式。

水平右角（*HR*）：望远镜向右旋转（即顺时针旋转）时水平角增大。

水平左角（*HL*）：望远镜向左旋转（即逆时针旋转）时水平角增大。

2. 垂直角与坡度间的切换

全站仪安置好后，确认在角度测量模式下。按"V/％"键，垂直角 V 切换成坡度 V/％，再按一次，切换回垂直角 V。

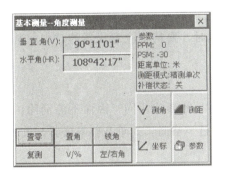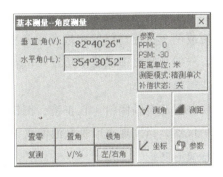

图 3-11　水平右角与水平左角切换界面

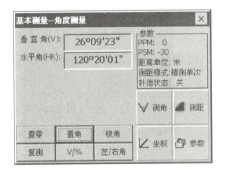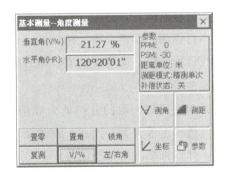

图 3-12　垂直角与坡度角切换界面

3.6　角度测量误差及注意事项

水平角的测量误差来源主要有仪器误差、观测误差和外界条件影响的误差等。

3.6.1　仪器误差

仪器误差的来源主要有两个方面：一方面是仪器检校后还存在着残余误差；另一方面

是仪器制造、加工不完善而引起的误差。可以采用适当的观测方法来减弱或消除其中一些误差。如视准轴不垂直于横轴、横轴不垂直于竖轴及度盘偏心等误差，可通过盘左、盘右观测取平均值的方法消除，度盘刻画不均匀的误差可以通过改变各测回度盘起始位置的办法来削弱。

视频：角度测量误差分析

3.6.2　观测误差

1. 仪器对中误差

在安置仪器时，由于对中不准确，使仪器中心与测站点不在同一条铅垂线上，称为对中误差。

对中误差引起的角度误差不能通过观测方法消除，所以，观测水平角时应仔细对中，当边长较短或两个目标与仪器接近在一条直线上时，要特别注意仪器的对中，避免引起较大的误差。一般规定对中误差不超过 3 mm。

2. 整平误差

整平误差引起竖轴倾斜，且正镜、倒镜观测时的影响相同，因而不能消除。故观测时应严格整平仪器。当发现水准管气泡偏离零点超过一格时，要重新整平仪器，重新观测。

3. 目标偏心误差

水平角观测时，常用测杆立于目标上作为照准标志。当测杆倾斜而又瞄准测杆上部时，将使照准点偏离地面目标而产生目标偏心差。

因此，测杆越倾斜，瞄准点越高，边长越短，目标偏心误差越大。

为减小目标偏心误差，瞄准标杆时，标杆应立直，测定水平角时，应尽可能瞄准标杆匀底部。当目标较近，又不能瞄准目标的底部时，可用悬吊垂线或专用觇牌作为目标。

4. 瞄准误差

瞄准误差主要与人眼的分辨能力和望远镜的放大倍率有关，还与目标的大小、形状、颜色和大气透明度等有关。因此，在观测中应尽量消除视差，选择适宜的照准标志，熟练操作仪器，并仔细瞄准以减小误差。

3.6.3　外界条件影响的误差

外界条件对观测质量有直接影响。如松软的土壤和大风影响仪器的稳定；日晒和温度变化影响仪器整平；大气层受地面热辐射的影响会引起物像的跳动等。因此，要选择目标成像清晰而稳定的有利时间观测，设法克服不利环境的影响，以提高观测成果的质量。

特别提示

任何测量数据的误差都是由仪器、观测者和外界环境这三个因素引起的。

3.7 全站仪的检验与校正

使用全站仪进行正式测量前，为保证测量成果的质量，须对其进行检校。在全站仪检校之前，应先进行一般性外观检验，如仪器是否能正常开机，显示屏是否能正常显示，三脚架是否稳定，仪器与三脚架头的连接是否牢固，仪器各部件是否有松动，仪器各螺旋是否灵活、有效等。确认没有问题后可继续进行仪器检校，否则应查明原因并及时处理。测量实践中必要时只能检验，校正须由专业检修人员负责。

3.7.1 全站仪轴线应满足的条件

全站仪主要轴线如图 3-13 所示。

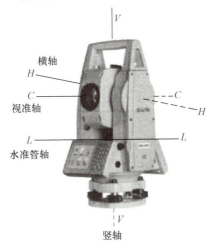

横轴

视准轴

水准管轴

竖轴

图 3-13　全站仪主要轴线

(1)管水准器轴垂直于竖轴，即 $LL \perp VV$。

(2)十字丝竖丝垂直于横轴 HH。

(3)视准轴垂直于横轴 $CC \perp HH$。

(4)横轴垂直于竖轴，即 $HH \perp VV$。

3.7.2 全站仪的检校

1. 管水准器的检校

(1)检校目的：水准管轴应垂直于竖轴($LL \perp VV$)。

(2)检验方法：全站仪粗略整平，使水准管轴与仪器任意两个脚螺旋的连线平行，调节这对脚螺旋使水准管气泡居中。再将照准部旋转180°，若气泡仍然居中，则说明条件满足；否则应进行校正。

(3)校正方法：相向或相反地旋转平行于水准管的一对脚螺旋使气泡向中央移动偏离值

的一半，再用校正针拨水准管的校正螺旋，升高或降低水准管的一端至气泡居中即可。检验和校正须反复进行几次，直到在任何位置气泡偏离值都在一格以内为止。

2. 管水准器的检校

（1）检校目的：确保圆水准器轴平行于仪器竖轴，即当管水准器旋转到任何位置，气泡仍居中时，圆水准器气泡一直居中。

（2）检验方法：用管水准器使仪器精确整平后，观察圆水准器气泡是否居中，如果居中，无须校正；否则需要校正。

（3）校正方法：用校正针微调圆水准器下方的两个校正螺钉，使圆水准器气泡居中。调整校正螺钉时，应注意使两个螺钉的受力程度相当。

视频：全站仪的
检验——实操

3. 十字丝的检校

（1）检校目的：确保十字丝竖丝垂直于横轴。

（2）检验方法：将仪器精确整平后，用十字丝交点精确瞄准任一清晰目标点，旋紧水平制动螺旋和垂直制动螺旋，再用垂直微动螺旋使望远镜上下微动，若目标点始终在竖丝上移动，表明条件已满足，否则应进行校正，如图 3-14 所示。

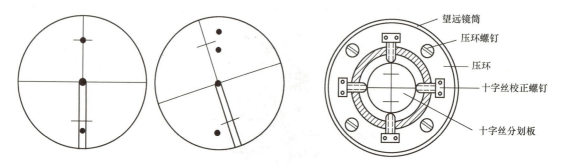

图 3-14　十字丝的检校

（3）校正方法：校正时，旋下目镜处的护盖，微微松开十字丝环的 4 个固定螺钉，如图 3-14 所示。转动十字丝分划板，直至望远镜上下移动时，目标点始终沿竖丝移动。最后将 4 个固定螺钉拧紧，旋上护盖。

4. 视准轴的检校

（1）检校目的：确保视准轴垂直于横轴。

（2）检验方法：将仪器精确整平后瞄准远处任一明显目标 A，分别用盘左位置、盘右位置进行观测，得到盘左读数 HL 和盘右读数 HR。计算照准差，计算公式为 $C=[$盘左读数 $HL-($盘右读数 $HR\pm180°)]/2$，如果 $C<8''$，则无须校正；否则需要进行校正。

（3）校正方法：在盘右位置旋转水平微动螺旋使读数为（$HR+C$）后，松开望远镜目镜处护盖，调整左右两个校正螺钉，十字丝分划板会左右移动，从而使竖丝与远处目标重合。再次检验并校正直至 C 值满足要求。

照准差 C 即望远镜视准轴不垂直于横轴所偏离的角度，也称为视准轴误差，它是由十字丝分划板左右移动，使十字丝交点位置不准确而产生的。由于视准轴误差对盘左、盘右位置观测的影响大小相等，方向相反，故取盘左、盘右观测值的平均值，可以消除该项误差。为保证测角精度，工程测量中常用一测回内 $2C$ 互差检验测角质量，对其有限差要求，以确保 $2C$ 不能过大，否则需查明原因或对仪器进行检校。

【知识思维导图】

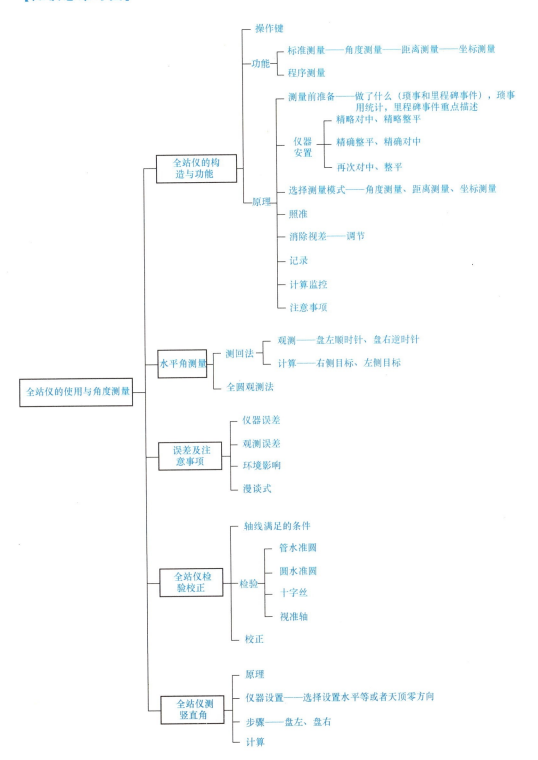

全站仪的使用与角度测量
- 全站仪的构造与功能
  - 操作键
  - 功能
    - 标准测量——角度测量——距离测量——坐标测量
    - 程序测量
  - 原理
    - 测量前准备——做了什么（琐事和里程碑事件），琐事用统计，里程碑事件重点描述
    - 仪器安置
      - 精略对中、精略整平
      - 精确整平、精确对中
      - 再次对中、整平
    - 选择测量模式——角度测量、距离测量、坐标测量
    - 照准
    - 消除视差——调节
    - 记录
    - 计算监控
    - 注意事项
- 水平角测量
  - 测回法
    - 观测——盘左顺时针、盘右逆时针
    - 计算——右侧目标、左侧目标
  - 全圆观测法
- 误差及注意事项
  - 仪器误差
  - 观测误差
  - 环境影响
  - 漫谈式
- 全站仪检验校正
  - 轴线满足的条件
  - 检验
    - 管水准圆
    - 圆水准圆
    - 十字丝
    - 视准轴
  - 校正
- 全站仪测竖直角
  - 原理
  - 仪器设置——选择设置水平等或者天顶零方向
  - 步骤——盘左、盘右
  - 计算

知识要点	能力要求	所占分值(100 分)	自评分数
水平角、竖直角测量原理	明确水平角、竖直角测量原理	5	
全站仪构造和使用	(1)熟练掌握全站仪的构造和各部件的作用	5	
	(2)熟练掌握全站仪的安置	20	
角度观测	(1)熟练掌握测回法测量水平角的方法	10	
	(2)熟练掌握测回法水平角测量的记录格式和计算	20	
	(3)熟练掌握测回法测量竖直角的方法	10	
	(4)熟练掌握测回法竖直角测量的记录格式和计算	10	
测量误差及仪器检校	(1)掌握提高角度测量的方法	10	
	(2)掌握全站仪各项检验的步骤和校正方法	10	
总分		100	

【素养提升】

1. 职业道德培养

通过介绍测量人员的职业素养和道德规范,让学生认识到测量工作的重要性和严肃性。引导学生树立正确的职业价值观,培养他们认真负责、诚实守信、严谨细致的工作态度,提高他们的职业操守和责任感。

2. 团队合作意识

通过组织小组合作学习、任务分配和成果展示等活动,让学生体验团队合作的重要性。引导学生学会尊重他人、倾听他人意见、协商解决问题,培养他们的团队合作能力和沟通能力。

3. 创新精神培养

通过介绍先进的测量技术和方法,引导学生发现问题和寻求解决方案,培养他们的创新意识和能力。鼓励学生敢于尝试、勇于突破,培养他们的探索和创新精神。

课后习题

一、选择题

(1)全站仪精确整平的要求是(　　)。

A. 转动脚螺旋,管水准器气泡居中

B. 转动脚螺旋,圆水准器气泡居中

C. 转动微倾螺旋,管水准器气泡居中

D. 管水准器与圆水准器气泡同时居中

(2)产生视差的原因是(　　)。

A. 仪器校正不完善

B. 物像与十字丝面未重合

C. 十字丝分划板不正确

D. 目镜成像错误

(3)全站仪视准轴检验和校正的目的是(   )。

A. 使横轴垂直于竖轴　　　　　　　　　　B. 使视准轴垂直横轴

C. 使视准轴平行于水准管轴　　　　　　　D. 使视准轴平行于横轴

(4)用全站仪观测水平角时,尽量照准目标的底部,其目的是消除(   )误差对测角的影响。

A. 对中　　　　　　B. 照准　　　　　　C. 目标偏心　　　　　　D. 整平

(5)测量竖直角时,采用盘左、盘右观测,其目的之一是可以消除(   )误差的影响。

A. 对中　　　　　　　　　　　　　　　　B. 视准轴不垂直于横轴

C. 整平　　　　　　　　　　　　　　　　D. 指标差

(6)当全站仪的望远镜上下转动时,竖直度盘(   )。

A. 与望远镜一起转动　　　　　　　　　　B. 与望远镜相对转动

C. 不动　　　　　　　　　　　　　　　　D. 有时一起转动有时相对转动

(7)观测某目标的竖直角,盘左读数为101°23′36″,盘右读数为258°36′00″,则指标差为(   )″。

A. 24　　　　　　　B. −12　　　　　　C. −24　　　　　　D. 12

(8)全站仪的安置仪器顺序是(   )。

A. 对中、整平　　　　　　　　　　　　　B. 调焦、照准

C. 读取读数　　　　　　　　　　　　　　D. 以上都不对

(9)当全站仪竖轴与目标点在同一竖面时,不同高度的水平度盘读数(   )。

A. 相等　　　　　　　　　　　　　　　　B. 不相等

(10)采用盘左、盘右的水平角观测方法,可以消除(   )误差。

A. 对中　　　　　　　　　　　　　　　　B. 十字丝的竖丝不铅垂

C. 视准轴　　　　　　　　　　　　　　　D. 整平

(11)用回测法观测水平角,测完上半测回后,发现水准管气泡偏离2格多,在此情况下应(   )。

A. 继续观测下半测回　　　　　　　　　　B. 整平后观测下半测回

C. 整平后全部重测　　　　　　　　　　　D. 测完后取平均值

(12)在全站仪照准部的水准管检校过程中,仪器按规律整平后,把照准部旋转180°,气泡偏离零点,说明(   )。

A. 水准管不平行于横轴　　　　　　　　　B. 仪器竖轴不垂直于横轴

C. 水准管轴不垂直于仪器竖轴　　　　　　D. 竖轴不垂直与横丝

(13)地面上两相交直线的水平角是(   )的夹角。

A. 这两条直线的实际　　　　　　　　　　B. 这两条直线在水平面的投影线

C. 这两条直线在同一竖直面上的投影　　　D. 这两条直线的缩短

(14)全站仪安置时,整平的目的是使仪器的(   )。

A. 竖轴位于铅垂位置,水平度盘水平　　　B. 水准管气泡居中

C. 竖盘指标处于正确位置　　　　　　　　D. 圆水准器气泡居中

(15)全站仪的竖盘按顺时针方向注记,当视线水平时,盘左竖盘读数为90°用该仪器观

测一高处目标，盘左读数为 $75°10'24''$，则此目标的竖角为（　　　）。

  A. $57°10'24''$ B. $-14°49'36''$ C. $14°49'36''$

  (16)经纬仪在盘左位置时将望远镜大致置平，使其竖盘读数在 $0°$ 左右，望远镜物镜端抬高时读数减少，其盘左的竖直角公式（　　　）。

  A. $90°-L$ B. $0°-L$

  C. $360°-L$ D. $L-90°$

  (17)竖直指标水准管气泡居中的目的是（　　　）。

  A. 使度盘指标处于正确位置   B. 使竖盘处于铅垂位置

  C. 使竖盘指标指向 $90°$ D. 使竖盘指标指向 $0°$

  (18)光学经纬仪应满足（　　　）项几何条件。

  A. 3   B. 4   C. 5   D. 6

  (19)用测回法观测水平角，可以消除（　　　）误差。

  A. $2C$ B. 指标差

  C. 横轴误差大气折光误差   D. 对中误差

二、简答题

  (1)什么是水平角？简述全站仪测水平角的原理。

  (2)全站仪上有几对制动与微动螺旋？它们各起什么作用？

  (3)测量水平角时，为什么要整平？试述全站仪整平的步骤。

  (4)观测水平角时，水平度盘的起始读数要为 $0°00'00''$，应该怎样操作？

  (5)怎样正确瞄准目标？

  (6)测量水平角与测量竖直角有何不同？为什么在读取竖直度盘读数时要求竖盘指标水准管气泡居中？

  (7)整理下列用测回法观测水平角的记录（表3-5）。

表 3-5 水平角观测记录

测回	测站	竖盘位置	目标	水平盘读数 /(° ′ ″)	半测回角值 /(° ′ ″)	一测回角值 /(° ′ ″)	各测回角值 /(° ′ ″)
1	O	盘左	A	00 00 00			
			B	78 48 54			
		盘右	A	180 00 03			
			B	258 49 00			
2	O	盘左	A	90 00 00			
			B	168 48 56			
		盘右	A	270 00 04			
			B	348 49 01			

  (8)怎样确定垂直角的计算公式？

  (9)整理下列垂直角观测记录，并分析有无竖盘指标差（表3-6）。

表 3-6 垂直角观测记录

测点	目标	竖盘位置	竖盘读数 /(° ′ ″)	半测回竖直角 /(° ′ ″)	指标差 /(″)	一测回竖直角 /(° ′ ″)
O	1	盘左	72 18 12			
		盘右	287 42 00			
O	2	盘左	96 32 48			
		盘右	263 27 30			

(10)观测水平角时，为什么要求用盘左、盘右观测？盘左、盘右观测取平均值能否消除水平度盘不水平造成的误差？

(11)在检验视准轴垂直于横轴时，为什么目标要选择得与仪器同高？在检验横轴垂直于竖轴时，为什么目标要选择得较高？上述两项检校的顺序可否颠倒？

项目4 距离测量与直线定向

教学目标

知识目标	能力目标	素养目标
1. 明确距离测量与直线定向的任务; 2. 掌握平坦地区量距的方法; 3. 了解钢尺量距的误差来源; 4. 理解视距测量的原理; 5. 掌握光电测距仪测距的观测、计算; 6. 掌握标准方向的种类真子午线、磁子午线、坐标纵轴方向; 7. 表示直线的方法直线的方位角; 8. 正反坐标方位角的关系、坐标方位角的推算	1. 能够使用钢尺完成平坦地区和倾斜地区的距离测量; 2. 能够使用视距测量完成平坦地区和倾斜地区的距离测量; 3. 能够使用光电测距仪完成平坦地区和倾斜地区的距离测量; 4. 能够利用两个点的坐标计算方位角; 5. 能够根据方位角和观测角推算方位角	1. 培养热爱劳动的良好品德; 2. 培养学生团结协作、吃苦耐劳、严谨认真、实事求是的职业道德

相关规范

1.《工程测量标准》(GB 50026—2020);

2.《工程测量通用规范》(GB 55018—2021)。

学习重难点

1. 直线定线;

2. 掌握视距测量的观测、计算;

3. 掌握标准方向的种类真子午线、磁子午线、坐标纵轴方向;

4. 表示直线的方法(直线的方位角);

5. 正、反坐标方位角的关系、坐标方位角的推算。

岗课赛证

1. 全国职业院校技能大赛地理空间信息采集与处理赛项规程

(1)水准测量:完成规定水准路线的观测、记录、计算和成果整理,提交合格成果。

(2)导线测量:完成规定附合导线的观测、记录、计算和成果整理,提交合格成果。

2."1+X"测绘地理信息数据获取与处理职业技能等级标准

初级：

全站仪的基本应用：

(1)能使用全站仪进行距离测设及点位三维坐标的测设；

(2)能使用全站仪进行交会定点(后方交会)；

(3)能使用全站仪进行对边观测；

(4)能使用全站仪进行面积和周长测量。

3.国家职业技能标准——工程测量员(2019年版)

中级：

能进行单一导线、单一水准路线的平差计算与成果整理。

4.1 概 述

确定两点在平面直角坐标系的相对位置，要能测量出两点之间的水平距离并确定这两点连成直线的方向。

常用的距离测量方法有钢尺量距、视距测量和光电测距。钢尺量距的方法和原理都很简单，如果采用精密方法，即考虑钢尺实际长度和名义长度的差别、钢尺本身的长度随温度和两端所受拉力的变化而变化等因素，能达到相当高的精度；但在测量超过钢尺长度的距离时需要定线，如果定线不准，则会在一定程度上影响量距精度，而且钢尺量距对地形的要求比较高，一般要求地面平坦、开阔、通视条件好。视距测量采用水准仪、经纬仪望远镜中的十字丝分划板上的视距丝配合水准尺或特制的视距尺根据光学原理来完成，可以与水准测量、角度测量同时进行，方便而迅速，虽然精度较低，却是经纬仪极坐标测绘法来测绘地形图碎部点的基本组成部分。光电测距是以光和电子技术来测量距离，采用能发射电磁波的测距仪或全站仪，通过直接或间接测定电磁波的传播时间来进行的，操作简单、精度高，通过数据线其观测成果可直接导入计算机。随着测距仪和全站仪价格的下降，已成为测距的主要手段。

由于确定地面点位需要的是水平距离，而直接测得的往往是倾斜距离，需要将其换算成水平距离。

至于某直线的方向，是通过该直线与过直线起点的标准方向之间的水平角来确定的，这项工作叫作直线定向。一般采用坐标纵轴方向作为标准方向，用坐标方位角来进行直线定向。

⊹ **特别提示**

测量中距离测量的一般方法：当距离较远而且路面高低不平时，对精度要求较高时，采用光电测量；一般要求时，采用视距测量。当距离较近时，可采用钢尺量距或光电测量的方法。

4.2 钢尺量距的一般方法

钢尺量距可分为一般方法量距和精密方法量距(简称精密量距)。一般方法量距的相对误差一般为1/1 000～1/5 000。实践中,当距离较短,即不超过一个整尺长时,一般以钢尺量距为主;精度要求高,一般以全站仪测距为主。本任务主要介绍一般方法量距。

4.2.1 钢尺量距的工具

根据丈量的精度要求可选用不同材质的尺,如钢尺、皮尺。其他的辅助工具还有标杆、测针、垂球、弹簧秤和温度计等。

1. 钢尺

钢尺是用薄钢片制成的带状尺,也称为钢卷尺,有简装和盒装两种。尺厚约为0.4 mm,宽度为10～15 mm,其长度有20 m、30 m和50 m等几种。

根据钢尺的零点位置不同,其有端点尺和刻线尺之分,如图4-1所示。当量距始于某一墙体时,起始尺段宜用端点尺丈量,其余情况宜用刻线尺。

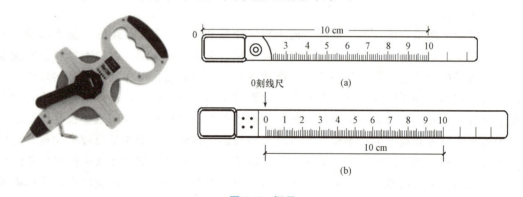

图 4-1 钢尺

钢尺的优点是抗拉强度大,不易拉伸,量距精度高,是工程施工测量中主要的量距工具;缺点是性脆,易折断,易生锈。要避免受潮、磨损、折扭。必要时需要涂油防锈。

2. 皮尺

皮尺量距精度较低,其是由麻与金属编制而成的带状卷尺,两面涂防护层进行保护,印有分化和标记。长度有10 m、20 m、30 m、50 m等,尺面最小分化为厘米,使用时注意用力均匀,皮尺比钢尺轻,不怕生锈和弯折。

3. 标杆、测钎

标杆多用木质或铝合金制成。杆上用油漆涂成20 cm红白相间的颜色,标杆底部装有尖头铁脚,便于插入地面,作为瞄准标志。

测钎用钢筋制成,一端卷成小圆环,一端磨尖,长度为30～40 cm,钎身用油漆涂成红白相间的色段。量距时,将测钎插入地面,作为丈量尺段标记。

4.2.2　直线定线

当两个地面点之间的距离较长或地势起伏较大时，为能沿着直线方向进行距离丈量工作，需要在直线方向上标定若干个点，作为分段丈量的依据。在直线方向上做一些标记表明直线走向的工作就称为直线定线。

1. 目测定线

如图 4-2 所示，A、B 是平坦地面上相互通视的两点，在 A、B 间定出 C、D 点。先在 A、B 上树立标杆；观测者甲立 A 点后适当位置，用单眼观测 A、B 两点的标杆同一侧，提供一条视线。观测者乙持另一标杆立于 C 点附近，听从甲的指挥移动标杆，当乙所持标杆立于视线上时，则 C 点既在视线上。同法定出其他点。

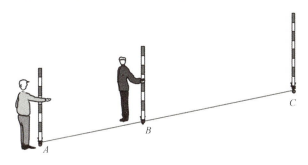

图 4-2　目测定线

2. 全站仪定线

全站仪定线如图 4-3 所示。欲在 A、B 两点间精确定出 1、2、3、4、5 点的位置，可将全站仪安置于 A 点，用望远镜瞄准 B 点，固定照准部制动螺旋，沿 AB 方向用钢尺概量稍短于一尺段长的位置，由全站仪指挥用笔画好标记，若是泥地，应打下木桩。桩顶高出地面 10～20 cm，并在桩顶钉一个小钉，使小钉在 AB 直线上，或在桩顶上画十字线，使十字线其中的一条在 AB 直线上，小钉或十字线交点即量距时的标志。

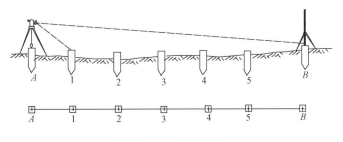

图 4-3　全站仪定线

> ✦ **特别提示**
>
> 注意直线定线与直线定向的区别，直线定线是保证测量时的点在两个端点之间的连线上，利用全站仪在调平后，视准轴竖向平面垂直于大地水准面方法确定。

4.2.3 钢尺量距的一般方法

在工程测量实践中，直线定线和钢尺量距可以同时进行，当在平坦坚硬的地面上量距时，可在目估定线或仪器定线时同时量距，也可在定线后再进行量距。

1. 平坦地面钢尺量距的一般方法

平坦地面钢尺量距的一般方法一般是直线定线和钢尺量距同时进行，如图 4-4 所示。具体步骤如下。

图 4-4　平坦地面钢尺量距的一般方法

首先在待测距离的两个端点 A、B 做竖立标杆或者测钎，用目估法定线，标定直线方向，后尺手持钢尺零端位于 A 点，沿着 AB 方向前进，至一尺段长处。

后尺手指挥前尺手将钢尺拉到 AB 直线方向上，两人将钢尺拉紧、拉平。稳定后，后尺手以尺子零点对准 A 点，前尺手将测钎对准钢尺末端分化竖直插入地面，坚硬的地面用记号笔做标记。插入点为 1 点，便完成了第一尺段 $A-1$ 的测量。

视频：钢尺量距

前、后司尺员同时将钢尺抬起前进。后司尺员走到第一根测钎处，同法丈量第二尺段，依次继续丈量。每测量完成一尺段，后司尺员要注意收回测钎。最后一尺段不足一整尺时，前司尺员在 B 点标志处读取刻画值。后司尺员手中测钎数 n 为整尺段数。不足一个整尺段的距离为余长 q。

上述由 A 点向 B 点的丈量称为往测，一般还要由 B 向 A 进行返测。反测时，要重新定线。

A、B 两点之间的水平距离 $D_{往}$ 为

$$D_{往}=nL+q_{往} \tag{4-1}$$

A、B 两点之间的水平距离 $D_{返}$ 为

$$D_{返}=nL+q_{返} \tag{4-2}$$

式中，n 为尺段数；L 为钢尺长度；q 为不足一整尺的余长。

一般采用往、返丈量，取往、返距离的平均值作为最后的结果。用相对误差衡量测精度，即

$$D_{平均}=\frac{D_{往}+D_{返}}{2} \tag{4-3}$$

$$K = \frac{|D_{往} - D_{返}|}{D_{平均}} = \frac{1}{\dfrac{D_{平均}}{|D_{往} - D_{返}|}} \tag{4-4}$$

平坦地区钢尺量距相对误差不应低于 1/3 000；困难地区相对误差不应低于 1/1 000。

2. 倾斜地面距离丈量

倾斜地面钢尺量距的一般方法量距有平量法和斜量法两种。

（1）平量法。如果地面起伏不大时，可将钢尺拉平进行丈量。如图 4-5 所示，丈量由高处 A 点向低处 B 点进行，后尺手以尺的零点对准地面 A 点，并指挥前尺手将钢尺拉在 AB 直线方向上，同时，前尺手抬高尺子的一端，并目估使尺水平，将垂球绳紧靠钢尺上某一分划，用垂 D 球尖投影于地面上，再插以测钎得到点 1。此时钢尺上分划读数即 A、1 点间的水平距离。同样的方法继续丈量其余各尺段。当丈量至 B 点时，应注意垂球尖必须对准 B 点。各测段丈量结果的总和就是 A、B 两点间的往测水平距离。为方便丈量，返测也应由高处向低处进行。若精度符合要求，则取往返测的平均值作为最后结果。

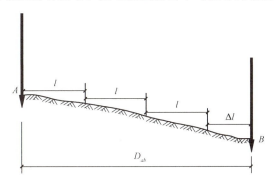

图 4-5　倾斜地面钢尺量距的一般方法

（2）斜量法。当倾斜地面的坡度比较均匀或坡度较大时，可采用斜量法，如图 4-6 所示。可以沿倾斜地面丈量出 A、B 两点间的斜距 L，用水准仪测出两点间的高差 h，或用全站仪直接测出 L 和直线 AB 的倾斜角 α，均可计算出其水平距离 D，即

$$D = \sqrt{L^2 - h^2} \quad \text{或} \quad D = L\cos\alpha \tag{4-5}$$

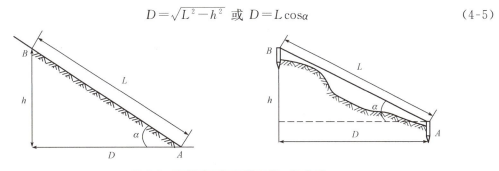

图 4-6　倾斜地面钢尺量距的一般方法

❄ 特别提示

　　距离测量时相对精度和绝对精度的区别，绝对精度相同，但是由于测量的距离不同，得出的相对精度不用，而衡量测量结构的精度时，一般使用相对精度。

4.2.4 钢尺量距的误差来源

在钢尺量距过程中不可避免地存在测量误差，为提高量距精度，必须了解误差产生的原因和规律，并在测量实践中采取相应的措施以消除或减弱其影响。

1. 钢尺量距的误差

(1)尺长误差。钢尺的名义长度和实际长度不符，产生尺长误差。尺长误差具有系统积累性。它与所量距离成正比。

(2)温度误差。钢尺的长度随温度变化，丈量时温度与检定钢尺时温度不一致，或测定的空气温度与钢尺温度相差较大，都会产生温度误差。

(3)拉力误差。钢尺具有弹性，拉力的大小会影响钢尺的长度。一般方法量距时，只要保持拉力均匀即可。

(4)钢尺不水平的误差。用平量法量距时，钢尺不水平，会使所量距离增大。用平量法量距时应尽可能使钢尺水平。

(5)丈量误差。钢尺端点对准的误差、插测钎的误差等。钢尺基本分划为厘米，若读数只要求读到厘米，可能会有 5 mm 的凑整误差。这些误差可正可负，可大可小，结果中已抵消了一部分，这是丈量工作中一项主要误差来源，无法全部消除。

(6)钢尺垂曲的误差。垂曲就是钢尺悬空丈量时中间下垂而产生的误差。悬空丈量时尺子中间必然有下垂现象，所以，在检定钢尺时要考虑这一因素，将尺子分悬空与水平两种情况予以检定，得出各自相应的尺长方程式。在成果整理时，若按实际情况采用相应的尺长方程式，这项误差就不存在了。但是拉力与规定有差异时仍会产生影响，只是这种影响很小而已。

(7)定线误差。钢尺丈量时应伸直紧靠所量直线，如果偏离定线方向，就成一条折线，把实际距离量长了。距离较长或精度较高时，要用仪器定线。

❋ 特别提示

钢尺量距的精确方法中，注意钢尺刻画、温度、拉力等方面对结构的影响。

2. 钢尺量距的注意事项

(1)钢尺须检定后才可使用，精密量距时须进行尺长改正、温度改正、倾斜改正。

(2)注意钢尺的零点位置，读数、记录须准确清晰，且记录时须重复读数，以防听错、记错(如 6 与 9 误读，4、7、10 误听等)。

(3)使用钢尺时，应防止扭曲、打结，应采取措施防止行人踩踏和车辆碾压。校园内实训人多车多时可暂停使用钢尺。

(4)携尺前进或回收钢尺时，应将尺身提起离开地面，不得使钢尺在地面上拖行，以防止损坏刻度及保护层。

(5)尽量避免尺身着水，量距结束应用软布擦净钢尺，以防止生锈。

4.3 全站仪的距离测量

视频：视距测量

全站仪测距属于电磁波测距的一种。如图 4-7 所示，测定 AB 两点之间的水平距离 D，在 A 点安置全站仪，在 B 点安置反射棱镜。由 A 点全站仪发射电磁波到达反射棱镜后会被反射回全站仪。电磁波在空气中的传播速度 c 是已知的，设光波在 AB 两点间的往返传播时间为 t，可按下式计算出两点的距离 D：

$$D = \frac{1}{2}CT \tag{4-6}$$

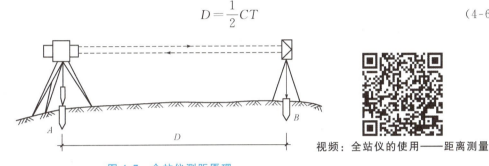

视频：全站仪的使用——距离测量

图 4-7 全站仪测距原理

全站仪测距的步骤如下：

1. 准备工作

领取仪器及三脚架、棱镜、对中杆等。检查仪器、三脚架、对中杆是否可用，全站仪电池是否充足够用。将全站仪在点上架设，精确对重整平。

2. 全站仪设置

(1) 选择目标类型(图 4-8)。全站仪测距时观测的目标类型有棱镜、反射贴片、无棱镜三种。

在任意模式下按☆键，按"目标"可设置目标类型，用笔针单击选项。

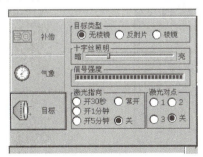

图 4-8 选择目标类型

(2) 选择测距模式。在基本测量模式下，按"测距"键进入距离测量模。系统根据上次设置的测距模式开始测量。

按"模式"键进入测距模式设置功能(图 4-9)。

当预置了观测次数时，仪器会按设置的次数进行距离测量并显示出平均距离值。若预置为单次观测，故不显示平均距离。仪器出厂时设置的是单次观测。

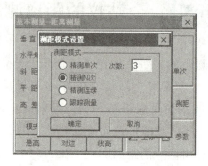

图 4-9　测距模式设置

注：跟踪模式测量时间要比精测模式短，主要用于放样测量中。在跟踪运动目标或工程放样中有用。

（3）设置温度、气压、棱镜常数。当用棱镜作为反射体时，需在测量前设置好棱镜常数。

一旦设置了棱镜常数，关机后该常数将被保存。

在功能主菜单中单击"测量设置"，在系统设置菜单栏单击"气象参数"，输入温度、气压、棱镜常数（图 4-10）。单击"保存"按钮或按"Enter"键。

特别提示

在星（★）键模式下也可以设置棱镜常数。

3. 全站仪距离测量的实施

全站仪能够测量的距离包括水平距离、倾斜距离、垂直距离（高差），不同型号全站仪的显示方式不同，有的将三种距离分两页显示，有的在一页显示。

距离测量时，可从其他模式（角度测量模式、坐标测量模式），按"测距"键进入距离测量模式。系统根据上次设置的测距模式开始测量（图 4-11）。

图 4-10　气象参数设置

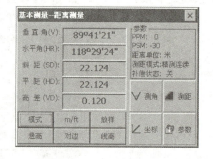

图 4-11　距离测量设置

4. 整理仪器

计算并检核无误后，应马上进入整理仪器步骤，以便于重新架设或归还。

整理全站仪时，应先关闭电源，松开水平制动螺旋及垂直制动螺旋，将脚螺旋调至上下中间位置，以便下次安置。保持一尺手握住仪器把手，另一尺手松开连接螺旋后，双手取下仪器，按规定位置放入仪器箱，使仪器就位正确，检查箱内物品齐全后，在箱盖自然闭合的情况下，将箱盖锁紧。否则须查明原因，切不可强压箱盖，以防止压坏仪器。

> **特别提示**
>
> 棱镜使用时可根据工作内容及精度要求安置在对中杆、对中架或三脚架上。一般在精度要求不高的测量中，使用对中杆，精度要求较高时使用对中架或三脚架，使用三脚架时需配套基座。使用棱镜时需注意棱镜常数的设置。

4.4　直线定向

要确定两地面点在平面上的相对位置关系。除知道两点间的距离外，还需要知道这两点连成的直线的方向。在测量工作中，一条直线的方向是根据某一标准方向来确定的。确定一条直线与标准方向的关系称为直线定向。

4.4.1　标准方向的种类

在测量工作中，常用的三种标准方向分别是真子午线方向、磁子午线方向和坐标纵轴方向。这三类标准方向通常称为"三北方向"。

1. 真子午线方向

过地球表面某点的真子午线的切线方向称为真子午线方向，又称为真北方向。真子午线方向用天文测量方法或陀螺经纬仪测定。

2. 磁子午线方向

磁针在地球磁场的作用下，自由静止时其轴线所指的方向，称为磁子午线方向，又称为磁北方向。

3. 坐标纵轴方向

平面直角坐标系中坐标纵轴的方向有两种，一是对于高斯平面坐标系，是指高斯投影带中的中央子午线方向；二是对于独立坐标系，是指该坐标系中的纵轴。

> **特别提示**
>
> 由于地面点的真磁子午线不平行，不便使用，因此，工程测量上以坐标纵轴方向作为标准方向。

4.4.2　表示直线方向的方法

直线的方向一般用方位角表示。由直线起点标准方向的北端起，顺时针量至某直线所夹的水平角，称为该直线的方位角，取值范围为 $0°\sim 360°$。

如图 4-12 所示，对应于三类标准方向有三类方位角。由真子午线北端起算的方位角，称为真方位角，用 A 表示；由磁子午线北端起算的方位角，称为磁方位角，用 $A_磁$ 表示；由坐标纵轴北端起算的方位角，称为坐标方位角，用 α 表示。

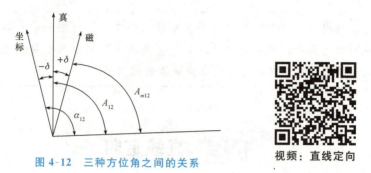

图 4-12 三种方位角之间的关系

视频：直线定向

通过地面上某点的磁子午线方向与该点真子午线方向之间的夹角称为磁偏角 δ；通过地面上某点的真子午线方向与该点坐标纵轴方向之间的夹角称为子午线收敛角 γ。

δ 和 γ 的符号的规定相同：当磁子午线方向或坐标纵轴方向偏在真子午线以东者为正；反之为负。

$$A=A_磁+\delta$$
$$A=\alpha-\gamma$$
$$\alpha=A_磁+\delta+\gamma$$

在工程测量中，均以坐标纵轴方向作为标准方向，工程测量中所提的方位角也均指坐标方位角。

4.4.3 象限角

直线的方向有时也采用小于 90° 锐角及所在象限名称来表示。由坐标纵轴的北端或南端，沿顺时针或逆势针方向量至直线的锐角，并标注出象限名称，称为该直线的象限角，用 R 所示，其角值范围为 $0°\sim 90°$。直线 01、02、03、04 的象限分别为南东 $R°2$ 南西 $R°3$ 和北西 $R°4$，如图 4-13 所示。坐标方位角与象限角的换算关系见表 4-1。

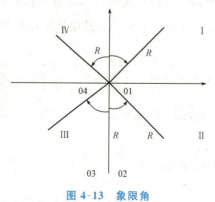

图 4-13 象限角

表 4-1　坐标方位角与象限角的换算关系

直线方向	由坐标方位角推算象限角	由象限角推算坐标方位角
北东，第 1 象限	$R=\alpha$	$\alpha=R$
南东，第 Ⅱ 象限	$R=180°-\alpha$	$\alpha=180°-R$
南西，第 Ⅲ 象限	$R=\alpha-180°$	$\alpha=180°+R$
北西，第 Ⅳ 象限	$R=360°-\alpha$	$\alpha=360°-R$

4.4.4　正反坐标方位角

如图 4-14 所示，以 A 为起点，B 为终点的直线 AB 的坐标方位角 α_{AB}，称为直线 AB 的坐标方位角，而直线 BA 的坐标方位角 α_{BA}，称为直线 AB 的反方位角。正反方位角关系为

$$\alpha_{正}=\alpha_{反}\pm180° \tag{4-7}$$

由于坐标方位角取值范围为 $0°\sim360°$，故当计算值为负值时，最终结果应加上 $360°$，当超过 $360°$ 时，应减去 $360°$。

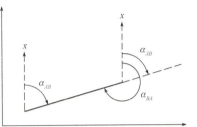

图 4-14　正反坐标方位角

4.4.5　坐标方位角的推算

方位角一般不能实测，可以由两个已知点的坐标来反算其连线的坐标方位角，再通过已知坐标方位角和未知边的水平角来推算未知边的坐标方位角。如图 4-15 所示，已知直线 12 的坐标方位角 α_{12}，观测了水平角 β_2，推算直线 23 的坐标方位角。

因为转折角 β_2 在推算前进路线右侧，叫作右转折角，简称右角。若 β_2 在线路前进方向左侧时，叫作左转折角，简称左角。

β_2 为右角时　　　　　$$\alpha_{23}=\alpha_{12}+180°-\beta_2 \tag{4-8}$$

β_2 为左角时　　　　　$$\alpha_{23}=\alpha_{12}+\beta_2-180° \tag{4-9}$$

从而得到推算坐标方位角的通用公式为

$$\alpha_{前}=\alpha_{后}\mp180°\pm\beta_{右}^{左} \tag{4-10}$$

计算时，β 为左角，取"＋"号，减去 $180°$；若 β 为右角，取"－"号；加上 $180°$。

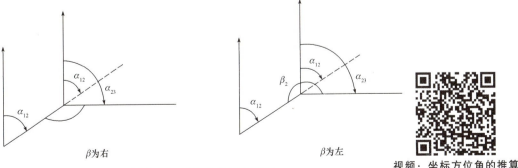

图 4-15　坐标方位角的推算

视频：坐标方位角的推算

推算出的方位角，如果大于 360°，则应减去 360°；如果小于 0°，则应加上 360°，以保证坐标方位角在 0°～360°范围。

✳特别提示

在坐标轴中有按地理北极、磁北极及中央子午线定出三个不同的坐标轴，同样就有三种不同的直线定向的依据。得到了真方位角、磁方位角及坐标方位角三种，平常使用的是坐标方位角，但用罗盘仪测量的是磁方位角的角度，由于误差很小，通常使用这个磁方位角代替坐标方位角。

【知识思维导图】

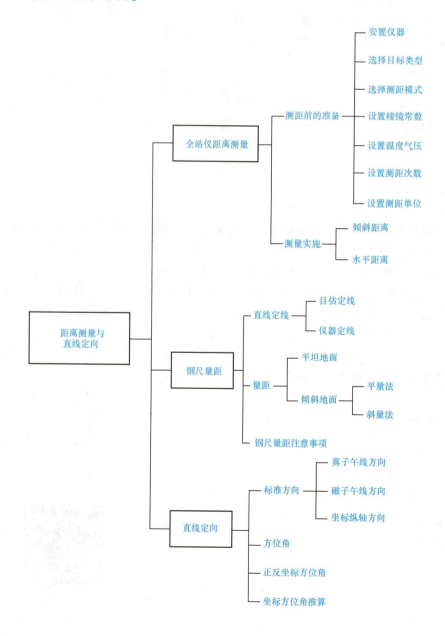

知识要点	能力要求	所占分值(100分)	
概述	明确距离测量与直线定向的任务	5	
钢尺量距	(1)掌握端点尺与刻线尺的区别	5	
	(2)直线定线	10	
	(3)掌握平坦地区量距的方法	10	
	(4)了解钢尺量距的误差来源	5	
视距测量	(1)理解视距测量的原理	10	
	(2)误差来源、注意事项	10	
	(3)掌握视距测量的观测、计算	10	
光电测距	了解光电测距仪测距原理	5	
直线定向	(1)掌握标准方向的种类(真子午线、磁子午线、坐标纵轴方向)	10	
	(2)表示直线的方法(直线的方位角)	10	
	(3)正、反坐标方位角的关系、坐标方位角的推算	10	
总分		100	

【素养提升】

1. 科技进步与国家发展

强调测量技术的进步对国家发展的重要性,如何体现国家战略需求和服务于国家重大工程。举例说明测量技术在国防、航天、城市规划等领域的应用,展现技术支撑国家发展的实际案例。

2. 职业道德与社会责任

讨论测量工作的准确性对工程质量和人民生活安全的影响,强调诚信、责任、精准的职业道德。分析测量误差可能导致的后果,教育学生在实际工作中严格遵守操作规程,保证数据的真实性。

3. 创新精神与实践能力

鼓励学生在学习距离测量和直线定向的过程中,发挥创新精神,探索新方法、新技术。结合实际案例,如珠穆朗玛峰高程测量,让学生了解测量技术的创新对提高工作效率和精度的重要性。

4. 团队合作与精神传承

强调团队合作在测量工作中的重要性,如何通过协作完成复杂的测量任务。介绍测量领域的先辈和英雄人物,传承他们的奋斗精神和对事业的执着追求。

课后习题

一、填空题

(1)距离丈量的相对误差的公式为 _____ 。

(2)距离丈量是用 _____ 误差来衡量其精度的,该误差是用分子为 _____ 的形式来表示。

(3)丈量地面两点间的距离,指的是两点间的 _____ 距离。

(4)尺长方程的表达式为 _____ 。

(5)视距测量的距离和高差的计算公式为 _____ 。

(6)上、下丝读数之差称为 _____ ,也称为 _____ 。

二、单项选择题

(1)某段距离的平均值为 100 m,其往返较差为 +20 mm,则相对误差为(　　)。

A. 0.02/100　　　　　　　B. 0.002　　　　　　　C. 1/5 000

(2)在距离丈量中衡量精度的方法是用(　　)。

A. 往返较差　　　　　　B. 相对误差　　　　　　C. 闭合差

(3)距离丈量的结果是求得两点间的(　　)。

A. 斜线距离　　　　　　B. 水平距离　　　　　　C. 折线距离

(4)往返丈量直线 AB 的长度为 $D_{AB}=126.72$ m　$D_{BA}=126.76$ m,其相对误差为(　　)。

A. $K=1/3\,100$　　　　　B. $K=1/3\,300$　　　　　C. $K=0.000\,315$

(5)钢尺量距的基本工作是(　　)。

A. 拉尺;丈量读数;记温度

B. 定线,丈量读数;检核

C. 定线,丈量,计算与检核

(6)当视线倾斜进行视距测量时,水平距离的计算公式是(　　)。

A. $D=K\cos 2\alpha$　　　　B. $D=Kl\cos\alpha$　　　　C. $=Kl\cos 2\alpha$

(7)视距测量时用望远镜内视距丝装置,根据几何光学原理同时测定两点间的(　　)的方法。

A. 倾斜距离和高差　　B. 水平距离和高差　　C. 距离和高程

三、多项选择题

(1)用钢尺进行直线丈量,应(　　)。

A. 尺身放平　　　　　　　　　　　　B. 确定好直线的坐标方位角

C. 丈量水平距离　　　　　　　　　　D. 目估或用经纬仪定线

E. 进行往返丈量

(2)视距测量可同时测定两点间的(　　)。

A. 高差　　　　　　　B. 高程　　　　　　　C. 水平距离

D. 高差与平距　　　　E. 水平角

四、简答题

(1)距离丈量有哪些主要误差来源？

(2)钢尺的名义长度与实际长度有何区别？

(3)什么是水平距离？为什么测量距离的最后结果都要变为水平距离？

(4)在进行一距离改正时，当钢卷尺实长大于名义长，量距时的温度高于检定时温度，此时尺长改正、温度改正和倾斜改正数为正还是负，为什么？

(5)名义长为 30 m 的钢卷尺，其实际长为 29.996 m，这把钢卷尺的尺长改正数为多少？若用该尺丈量一段距离得 98.326 m，则该段距离的实际长度是多少？

(6)视距测量时，测得高差的正、负号是否一定取决于竖直角的正、负号，为什么？

(7)为什么要进行直线定向？确定直线方向的方法有哪几种？

(8)什么是方位角？什么是象限角？坐标方位角与象限之间有何关系？正、反坐标方位角之间有何关系？

五、思考题

(1)什么是直线定线？目估定线通常是如何进行的？

(2)用钢尺丈量倾斜地面距离有哪些方法？各使用于什么情况？

(3)试比较钢尺量距的一般方法与精密方法有哪些区别？

项目5 小区域控制测量

教学目标

知识目标	能力目标	素养目标
1. 掌握控制测量的概念； 2. 熟悉平面、高程控制测量常用的方法； 3. 理解小区域控制测量的概念； 4. 掌握导线的布设形式； 5. 熟悉导线的外业工作流程； 6. 掌握导线内业计算方法； 7. 掌握几种交会定点的概念； 8. 掌握三、四等水准测量的观测程序及技术指标； 9. 掌握三、四等水准测量的观测记录方法； 10. 了解三角高程控制测量步骤； 11. 理解 GNSS 测量原理及测量； 12. 掌握 RTK 的作业流程	1. 能够控制测量的基本原则； 2. 能够根据工程情况选择合适的控制测量方法； 3. 能够完成导线的外业施测； 4. 能够完成导线的内业计算； 5. 能够利用后方交会完成控制点加密； 6. 能够使用软件完成交会点坐标的计算； 7. 能够完成四等水准测量的观测记录计算； 8. 能够使用三角高程测量完成高程控制测量； 9. 能够使用电台完成 RTK 的连接设置； 10. 能够完成移动站的设置，应用平面转换参数，完成 RTK 测量	1. 通过控制测量的学习，学生认识到精确度和准确度的重要性，从而树立严谨细致的工作作风； 2. 培养学生的沟通协调能力和团队合作精神； 3. 遵守职业道德规范，保证数据的真实性和可靠性，具备高度的社会责任感； 4. 具备良好的安全意识，遵守相关安全规定，确保人身和设备的安全

相关规范

1.《工程测量标准》(GB 50026—2020)；

2.《工程测量通用规范》(GB 55018—2021)；

3.《国家三、四等水准测量规范》(GB/T 12898—2009)；

4.《全球导航卫星系统(GNSS)测量规范》(GB/T 18314—2024)。

学习重难点

1. 控制测量的概念；

2. 导线的布设形式；

3. 导线外业观测；

4. 导线内业计算；

5. 三、四等水准测量技术指标；

6. 后方交会测量；

7. GNSS 的测量原理；

8. RTK 测量。

1. 全国职业院校技能大赛地理空间信息采集与处理赛项规程

(1)精密平面控制测量：国家标准一级、二级导线精密测量。

(2)精密高程控制测量：国家标准二等、三等精密水准测量。

2."1＋X"测绘地理信息数据获取与处理职业技能等级标准

初级：

(1)全站仪的基本应用：能使用全站仪进行交会定点后方交会。

(2)水准仪的认识及使用：能进行自动安平水准仪一测站的水准测量、记录和高差计算。

(3)GNSS 接收机的认识及使用。

3. 国家职业技能标准——工程测量员(2019 年版)

中级：

(1)能进行一、二、三级导线测量的选点、埋石、观测、记录。

(2)能进行 GNSS 静态测量外业观测、记录。

(3)能进行 GNSS－RTK 测量。

(4)能进行三、四等水准测量的选点、埋石、观测、记录。

5.1　控制测量概述

5.1.1　控制的概念

控制测量是研究精确测定地面点空间位置的学科。其任务是作为较低等级测量工作的依据，在精度上起控制作用。

视频：控制测量概述

所谓控制，就是先在测区范围内的适当位置选择一些点，并埋设标桩，然后用较精密的测量仪器或精确的测量方法测得细部点，确定出它们的平面位置和高程，再以这些点为基础，测定其他碎部点的位置。这些高精度的点称为控制点；测定它们相对位置的工作称为控制测量。控制测量按测定内容不同可分为平面控制测量和高程控制测量；测定控制点的平面位置$(x，y)$的工作称为平面控制测量，测定控制点的高程(H)的工作称为高程控制测量。控制测量是进行其他细部测量工作的基础，又具有全局控制性的作用，可以限制测量误差的传播和积累，因此，对待控制测量工作一定要认真细致，否则会严重影响整个测量结果。

控制测量的作用，一是限制测量误差的传播和积累；二是为低等级的测量测量工作提供坐标基准。

测绘工作应遵守如下原则：在精度上"由高级到低级"，逐级控制；在测点的布局上，"由整体到局部"；在施测程序上，"先控制，后碎部"，即先建立控制网，然后根据控制网进行碎部测量。"先控制后碎部，由整体到局部，由高级到低级"是测量工作根本的原则，无论是测定还是测设都严格遵守。

> **★ 特别提示**
>
> 高程控制测量方法主要是采用水准测量，在困难地区或精度要求不太高的地区，也可采用三角高程测量。

5.1.2 平面控制测量

平面控制测量目前主要有导线测量、交会定点和 GNSS 测量。

1. 导线测量

导线测量是把地面上选定的控制点连接成折线或多边形，丈量出边长、测出相邻边的夹角，即可确定这些控制点的平面位置。这些控制点称为导线点，这种控制形式称为导线控制。

2. 交会定点

当测区内用导线布设的控制点，还不能满足测图或施工放样的要求时，可采用交会定点的方法来加密。常用的方法有前方交会、侧方交会、后方交会、距离交会等。

3. GNSS 测量

GNSS 是 Global Navigation Satellite System（全球导航卫星系统）的缩写。如美国的 GPS、俄罗斯的 Glonass、欧洲的 Galileo、中国的北斗卫星导航系统。GNSS 是利用空间测距交会定点原理，能独立、迅速和精确地确定地面点的位置。

5.1.3 高程控制测量

高程控制测量的任务是在测区内建立若干高程控制点，精确地测出它们的高程。高程测量路线可以布设为单独的路线，也可布设成环状闭合路线。高程控制测量方法主要是采用水准测量，在困难地区或精度要求不太高的地区，也可采用三角高程测量。

我国已在全国范围内建立了统一的控制网，称为国家控制网。它为全国各地区、各城市进行各种比例尺测图、各项工程建设和研究地球形状和大小等科研活动提供基础资料。国家控制网分为平面控制网和高程控制网两类，都采用分等布网，逐级加密的方法进行布设，分为一等、二等、三等、四等四个等级建立，其低级点受高级点控制。

2000 国家 GPS 网包括了国家 GPS A、B 级网，全国 GPS 一、二级网和中国地壳运动 GPS 监测网络工程中的基准网、基本网和区域网。2000 国家 GPS 网共有 28 个 GPS 连续运行站，2 518 个 GPS 网点。2004 年完成了 2000 国家 GPS 网的计算，其精度优于 10^{-8}，坐标系统定义在 ITRS 2000（国际地球参考框架）地心坐标系统中的区域性地心坐标框架（归算历元为 2000.0）。

在小区域（面积在 15 km^2 以下）内建立的控制网，称为小区域控制网。测定小区域控制网的工作，称为小区域控制测量。

小区域控制网可分为平面控制网和高程控制网两类。小区域控制网应尽可能以国家或城市的高等级控制网为基础进行联测。若测区或附近无国家或城市控制点，则建立测区独立控制网。此外，为工程建设而建立的专用控制网或个别工程出于某种特殊需要，在建立控制网时，也可以采用独立控制网。一般应与附近的国家或城市控制网联测。

小区域平面控制网，应视测区面积的大小，分级建立测区首级控制和图根控制。一般可用 GNSS 网或一级导线网作为首级控制；图根控制在首级控制的基础上进行加密。直接用于地形测图使用的控制点，称为图根控制点，简称图根点。图根点的密度取决于测图比例尺和地形的复杂程度。平坦开阔地区图根点的密度可参考表 5-1 的规定，困难地区、山区，表中规定的点数可适当增加。

表 5-1　图根点的密度

测图比例尺	1∶500	1∶1 000	1∶2 000	1∶5 000
图根点密度/(点·km^{-2})	150	50	15	5

小区域平面控制网建立的方法主要有导线测量、交会法定点和 GNSS 定位；小区域高程控制网建立的方法主要有三、四等水准测量、三角高程测量和 GNSS 高程测量。

5.2　导线测量

导线测量由于其布设灵活、计算简单，因而是小区域平面控制的主要方法。导线既可以用于国家控制网的进一步加密，也常用于小地区的独立控制网。

5.2.1　导线的布设形式

1. 闭合导线

如图 5-1 所示，导线从一已知高级控制点 A 开始，经过一系列的导线点 2、3⋯，最后又回到 A 点上，形成一个闭合多边形。在无高级控制点的地区，A 点也可作为同级导线点，进行独立布设，闭合导线多用于范围较为宽阔地区的控制。

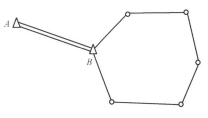

图 5-1　闭合导线和支导线

2. 附合导线

布设在两个高级控制点之间的导线称为附合导线。如图 5-2 所示，导线从已知高级控制点 A 开始，经过 2、3⋯导线点，最后附合到另一高级控制点 C 上。附合导线主要用于带状地区的控制，如铁路、公路、河道的测图控制。

3. 支导线

如图 5-3 所示，从一个已知控制点出发，支出 1～2 个点，既不附合至另一控制点，也不回到原来的起始点，这种形式称为支导线。由于支导线缺乏检核条件，错误不易发现，故测量规范规定支导线一般不超过 2 个点。它主要用于当主控导线点不能满足局部测图需要时，而采用的辅助控制。

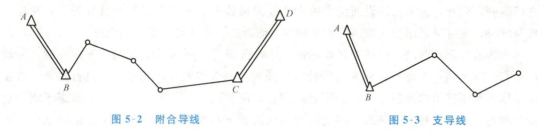

图 5-2　附合导线　　　　　　　　　　图 5-3　支导线

特别提示

导线的布设形式要注意与水准测量中的三种水准路线形式进行区分。

5.2.2　导线测量的外业工作

导线测量的外业工作包括选点、埋设标志桩、量边、测角及导线的定向与联测。

1. 选点及埋设标志桩

在选点之前，应尽可能地收集测区范围及其周围的已有地形图、高级平面控制点和水准点等资料。若测区内已有地形图，应先在图上研究，初步拟订导线点位，然后到现场实地踏勘，根据具体情况最后确定下来，并埋设标志桩。现场选点时，应根据不同的需要，掌握以下几点原则：

(1)相邻导线点间应通视良好，以便于测角。

(2)导线点应选择在视野开阔的位置，以便测图时控制的范围大，减少设测站次数。

(3)导线各边长应大致相等，并尽量避免忽长忽短。导线平均边长应符合表 5-2 的规定。

(4)导线点应选在点位牢固、便于观测且不易被破坏的地方；有条件的地方应使导线点靠近线路位置，以便于定测放线多次利用。

导线点位置确定之后，为便于以后使用时寻找，应做"点之记"，如图 5-4 所示。

表 5-2　各级导线的主要技术要求

等级	导线长度 /km	平均边长 /km	测角中误差/(″)	测距中误差/mm	测距相对中误差	方位角闭合差/(″)	导线全长相对闭合差
三等	14	3	1.8	20	1/150 000	$\pm 36\sqrt{n}$	≤1/55 000
四等	9	1.5	2.5	18	1/80 000	$\pm 5\sqrt{n}$	≤1/35 000
一级	4	0.5	5	15	1/30 000	$\pm 10\sqrt{n}$	≤1/15 000
二级	2.4	0.25	8	15	1/14 000	$\pm 16\sqrt{n}$	≤1/10 000
三级	1.2	0.1	12	15	1/7 000	$\pm 24\sqrt{n}$	≤1/5 000

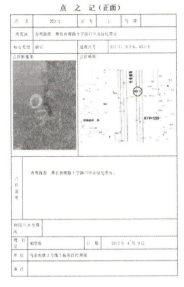

视频：导线测量的外业工作

图 5-4　点之记

特别提示

"点之记"导线测量外业工作中的一项重要内容，不可省略，是保存导线点点位，方便视测人员寻找导线点位的重要依据。

2. 量边

用全站仪测边时，应往、返观测取平均值。对于图根导线仅进行气象改正和倾斜改正；对于精度要求较高的一、二级导线，应进行仪器加常数和乘常数的改正。

3. 测角

导线的转折角可测量左角或右角，按照导线前进的方向，在导线左侧的角称为左角，导线右侧的角称为右角，一般规定闭合导线测内角，附合导线习惯测左角。各级导线的主要技术要求见表 5-2。

4. 导线的定向与联测

为了计算导线点的坐标，必须知道导线各边的坐标方位角，因此应确定导线始边的方位角。若导线起始点附近有国家控制点时，则应与控制点联测连接角，再来推算导线各边方位角。如果附近无高级控制点，则可先假定起始点的坐标和方位作为起算数据，计算假定坐标，最后联测已知点，将假定坐标转换为目标坐标。各级导线技术要求见表 5-2。

5.2.3　导线测量的内业工作

导线测量的内业工作是计算出各导线点的坐标$(x，y)$。在进行计算之前，首先应对外业观测记录和计算的资料检查核对，同时，也应对抄录的起算数据进一步复核，当资料没有错误和遗漏了，而且精度符合要求时，方可进行导线的计算工作。

1. 闭合导线的计算

(1)角度闭合差的计算与调整。闭合导线规定测内角，而多边形内角总和的理论值为

$$\sum \beta_{理} = (n-2) \times 180° \qquad (5-1)$$

式中，n 为内角的个数。

在测量过程中，误差是不可避免的，实际测量的闭合导线内角之和 $\sum \beta_{测}$ 与其理论值 $\sum \beta_{理}$ 会有一定的差别，两者之间的不符值称为角度闭合差 f_β，即

视频：导线测量——实操

$$f_\beta = \sum \beta_{测} - \sum \beta_{理} = \sum \beta_{测} - (n-2) \times 180° \qquad (5-2)$$

不同等级的导线规定有相应的角度闭合差容许值，见表5-2。

（2）计算水平角改正数。若 $f_\beta \leqslant f_{\beta允}$，因各角都是在同精度条件下观测的，故可将闭合差按相反符号平均分配到各角上，即改正数为

$$V_i = -f_\beta / n \qquad (5-3)$$

当 f_β 不能被 n 整除时，余数应分配在含有短边的夹角上。经改正后的角值总和应等有理论值，以此来校核计算是否有误。可检核：$\sum V_i = -f_\beta$。

若 $f_\beta > f_{\beta允}$，即角度闭合差超出规定的容许值时，则应查找原因，必要时应进行返工重测。

（3）计算改正后的水平角。改正后的水平角 β_{ig} 等于观测的水平角加上水平角改正数，即

$$\beta_{ig} = \beta_i + v_i \qquad (5-4)$$

计算检核：改正后的闭合导线内角之和应为 $(n-2) \times 180°$。

（4）各边坐标方位角的计算。根据起始边的已知坐标方位角及改正后的水平角，推算其他各边的坐标方位角。

$$\alpha_{前} = \alpha_{后} \pm \beta_{左} \mp 180° \qquad (5-5)$$

坐标方位角值应为 $0° \sim 360°$，它不应该为负值或大于 $360°$ 的角值。当计算出的坐标方位角出现负值时，则应加上 $360°$；当出现大于 $360°$ 的值时，则应减去 $360°$。最后检算出起始边 1—2 的坐标方位角，若与原来已知值相符合，则说明计算正确无误。

特别提示

在导线测量内业的计算过程中，角度闭合差的处理是为了消除测角过程中存在的测角误差。

（5）坐标增量的计算及闭合差调整。

1）计算坐标增量。根据推算出的各边坐标方位角及相应边长，计算各边的坐标增量。坐标增量可按下式计算：

$$\begin{aligned} \Delta X_i &= D_i \cos\alpha_i \\ \Delta Y_i &= D_i \sin\alpha_i \end{aligned} \qquad (5-6)$$

坐标增量有正、负之分：Δx 向北为正、向南为负；Δy 向东为正、向西为负。

2）计算坐标增量闭合差。如图5-5所示，闭合导线的纵、横坐标增量代数和，在理论上应该等于零，即

$$\sum \Delta x_{理} = 0 \qquad \sum \Delta y_{理} = 0 \qquad (5-7)$$

实际上由于导线边长测量误差和角度闭合差调整后的残余误差，使实际计算 $\sum \Delta x_{理}$、

$\sum \Delta y_{\text{理}}$ 不等于零。

从而产生的纵坐标增量闭合差 W_x、横坐标增量闭合差 W_y 分别为纵横坐标增量的闭合差，即

$$W_x = \sum \Delta x_{\text{测}} \qquad\qquad W_y = \sum \Delta y_{\text{测}} \qquad\qquad (5\text{-}8)$$

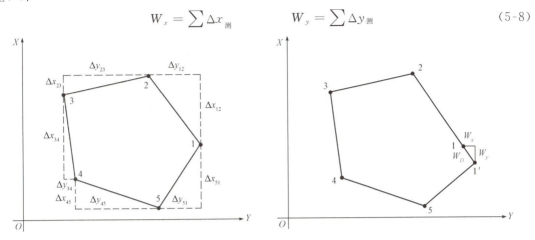

图 5-5　坐标增量闭合差

3）计算导线全长闭合差 W_D、导线全长相对比闭合差 K。

由于坐标增量闭合差的存在，使闭合导线在起点处不能闭合，而产生闭合差。f_D 称为导线全长闭合差，即

$$f_D = \sqrt{f_x^2 + f_y^2} \qquad\qquad (5\text{-}9)$$

导线全长闭合差可以认为是由量边误差的影响而产生的，导线越长则闭合差的累积越大，故衡量导线的测量精度应以导线全长与闭合差之比 K 来表示：

$$K = \frac{f_D}{\sum D} = \frac{1}{\dfrac{\sum D}{f_D}} \qquad\qquad (5\text{-}10)$$

式中，K 通常化为用分子为 1 的形式表示，称为导线全长相对闭合差；$\sum D$ 为导线总长，即一条导线所有导线边长之和。

4）调整坐标增量闭合差。调整坐标增量闭合差原则是 W_x、W_y 反号，以边长按比例分配到各边对应的纵横坐标增量中。

$$v_{xi} = -\frac{f_x}{\sum D} \times D_i$$

$$v_{yi} = -\frac{f_y}{\sum D} \times D_i \qquad\qquad (5\text{-}11)$$

式中，v_{xi}、v_{yi} 是第 i 条边的纵、横坐标增量的改正数，D_i 是第 i 条边的边长，$\sum D$ 为导线全长。

计算检核：坐标增量改正数的总和应满足下面条件：

$$\sum v_x = -W_x$$

$$\sum v_y = -W_y \qquad\qquad (5\text{-}12)$$

视频：导线内业计算

改正后的坐标增量总代数和应该等于零，可作为对计算正确与否的检核。

5）坐标的计算。根据调整后的各个坐标增量，从一个已知坐标的导线点开始，可以依次推算出其余导线点的坐标。若已知 1 点的坐标 x_1、y_1，则 2 点的坐标计算过程为

$$x_2 = x_1 + \Delta x_{12}$$
$$y_2 = y_1 + \Delta y_{12}$$

(5-13)

最后推算出起点坐标。两者与已知坐标完全相等。以此作为坐标计算的校核。

[例 5-1] 表 5-3 所示为一个五边形闭合导线计算过程。

（1）角度闭合差的计算与调整：观测内角之和与理论角值之差 $f_\beta = +52''$，按图根导线容许角度闭合差 $f_{\beta容} = \pm 30\sqrt{5} = \pm 67''$，$f_\beta < f_{\beta容}$，说明角度观测质量合格。将闭合差按相反符号平均分配到各角上后，余下的 $2''$ 则分配到最短边 2～3 两端的角上各 $1''$。

（2）坐标增量闭合的计算与导线精度的评定：坐标增量初算值用改正后的角值推算各边方位角，最后得到坐标增量闭合差 $f_x = -0.32$，$f_y = +0.24$，则导线全长闭合差 $f_D = 0.40$ m，用此计算导线全长的相对闭合精度 $K = 1/2\ 840 < 1/2\ 000$，故导线测量精度合格。

（3）坐标计算：在角度闭合差、导线全长相对闭合差合格的条件下，方可计算坐标增量改正数，得到改正后坐标增量，最后推算各点坐标。

表 5-3　闭合导线计算表

测站	右角观测值 /(° ′ ″)	改正后右角 /(° ′ ″)	坐标方位角 /(° ′ ″)	边长 /m	坐标增量		改正后坐标增量		坐标	
					$\Delta x'$	$\Delta y'$	Δx	Δy	x	y
1			335 24 00	231.30	+0.06 +210.31	−0.05 −96.29	+210.37	−96.34		
2	−11″ 90 07 02	90 06 51	65 17 09	200.40	+0.06 +83.79	−0.04 +182.04	+83.85	+182.00	200.00	200.00
3	−11″ 135 49 12	135 49 01	109 28 08	241.00	+0.07 −80.32	−0.05 +227.22	−80.25	+227.17	410.37	103.66
4	−10″ 84 10 18	84 10 08	205 18 00	263.40	+0.07 −238.14	−0.05 −112.57	−238.07	−112.62	494.22	285.66
5	−10″ 108 27 18	108 27 08	276 50 52	201.60	+0.06 +24.04	−0.05 −200.16	+24.10	−200.21	413.97	512.38
1	−10″ 121 27 02	121 26 52	335 24 00						224.10	400.21
2									200.00	200.00
Σ	540 00 52	540 00 00		1 137.70	−0.32	+0.24	0	0		

$\sum\beta_{理} = (5-2) \times 180° = 540°00'00''$　　$f_D = \sqrt{(-0.32)^2 + (0.24)^2} = 0.40$

$f_{\beta容} = \pm 40\sqrt{n} = \pm 89''$　　$K = \dfrac{f_D}{\sum D} = \dfrac{0.40}{1\ 137.70} = \dfrac{1}{2\ 840} < \dfrac{1}{2\ 000}$

$f_\beta = \sum\beta_{测} - \sum\beta_{理}$
$= 540°00'52'' - 540°00'00''$
$= +52'' < f_{\beta容}$　　合格

2. 附合导线的计算

附合导线的计算过程与闭合导线的计算过程基本相同，它们都必须满足角度闭合条件和纵横坐标闭合条件。但附合导线是从一已知边的坐标方位角 α_{AB} 闭合到另一条已知边的坐标方位角 α_{CD} 上的，同时，还应满足从已知点 B 的坐标推算出 C 点坐标时，与 C 点的已知坐标相吻合，如图 5-6 所示。因而，在角度闭合差和坐标增量闭合差的计算与调整方法上与闭合导线稍有不同，以下仅指出两类导线计算中的区别。

（1）角度闭合差的计算。在图 5-6 中，A、B、C、D 是高级平面控制点，因而 4 个点的坐标是已知的，AB 及 CD 的坐标方位角也是已知的。β 是导线观测的右角，故可依下式推算出各边的坐标方位角：

视频：导线测量
内业计算算例

$$\alpha_{12} = \alpha_{AB} + 180° - \beta_1$$

$$\alpha_{23} = \alpha_{12} + 180° - \beta_2$$

······

$$\alpha'_{CD} = \alpha_{(n-1),n} + 180° - \beta_n$$

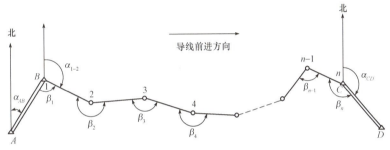

图 5-6　附合导线的计算

将以上各式等号两边相加，消去两边相同项可得

$$\alpha'_{CD} = \alpha_{AB} + n \cdot 180° - \sum_{i=1}^{n} \beta_i \tag{5-14}$$

由此可以得出推导终边坐标方位角的一般公式为

若观测右角，则

$$\alpha_{终} = \alpha_{始} + n \cdot 180° - \sum_{i=1}^{n} \beta_i \tag{5-15}$$

若观测左角，则

$$\alpha_{终} = \alpha_{始} - n \cdot 180° + \sum_{i=1}^{n} \beta_i \tag{5-16}$$

由于测量角度误差所致，推算值 $\alpha'_{终}$ 与已知值 $\alpha_{终}$ 不相等，产生了附合导线的角度闭合差，即

$$f_\beta = \alpha'_{终} - \alpha_{终} \tag{5-17}$$

角度闭合差的调整原则上与闭合导线相同，但需注意的是，当用右角计算时，闭合差应以相同符号平均分配在各角上；当用左角计算时，闭合差则以相反符号分配。

（2）坐标增量闭合差的计算。附合导线各边坐标增量的代数和，理论上应该等于终点与始点已知坐标之差值，即

$$\sum \Delta x_{理} = x_{终} - x_{始}$$

$$\sum \Delta y_{理} = y_{终} - y_{始} \tag{5-18}$$

由于测量误差的不可避免性，使两者之间产生不符值，这种差值称为附合导线坐标增量的闭合差，即

$$W_x = \sum \Delta x_{测} - (x_{终} - x_{始})$$
$$W_y = \sum \Delta y_{测} - (y_{终} - y_{始})$$

(5-19)

坐标增量闭合差的分配办法同闭合导线。

[例5-2] 表5-4所示为一附合导线计算例题。

表5-4　附合导线计算表

测站	右角观测值 /(° ′ ″)	改正后右角 /(° ′ ″)	坐标方位角 /(° ′ ″)	边长 /m	坐标增量		改正后坐标增量		坐标	
					$\Delta x'$	$\Delta y'$	Δx	Δy	x	y
A			317 52 06							
B	−05″ 267 29 58	267 29 53							4 028.53	4 006.77
			230 22 13	133.84	−0.02 −85.37	−0.05 −103.08	−85.39	−103.13		
1	−04″ 203 29 46	203 29 42							3 943.14	3 903.64
			206 52 31	154.71	−0.03 −138.00	−0.07 −69.94	−138.03	−70.01		
2	−05″ 184 29 36	184 29 31							3 805.11	3 833.63
			202 23 00	80.70	−0.02 −74.66	−0.03 −80.75	−74.68	−30.78		
3	−05″ 179 16 06	179 16 01							3 730.43	3 802.85
			203 06 59	148.93	−0.03 −136.97	−0.06 −58.47	−137.00	−58.53		
4	−04″ 81 16 52	81 16 48							3 593.43	3 744.32
			301 50 11	147.16	−0.03 +77.63	−0.06 −125.02	+77.60	−125.08		
C	−05″ 147 07 34	147 07 29							3 671.03	3 619.24
D			334 42 42							
$\sum$	540 00 52	1 063 09 52		665.33	−357.37	−387.26				

$\alpha'_{终} = 317°52'06'' + 6 \times 180° - 1 063°09'52'' = 334°42'14''$

$f_\beta = \alpha'_{终} - \alpha_{终} = 334°42'14'' - 334°42'42'' = -28'' < f_{\beta容}$

$= \pm 40'' \sqrt{6} = \pm 98''$，合格

$f_x = +0.13 \qquad f_y = +0.27$

$K = \dfrac{f_D}{\sum D} = \dfrac{0.30}{665.33} = \dfrac{1}{2\,200} < \dfrac{1}{2\,000}$，合格

3. 一级导线竞赛试题

如图5-7所示的导线，其中 A、B 为已知点，P_1、P_2 为待定点，测算待定点坐标。控制点坐标为 A：$X = 1\,901.667$ m，$Y = 2\,880.822$ m；B：$X = 1\,882.985$ m，$Y = 2\,992.218$ m。

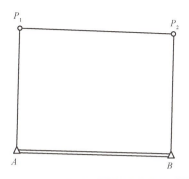

图 5-7　一级导线测量竞赛路线示意图

视频：交会定点测量

5.3　交会定点

当测区内用导线布设的控制点，还不能满足测图或施工放样的要求时，可采用交会定点的方法来加密。常用的方法有前方交会、侧方交会、后方交会、距离（测边）交会等。

5.3.1　前方交会

在图 5-8 中，A、B 为已知坐标的控制点，P 为待求点。用经纬仪测得 α、β 角，则根据 A、B 点的坐标，即可求得 P 点的坐标，这种方法称为测角前方交会。

5.3.2　侧方交会

图 5-9 所示为一侧方交会。它是在一个已知点 A 和待求点 P 上安置经纬仪，测出 α、γ 角，并由此推算出 P 角，求出 P 点坐标。侧方交会主要用于有一个已知点不便安置仪器的情况。为了检核，它也需要测出第三个已知点 C 的 τ 角。

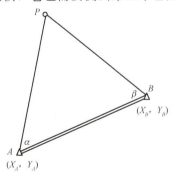

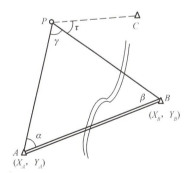

图 5-8　前方交会　　　　　　　图 5-9　侧方交会

5.3.3　后方交会

如图 5-10 所示，后方交会是在待求点 P 上安置经纬仪，观测三个已知点 A、B、C 之

间的夹角 α、β，然后根据已知点的坐标和 α、β 计算 P 点的坐标。

为了检核，在实际工作中往往要求观测 4 个已知点，组成两个后方交会图形。

由于后方交会只需在待求点上设站，因而较前方交会、侧方交会的外业工作量少。它不仅用于控制点加密，也多用于导线点与高级控制点的联测。

在后方交会法中，若 P、A、B、C 位于同一个圆周上，则 P 点虽然在圆周上移动，而由于 α、β 值不变，故使 x_P、y_P 值不变，因而 P 点坐标产生错误，这一个圆称为危险圆，图 5-11 中 P 点应该离开危险圆附近，一般要求 α、β 和 B 点内角之和不应为 $160°\sim200°$。

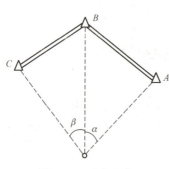

图 5-10 后方交会

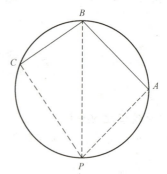

图 5-11 后方交会的危险圆

5.3.4 距离（测边）交会

由于全站仪的普及，现在也常采用距离交会的方法来加密控制点。在图 5-12 中，已知 A、B 点的坐标及 AP、BP 的边长如 D_{AP}、D_{BP}，求待定点 P 的坐标。

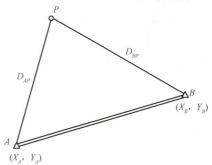

图 5-12 距离交会

5.4 GNSS 控制测量

GNSS 测量技术在许多领域如地理测量、航空航天、军事、交通运输等具有广泛的应用。

GNSS 测量的基本原理是利用接收器接收来自卫星的信号，并通过计算信号的传播时间和卫星的位置信息来确定接收器的位置。接收器同时接收多颗卫星的信号，通过对多组信号进行处理，可以提高测量的精度和准确度。在 GNSS 测量中，接收器需要准确获取卫星的位置和时间信息，并与接收器的时钟进行同步，才能获得准确的测量结果。

GNSS 测量系统通常由卫星系统、测量接收器、天线和数据处理软件几个主要部分组成。卫星系统是由一组卫星组成的，它们不断地向地球表面发射信号。测量接收器是用来接收和处理来自卫星的信号的设备，它可以通过计算信号的传播时间和接收到的多组信号来确定接收器的位置。天线用于接收卫星信号，并将信号传递给测量接收器。数据处理软件用于对接收到的信号进行处理和分析，生成测量结果。

> **特别提示**
>
> 我国已建立了 CGCS2000 坐标系(简称 2000 坐标系统)。它与 WGS—84 世界大地坐标系之间可以互相转换。

5.4.1 GNSS 静态测量

与常规测量相类似，GNSS 测量按其工作性质可分为外业工作和内业工作两大部分。外业工作主要包括选点、建立标志、野外观测作业等；内业工作主要包括 GNSS 控制网技术设计、数据处理和技术总结等。

1. GNSS 控制网的技术设计

GNSS 控制网的技术设计是进行 GNSS 定位的基础，它依据国家有关规范(规程)、GNSS 网的用途和用户的要求来进行，见表 5-5。其主要内容包括精度指标的确定和网形设计等。

表 5-5 GNSS 测量各等级的作业的基本技术要求

项　目	等级 观测方法	二等	三等	四等	一级	二级
卫星高度角/(°)	静态	≥15	≥15	≥15	≥15	≥15
有效观测卫星数	静态	≥4	≥4	≥4	≥4	≥4
平均重复设站数	静态	≥2	≥2	≥1.6	≥1.6	≥1.6
时段长度/min	静态	≥90	≥60	≥45	≥45	≥45
数据采样间隔/s	静态	10~30	10~30	10~30	10~30	10~30
PDOP 值	静态	<6	<6	<6	<6	<6

2. 网形设计

在常规测量中，控制网的图形设计是一项重要的工作。而在 GNSS 测量时，由于不要求测站点间通视，因此其图形设计具有较大的灵活性。GNSS 网的图形设计主要考虑网的用途、用户要求、经费、时间、人力及后勤保障条件等，同时，还应考虑所投入接收机的类型和数量等条件。

根据用途不同，GNSS 网的基本构网方式有点连式、边连式、网连式和边点混合连接式四种。

3. 选点与建立标志

由于 GNSS 测量测站之间不要求通视，而且网的图形结构比较灵活，故选点工作较常规测量简便。但 GNSS 测量又有其自身的特点，因此选点时应满足以下要求：

(1)观测站(接收天线安置点)应远离大功率的无线电发射台和高压输电线，以避免其周围磁场对 GNSS 卫星信号的干扰。接收机天线与其距离一般不得小于 200 m。

(2)观测站附近不应有大面积的水域或对电磁波反射(或吸收)强烈的物体，以减弱多路径效应的影响。

(3)观测站应设在易于安置接收设备的地方，且视野开阔。在视场内周围障碍物的高度角，一般应大于 $10°\sim15°$，以减弱对流层折射的影响。

(4)观测站应选在交通方便的地方，并且便于用其他测量手段联测和扩展。

(5)对于基线较长的 GNSS 网，还应考虑观测站附近具有良好的通信设施(电话与电报、邮电)和电力供应，以供观测站之间的联络和设备用电。

(6)点位选定后(包括方位点)，均应按规定绘制点位注记，其主要内容应包括点位及点位略图，点位的交通情况及选点情况等。

在 GNSS 测量中，网点一般应设置在具有中心标志的标石上，以精确标志点位。埋石是指具体标石的设置，可参照有关规范，对于一般的控制网，只需要采用普通的标石，或在岩层、建筑物上做标志。

4. 外业观测

GNSS 外业观测工作主要包括天线安置、观测作业和观测记录等。

(1)天线安置。天线的相位中心是 GNSS 测量的基准点，所以妥善安置天线是实现精密定位的重要条件之一。天线安置的内容包括对中、整平、量测天线高。

进行静态相对定位时，天线应架设在三脚架上，并安置在标志中心的上方直接对中，天线基座上的圆水准气泡必须居中(对中与整平方法与经纬仪安置相同)。天线高是指天线的相位中心至观测点标志中心的垂直距离，用钢尺在互为 120° 的方向量 3 次，要求互差小于 3 mm，满足要求后取 3 次结果平均值记入测量手簿。

(2)观测作业。观测作业的主要任务是获取 GNSS 卫星信号并对其进行跟踪、接收和处理，以获取所需的定位信息和观测数据。

天线安置完成后，将 GNSS 接收机安置在距离天线不远的安全处，接通接收机与电源、天线的连接电缆，经检查无误后，打开电源，启动接收机进行观测。

GNSS 接收机具体的操作步骤和方法，随接收机的类型和作业模式不同而异，在随机的操作手册中都有详细的介绍。GNSS 接收机的自动化程度很高，观测数据由接收机自动形成，并以文件形式保存在接收机存储器中。作业人员只需定期查看接收机的工作状况并做好记录。观测过程中接收机不得关闭并重新启动；不得更改有关设置参数；不得碰动天线或阻挡信号；不准改变天线高。观测站的全部预定作业项目，经检查均已按规定完成，且记录与资料完整无误后方可迁站。

(3)观测记录。观测记录的形式一般有两种：一种是由接收机自动形成的，并保存在接收机存储器中供随时调用和处理，这部分内容主要包括 GNSS 卫星星历和卫星钟差参数；观测历元及伪距和载波相位观测值；实时绝对定位结果；测站控制信息及接收机工作状态信息。另一种是测量手簿，由观测人员填写，内容包括天线高、气象数据测量结果、观测人员、仪器及时间等，同时，对于观测过程中发生的重要问题，问题出现的时间及处理方式也应记录。观测记录是 GNSS 定位的原始数据，也是进行后续数据处理的唯一依据，必须要真实、准确，并妥善保管。

（4）成果检核与数据处理。观测成果应进行外业检核，这是确保外业观测质量和实现预期定位精度的重要环节。观测任务结束后，必须在测区及时对观测数据的质量进行检核，对于外业预处理成果，要按《全球导航卫星系统（GNSS）测量规范》（GB/T 18314—2024）的要求严格检查、分析，以便及时发现不合格成果，并根据情况采取重测或补测措施。

成果检核无误后，即可进行内业数据处理。内业数据处理过程大体可分为预处理、平差计算、坐标系统的转换或与已有地面网的联合平差。

5.4.2 RTK 测量

1. RTK 概述

RTK（实时动态）测量也被称为实时差分测量，是一种高效的测量技术。RTK 测量结合了实时和动态的特点，能够在野外进行高效的测量工作，极大地提高了测量效率和精度。

RTK 测量的基本原理是利用基准站接收机和移动站接收机同时接收卫星信号，然后通过实时差分计算来获取高精度的位置信息。基准站接收机通常设置在已知坐标的地点，用于接收卫星信号并计算差分校正信息。移动站接收机在收到卫星信号的同时，也收到基准站的差分校正信息，通过实时解算，可以获得厘米级的高精度位置信息。

RTK 测量的优势是其高精度、实时性和灵活性。与传统的测量方法相比，RTK 测量不需要大量的控制点，也不需要频繁地测量校准，可以在短时间内完成大面积的测量工作。此外，RTK 测量还可以在各种地形和天气条件下进行，极大地提高了测量效率。

2. RTK 组成

RTK 测量技术的主要组成部分包括基准站接收机、数据链和流动站接收机。

（1）基准站接收机：在已知坐标的基准站上安置一台接收机，对卫星进行连续观测，并实时发送观测数据和测站信息给流动站。

（2）数据链：数据链是连接基准站和流动站的通信手段，可以是无线电传输或其他网络通信方式。

（3）流动站接收机：流动站接收机在接收卫星信号的同时，通过无线接收设备接收来自基准站的数据，然后根据相对定位原理，实时解算出流动站的三维坐标及其精度。

3. RTK 作业流程

（1）准备阶段。获取测区范围及控制点信息，包括控制点的坐标、高程、所使用的坐标系统和中央子午线。如果已有测区的参数，可以直接使用；否则，需要先进行参数的计算。

（2）基准站设置。在已知点上架设脚架，对中整平。如果架设在未知点上，大致整平即可。连接电源线和发射天线电缆，注意电源的正负极连接。启动基准站，使其开始对卫星进行连续观测，并通过数据链（无线电或其他网络通信方式）实时发送观测数据和测站信息给流动站。

（3）流动站设置。对流动站进行 RTK 参数设置，包括坐标系统的选择、中央子午线、坐标转换参数的设定等。流动站接收卫星信号的同时，通过无线接收设备接收来自基准站的数据。根据相对定位原理，实时解算出流动站的三维坐标及其精度。

（4）测量作业。流动站出现固定解后，开始进行测量作业。根据需要进行点位的采集，记录每个点的平面坐标 X、Y 和海拔高 H。

4. 网络 CORS 模式

RTK 作业多种工作模式，网络 CORS 模式是近年来在测量测绘领域应用的比较多的工作模式，优点是无须设置基站。如果本地已经搭建了 CORS 网络，可以到 CORS 管理中心申请一个账号。如果想在全国范围内使用 CORS 账户，可以申请全国 CORS。在 CORS 网络的覆盖范围内，用户只需要一个移动台即可操作。

RTK 作业网 CORS 模式，以南方-极点 GNSS 接收机为例具体操作步骤如下：

(1)手簿与工程之星连接。如图 5-13 所示，执行"配置"→"仪器连接"→"蓝牙"命令。单击"搜索"按钮，搜索附近的蓝牙设备。选择要连接的设备，单击"连接"按钮即可连接蓝牙。

图 5-13　手簿与工程之星连接

(2)执行"配置"→"仪器设置"→"移动站设置"命令，将主机工作模式默认切换为移动站，如图 5-14 所示。

(3)数据链：网络模式。

(4)网络配置：接收机移动网络(SIM 卡插到主机)、手机网络(SIM 卡插到安卓手簿)、接收机 Wifi(主机连接 Wifi 上网)。

(5)APN 设置：根据实际要求。

(6)数据链设置：

1)单击"增加"按钮。

2)名称"自己命名"。

3)IP：客户提供。

4)port：客户提供。

5)账户：客户提供。

6）密码：客户提供。

7）模式：NTRIP。

8）接入点：客户提供（也可以获取）。

图 5-14　移动站设置

单击"确定"按钮，返回模板参数管理页面，选择新增加的网络模板，单击"连接"按钮登录服务器成功后即可完成移动站配置，单击"确定"按钮，返回主界面等待固定解。

第一次登录成功后，以后作业如果不改变配置可直接打开移动站，主机即可得到固定解。

5.5　高程控制测量

国家高程控制网是用精密水准测量的方法建立的。国家水准网可分为一等、二等、三等、四等。工程建设中的高程控制网等级分为二等、三等、四等、五等水准及图根水准。

5.5.1 三、四等水准测量

三、四等水准测量除用于国家高程控制网的加密外，一般在小区域建立首级高程控制网也用三、四等水准测量。三、四等水准点可以是单独埋设标石，也可用平面控制点标志代替，即平面控制点和高程控制点共用。三、四等水准测量应由二等水准点上引测，技术要求见表5-6。

表5-6 三、四等水准观测的技术要求

等级	水准仪型号	视线长度 /m	前后视距差 /m	视距累计 /m	视线最低高度 /m	黑红面读数差 /mm	黑红面高差之差 /mm
三等	DS3	75	3	6	0.3	2	3
四等	DS3	100	5	10	0.2	3	5

三、四等水准测量使用双面水准尺，两根标尺黑面的底数均为0，红面的底数一根为4.687 m，另一根为4.787 m。两根标尺应成对使用。

规范规定，四等水准测量采用DS3等级水准仪，采用双面尺。水准路线的布设形式选择优先级：附合水准路线、闭合水准路线、支水准路线。独立测区可采用闭合水准路线。

（1）观测步骤。每一测站观测顺序为"后—前—前—后"（记入表5-7）：

表5-7 四等水准测量记录表

时间：2023年8月27日　　　　　　天 气：晴　　　　　　成 像：清晰
仪器及编号：DS20120018　　　　　　观测者：张新华　　　　　　记录者：郑兴

编号	点号	后尺 上丝 下丝 / 后视距/m / 视距差 d/m	前尺 上丝 下丝 / 前视距/m / ∑d/m	方向及 尺号	标尺读数/m 黑面	标尺读数/m 红面	黑+K-红 /mm	高差中数 /m	备注
1	BN1 — TP1	(1) (2) (9) (11)	(4) (5) (10) (12)	后 K01 前 K02 后—前	(3) (6) (15)	(8) (7) (16)	(13) (14) (17)	(18)	
	BM1 — TP1	1.891 1.525 36.6 −0.2	0.758 0.390 36.8 −0.2	后 K01 前 K02 后—前	1.708 0.574 +1.134	6.395 5.361 +1.034	0 0	+1.134 0	K01：468 7 K02：478 7
	TP1 — TP2	2.746 2.313 43.3 −0.9	0.867 0.425 −44.2 −1.1	后 K02 前 K01 后—前	2.530 0.646 +1.884	7.319 5.333 +1.986	−2 −2 −2	+1.885 0	

1）后视黑面，读取下、上、中丝读数，记入表中(1)、(2)、(3)；
2）前视黑面，读取下、上、中丝读数，记入表中(4)、(5)、(6)；
3）前视红面，读取中丝读数，记入表中(7)；
4）后视红面，读取中丝读数，记入表中(8)。

(2)计算与检核。测站上的计算与检核

1)后视距(9)＝[(1)－(2)]×100；

2)前视距(10)＝[(4)－(5)]×100；

3)视距差(11)＝(9)－(10)；

4)视距累计差(12)＝本站(11)＋上站(12)；

5)前尺黑红面中丝读数差(13)＝(6)＋ K －(7)；

6)后尺黑红面中丝读数差(14)＝(3)＋ K －(8)；

7)黑面高差(15)＝(3)－(6)；

8)红面高差(16)＝(8)－(7)；

9)黑红面高差之差(17)＝(15)－[(16)±0.1]，(17)＝(14)－(13)；

10)高差平均值(18)＝[(15)＋(16)±0.1]/2；

11)水准路线长度 $L = \sum$ 后视距 ＋ $\sum$ 前视距。

视频：四等水准测量

视频：四等水准测量实践

5.5.2 三角高程测量

在山地测定控制点的高程，若采用水准测量，则速度慢，困难大，故可采用三角高程测量的方法。但必须用水准测量的方法在测区内引测一定数量的水准点，作为三角高程测量高程起算的依据。常见的三角高程测量有电磁波测距三角高程测量和视距三角高程测量。电磁波测距三角高程测量适用于三、四等和图根高程网；视距三角高程测量一般适用于图根高程网。

1. 三角高程测量原理

如图 5-15 所示，三角高程测量是根据已知点高程及两点间的竖直角和距离，通过三角公式计算两点间的高差，计算出未知的高程。

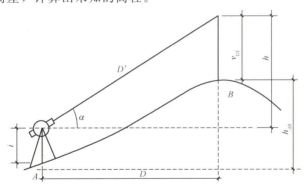

图 5-15　三角高程测量

A、B 两点之间的高差：

$$h_{AB} = D\tan\alpha + i - v \tag{5-20}$$

若用测距仪测得斜距 D'，则

$$h_{AB} = D'\sin\alpha + i - v \tag{5-21}$$

B 点的高程为

$$H_B = H_A + h_{AB}$$

三角高程测量一般应进行往返观测，即由 A 向 B 观测(称为直觇)，再由 B 向 A 观测(称为反觇)，这种观测称为对向观测(或双向观测)。

在山区或地势起伏较大的地方，三角高程测量是高差观测的重要方法，集视距测量和高差观测于一体。

2. 三角高程测量的观测与计算

(1)测站上安置全站仪，量仪器高 i 和标杆或棱镜高度 v，读到毫米；

(2)用全站仪采用测回法观测竖直角 1～3 各测回；

(3)采用对向观测法且对向观测高差附合要求，取其平均值作为高差结果；

(4)进行高差闭合差的调整计算，推算出各点的高程。

【知识思维导图】

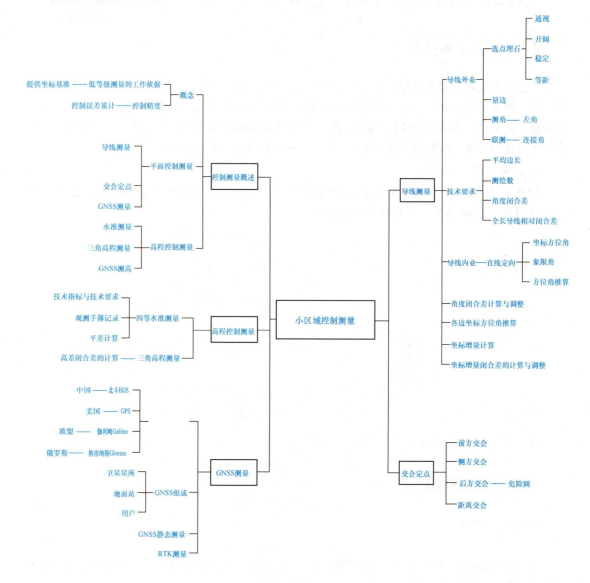

【能力评价】

知识要点	能力要求	所占分值(100 分)	自评分数
控制测量概述	了解控制测量的基本知识概念	10	
导线测量	(1)掌握导线的布设形式	8	
	(2)掌握导线测量的外业工作内容	10	
	(3)掌握导线测量的内业计算	30	
交会定点	熟悉常用的四种交会定点方式	10	
高程控制测量	(1)理解三角高程测量的基本原理	10	
	(2)掌握三角高程测量的观测和计算	12	
GNSS 测量的施测	了解有关 GNSS 测量的相关知识	10	
总分		100	

【素养提升】

1. 文化自信

控制测量的发展历史是中华民族智慧和创造力的体现,也是中华文化的重要组成部分。从古代的经纬仪、浑天仪、浑象、罗盘,到近代的天文仪、水准仪、经纬仪、磁力仪,再到现代的卫星导航、无人机、激光雷达等,控制测量技术不断创新,为国家的经济建设、国防安全、社会发展等做出了重要贡献。我们应该以此为骄傲,增强文化自信。

2. 无私奉献,吃苦耐劳

控制测量是一项艰苦而卓越的工作,需要测量人员在各种恶劣的环境和条件下,进行精密的测量和计算,为各种工程项目提供可靠的控制数据。控制测量人员往往默默无闻,不求名利,只为国家和社会的利益,体现了无私奉献的精神。例如,珠峰高程测量的测量人员,不畏高原缺氧、严寒、风雪等困难,多次攀登珠峰,为确定珠峰的真实高度做出了巨大的牺牲和贡献。控制测量是一门实践性很强的学科,需要测量人员具备良好的体能和心理素质,能够在各种复杂的地形和气候下,进行长时间的野外作业,同时,还要进行烦琐的数据处理和分析,这都需要测量人员有着吃苦耐劳的品质。

课后习题

一、判断题

(1)导线测量的外业工作包括踏勘选点、角度测量、边长测量及导线定向。   (   )

(2)附合导线坐标增量闭合差的理论值为零。   (   )

(3)闭合导线内角观测值的总和与其导线内角和的理论值之差称为角度闭合差。   (   )

(4)导线全长闭合差主要是测边误差引起的,导线越短,全长闭合差也越大。   (   )

(5)在分配导线角度闭合差取至整秒时，出现的闭合差不足于平均时，将闭合差分配到短边相邻的角上。　　　　　　　　　　　　　　　　　　　　　　　　（　　）

(6)导线角度闭合差的调整是以闭合差相反的符号平均分配到各观测角上。　　（　　）

(7)三等水准测量中丝读数法的观测顺序为后、前、前、后。　　　　　　　　（　　）

(8)控制测量分为平面控制量和高程控制测量。　　　　　　　　　　　　　　（　　）

(9)高程控制测量的任务就是精确测定控制点(或水准点)的高程。　　　　　　（　　）

(10)平面控制测量的任务就是精确测定控制点的平面坐标。　　　　　　　　（　　）

二、单项选择题

(1)确定地面点的空间位置，就是确定该点的坐标和(　　)。

A. 已知坐标　　　　　　B. 方位角　　　　　　C. 高程　　　　　　D. 未知点坐标

(2)国家控制网，是按(　　)建立的，它的低级点受高级点逐级控制。

A. 一至四等　　　　　　B. 一至四级　　　　　C. 一至二等　　　　D. 一至二级

(3)导线点属于(　　)。

A. 高程控制点　　　　　B. 平面控制点　　　　C. 坐标控制点　　　D. 水准控制点

(4)图根导线的角度闭合差的容许误差一般不超过(　　)。

A. $\pm 20''\sqrt{n}$　　　　B. $\pm 30''\sqrt{n}$　　　　C. $\pm 60''\sqrt{n}$　　　　D. $\pm 80''\sqrt{n}$

(5)导线测量的外业不包括(　　)。

A. 测量角度　　　　　　B. 选择点位　　　　　C. 坐标计算　　　　D. 量边

(6)衡量导线测量精度的一个重要指标是(　　)。

A. 坐标增量闭合差　　　　　　　　　　　　B. 导线全长闭合差

C. 导线全长相对闭合差　　　　　　　　　　D. 角度闭合差

(7)导线全长闭合差 f_D 的计算公式是(　　)。

A. $f_D = f_x + f_y$　　　　　　　　　　　　B. $f_D = f_x - f_y$

C. $f_D = \sqrt{f_x^2 + f_y^2}$　　　　　　　　　D. $f_D = \sqrt{f_x^2 - f_y^2}$

(8)某导线全长 620 m，算得 $f_x = +0.123$ m，$f_y = -0.162$ m，导线全长相对闭合差 $K = ($　　$)$。

A. 1/2 200　　　　　B. 1/3 100　　　　　C. 1/4 500　　　　D. 1/3 048

(9)坐标反算是根据直线的起、终点平面坐标，计算直线的(　　)。

A. 斜距、水平角　　　　　　　　　　　　　B. 水平距离、方位角

C. 斜距、方位角　　　　　　　　　　　　　D. 水平距离、水平角

(10)利用坐标反算求坐标方位角公式 $\alpha = \text{arcot}\,\Delta y / \Delta x$，若 $\Delta y = -1$，$\Delta x = +1$ 则坐标方位角为(　　)。

A. $-45°$　　　　　　B. $45°$　　　　　　C. $315°$　　　　　D. $135°$

三、简答题

(1)地形测量和各种工程测量为什么先要进行控制测量？控制测量分为哪几种？

(2)何为导线？导线的布设形式有几种？各适用于什么场合？

(3)导线测量的外业工作有哪些？

(4)用双面水准尺进行四等水准测量，一个测站上观测哪些数据？有哪些技术要求？

(5)全球卫星导航系统有哪些？其相对于常规测量的优势有哪些？

四、计算题

表 5-8 所示为三、四等水准测量观测手簿，完成表格计算。

表 5-8　三、四等水准测量观测手簿

编号	点号	后尺 上丝/下丝 后视距 视距差 d	前尺 上丝/下丝 前视距 $\sum d$	方向及尺号	水准尺读数/m 黑面	水准尺读数/m 红面	$K+$黑$-$红 /mm	平均高差 /m	备 注
		(1)	(4)	后	(3)	(8)	(14)		
		(2)	(5)	前	(6)	(7)	(13)		
		(9)	(10)	后一前	(15)	(16)	(17)	(18)	
		(11)	(12)						
1	BM_A ↓ TP_1	1 571	0 739	后 1	1384	6170			
		1 197	0363	前 2	0551	5239			
				后一前					
									$K_1=4.787$ $K_2=4.687$
2	TP_1 ↓ TP_2	1 176	1 246	后 2	0 934	5 620			
		0 696	0 767	前 1	1 008	5 796			
				后一前					
3	TP_2 ↓ TP_3	1 014	1 155	后 1	0 726	5 513			
		0 439	0 578	前 2	0 866	5 554			
				后一前					

项目6　地形图识读与应用

✦ 教学目标

知识目标	能力目标	素养目标
1. 掌握地形图的概念； 2. 熟悉图名、图号、结合图； 3. 掌握比例尺与比例尺精度等基本概念及作用； 4. 掌握地形图的分幅与编号； 5. 掌握地物、地貌符号； 6. 熟悉地形图识读； 7. 掌握利用地形图确定点的坐标、高程，确定直线的距离、方位角、坡度、面积量算； 8. 掌握利用地形图绘制断面图的方法； 9. 掌握土石方计算方法	1. 能够根据地形图用途选择合适的比例尺； 2. 能够对基本比例尺进行分幅和编号； 3. 能够正确区分地物符号类型； 4. 能够识读典型地貌； 5. 熟悉地形图识读； 6. 掌握利用地形图确定点的坐标、高程，确定直线的距离、方位角、坡度、面积量算； 7. 能够利用地形图绘制纵横断面； 8. 能够根据项目情况选择合适的土方量计算方法计算土方量	1. 训练学生运用地形图进行地理推理和问题解决的能力，培养系统思考和综合分析的能力； 2. 培养学生对自然环境的尊重和保护意识，培养对地球家园的关爱和责任感； 3. 通过了解地形图上的地理信息，加深学生对自己所在国家的地理特征和国土面貌的了解，增强对国家的归属感和认同感； 4. 在地形图的识读与应用知识学习过程中，要求学生对所学习到的地理信息进行保密，不将其泄露给未经授权的人员或机构，培养学生保密意识

≫ 相关规范

1.《工程测量标准》(GB 50026—2020)；

2.《工程测量通用规范》(GB 55018—2021)；

3.《国家基本比例尺地图图式　第1部分：1∶500　1∶1000　1∶2000地形图图式》(GB/T 20257.1—2017)；

4.《国家基本比例尺地形图分幅和编号》(GB/T 13989—2012)。

≫ 学习重难点

1. 地形图的概念；

2. 地形图比例尺；

3. 地形图分幅与编号；

4. 地形图符号；

5. 地形图识读；

6. 断面图绘制；

7. 土方量计算。

岗课赛证

1. 全国职业院校技能大赛地理空间信息采集与处理赛项规程
数字测图：地形图符号和注记应用及地形图整饰。
2. "1＋X"测绘地理信息数据获取与处理职业技能等级标准
初级：
(1)能分辨1∶500、1∶1 000、1∶2 000地形图图式；
(2)能进行数字线划图的读图。
3. 国家职业技能标准——工程测量员(2019年版)
中级：
能进行纵横断面图测量。

6.1　地形图基本知识

视频：地形图概述

6.1.1　地形图的概念

地图是按照一定数学法则，用规定的图式符号和颜色，把地球表面的自然和社会现象，有选择地缩绘在平面的图，如普通地图(地形图、平面图等)、专题地图(旅游图、交通图等)、影像地图等。

地球表面地势形态复杂，有高山、平原、河流、湖泊等天然形成的地物，也有建筑、道路等各种人工构筑的地物，通常把它们分为地物和地貌两大类。地物是指地面上有明显轮廓的各种固定物体，如道路、桥梁、房屋、农田、沟渠、河流和湖泊等。地貌是指地球表面的高低起伏、凹凸不平的各种形态，它没有明确的分界线，如高山、盆地、丘陵、洼地、斜坡、峭壁、平原等。地物和地貌总称为地形。

地形图是将地面上各种地物和地貌沿垂直方向投影到水平面上，并按一定的比例尺，以《国家基本比例尺地图图式　第1部分：1∶500　1∶1000　1∶2000地形图图式》(GB/T 20257.1—2017)统一规定的符号和注记表示出来，将其缩绘在图纸上的图形，它既表示出地物的平面位置，又表示出地貌形态。只表示地物的平面位置，不表示地貌起伏形态的地形图称为平面图。

由于地形图能客观反映地面的实际情况，所以城乡建设和各项工程建设都需要用到地形图，地形图特别是1∶500、1∶1 000、1∶2 000及1∶5 000比例尺的地形图称为大比例尺地形图，是这些工程建设勘测、规划、设计、施工及建后管理的重要的基础资料。根据工程的设计阶段、规模大小和运营管理需要，地形图测图的比例尺可按表6-1的规定选取。

表6-1　地形图测图的比例尺

比例尺	用　途
1∶5 000	可行性研究、总体规划、厂址选择、初步设计等
1∶2 000	可行性研究、初步设计、施工图设计、矿山总图管理、城镇详细规划等
1∶1 000	初步设计、施工图设计；城镇、工矿总图管理；竣工验收等
1∶500	

6.1.2 地形图的内容

地形图的主要内容包括数学要素、地理要素及整饰要素等。数学要素主要是指比例尺；地理要素主要包括地物符号、地貌符号和地形图注记；整饰要素主要包括图名、图号、邻接图表、图廓、北方向、图例等，如图 6-1 所示。

图 6-1　国家标准分幅比例尺地形图

1. 比例尺

地形图上的任一线段长度 d 与地面上相应线段的水平距离 D 之比，即 $\dfrac{d}{D}$，称为地形图比例尺，通常用分子为 1 的分数 $\dfrac{1}{M}$（或 $1:M$）表示。设图上某一直线长度为 d，地面上相应直线段的水平距离为 D，则图的比例尺为

视频：地图比例尺

$$\frac{\text{图上线段长度}}{\text{地面水平距离}} = \frac{d}{D} = \frac{1}{D/d} = \frac{1}{M} \tag{6-1}$$

式中　M——比例尺分母。

例如　一地形图上 1 cm 的线段长度表示相应地面上水平距离 20 m，则该地形图比例尺为

$$\frac{1\ \text{cm}}{20\ \text{m}}=\frac{1\ \text{cm}}{2\ 000\ \text{cm}}=\frac{1}{2\ 000}$$

知道了比例尺，就可将图上两点间的长度和实地相应两点的水平距离相互换算。

比例尺按表示方法的不同，一般可分为数字式比例尺、图式比例尺和文字式比例尺三种。

(1)数字比例尺。如上所述，用分数形式$\frac{1}{M}$(或$1:M$)表示的比例尺称为数字式比例尺，M越小，分数值越大，比例尺也越大，它在图上表示的地物和地貌也越详细；M越大，分数值越小，比例尺也越小，它在图上表示的地物和地貌也越粗略。数字比例尺一般注记在地形图下方的正中间位置。

按地形图的比例尺划分，通常称1∶500、1∶1 000、1∶2 000、1∶5 000比例尺的地形图为大比例尺地形图；称1∶1万、1∶2.5万、1∶5万、1∶10万比例尺的地形图为中比例尺地形图；称1∶25万、1∶50万、1∶100万比例尺的地形图为小比例尺地形图。在建筑、水利等工程测量中，通常使用的是大比例尺地形图。

(2)图式比例尺。除数字比例尺外，一般的地图或地形图也常用图解法把比例尺绘在图上，作为图的组成部分之一，称为图式比例尺或直线比例尺。图式比例尺常绘制在地形图的下方。图式比例尺的表示方法如图6-2所示，图中两条平行直线间距为2 mm，以1 cm为单位分成若干大格，左边第一、二大格十等分，大小格分界处注以0，右边其他大格分界处标记实际长度。直线比例尺绘制在地形图下方，可以减少图纸伸缩对用图的影响。

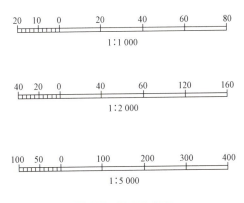

图 6-2　图式比例尺

使用图式比例尺时，先用分规在图上量取某线段的长度，然后用分规的右针尖对准右边的某个整分划，使分规的左针尖落在最左边的基本单位内。读取整分划的读数再加上左边1/10分划对应的读数，即该直线的实地水平距离。图式比例尺的地形图配合地形图绘制可以直接量距而不必再进行换算。

(3)文字式比例尺。有些地形图、施工图，在图上直接写出1 cm代表实地水平距离的长度，如图上1 cm相当于地面距离10 m即表示该图的比例尺为1∶1 000，这种比例尺的表示方法就是文字式比例尺。

综上所述，数字式比例尺能清晰表现地图缩小的倍数；图式比例尺可以直接在地图上量算，受图纸变形的影响小；文字式比例尺能清楚表示比例尺的含义。

2. 比例尺精度

在正常情况下，人的肉眼能够分辨的图上最小距离为 0.1 mm，故把相当于地形图上 0.1 mm 的实地水平距离称为地形图的比例尺精度。对于 1∶1 000 比例尺的地形图，比例尺精度为 0.1 mm×1 000＝100 mm＝10 cm。小于 10 cm 的实地水平距离在图上是不能分辨的。

依据比例尺精度，可以确定测图时量距的精度(表 6-2)；也可以根据工程对距离测量精度的要求，选用合适比例尺的地形图，以满足工程规划、设计的需要。

表 6-2　几种常用比例尺地形图的比例尺精度

比例尺	1∶500	1∶1 000	1∶2 000	1∶5 000	1∶10 000
比例尺精度	5	10	20	50	100
实地 1 km 相当于图上 cm 数	200	100	50	20	10

地形图的比尺越大，反映了地形的细部越详细，图的测量精度越高，测图的工作量也相应提高。因此，在实际工程建设的规划、设计和施工的各个阶段，应根据图的需要选用适当比例尺的地形图。

[例 6-1]　如果测绘 1∶500 的地形图，地面丈量距离的精度为多大？

解：根据式(6-1)　$\varepsilon=0.1M=0.1\times500=50(\text{mm})=0.05$ m

所以地面丈量距离的精度为 0.05 m。

[例 6-2]　如果要求间距在 0.1 m 以上的地物需要在图上分别表达，则测绘比例尺为多大？

解：根据式(6-1) $M=\dfrac{\varepsilon}{0.1}=\dfrac{100}{0.1}=1\ 000$

所以测图比例尺为 1∶1 000。

3. 地形图的分幅与编号

为了便于测绘、使用和保管地形图，需要将大面积的地形图进行分幅，并将分幅的地形图进行有系统的编号，因此需要研究地形图的分幅和编号问题。

地形图的分幅方法有两种，一种是经纬网梯形分幅法(国际分幅法)；另一种是按坐标格网分幅的矩形分幅法。前者用于国家基本比例尺地形图；后者用于工程建设大比例尺地形图。

(1)梯形分幅与编号。按国际统一规定的经线为图幅的东西边界，纬线为南北边界，并以 1∶100 万比例尺地形图的分幅为基本分幅，衍生出其他比例尺的分幅。

1)国际 1∶100 万地形图的分幅及编号。

如图 6-3 所示，全球 1∶100 万的地形图实行统一的分幅与编号。即将整个地球表面自 180°子午线由西向东起算，经差每隔 6°划分纵行，全球共 60 纵行，用阿拉伯数字 1~60 表示。又从赤道起，分别向南、向北按纬差 4°划分成 22 横列，以大写拉丁字母 A、B…V 表示。任一幅 1：100 万比例尺地形图的大小就是由纬差 4°的两纬线和经差 6°的两经线所围成的面积。纬度 60°～ 76°，双幅合并，即经差 12°，纬差 4°；纬度 76°～ 80°，四幅合并，即经差 24°，纬差 4°；纬度 88°以上，合为一幅。每一幅图的编号由其所在的"横列 — 纵行"的代号组成。例如，某处的经度为 114°30′18″、纬度为 38°16′08″，则其所在图幅之编号为 J—50。为了说明该图幅位于北半球还是南半球，应在编号前附加一个 N（北）或 S（南）字母，由于我国国土均位于北半球，故 N 字母从略。国际 1：100 万图的分幅与编号是其余各种比例尺图梯形分幅的基础。

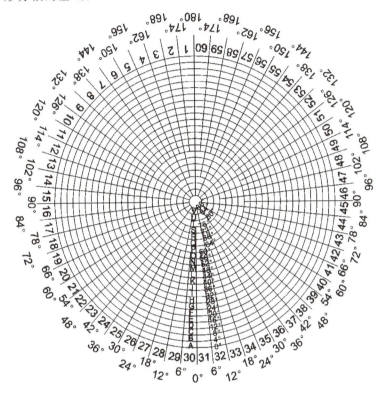

图 6-3　1：100 万地形图分幅与编号

各比例尺地形图图幅范围及行列数之间关系见表 6-3。

各大中比例尺地形图的图号均由 5 个元素 10 位码构成。从左向右，第一元素 1 位码，为 1：100 万图幅行号字符码；第二元素 2 位码，为 1：100 万图幅列号数字码；第三元素 1 位码，为编号地形图相应比例尺的字符代码；第四元素 3 位码，为编号地形图图幅行号数字码；第五元素 3 位码，为编号地形图图幅列号数字码；各元素均连写如图 6-4 所示。比例尺代码见表 6-4。

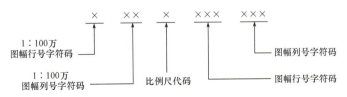

图 6-4　1：500 000～1：5 000 地形图图幅编号的组成

表 6-3　1：1 000 000～1：500 地形图的图幅范围、行列数量和图幅数量关系

比例尺		1：1 000 000	1：500 000	1：250 000	1：100 000	1：50 000	1：25 000	1：10 000	1：5 000	1：2 000	1：1 000	1：500
图幅范围	经差	6°	3°	1°30′	30′	15′	7′30″	3′45″	1′52.5″	37.5″	18.75″	9.375″
	纬差	4°	2°	1°	20′	10′	5′	2′30″	1′15″	25″	12.5″	6.25″
行列数量关系	行数	1	2	4	12	24	48	96	192	576	1 152	2 304
	列数	1	2	4	12	24	48	96	192	576	1 152	2 304
图幅数量关系（图幅数量＝行数×列数）		1	4 (2×2)	16 (4×4)	144 (12×12)	576 (24×24)	2 304 (48×48)	9 216 (96×96)	36 864 (192×192)	331 776 (576×576)	1 327 104 (1 152×1 152)	5 308 416 (2 304×2 304)
			1	4 (2×2)	36 (6×6)	144 (12×12)	576 (24×24)	2 304 (48×48)	9 216 (96×96)	82 944 (288×288)	331 776 (576×576)	1 327 104 (1 152×1 152)
				1	9 (3×3)	36 (6×6)	144 (12×12)	576 (24×24)	2 304 (48×48)	20 736 (144×144)	82 944 (288×288)	331 776 (576×576)
					1	4 (2×2)	16 (4×4)	64 (8×8)	256 (16×16)	2 304 (48×48)	9 216 (96×96)	36 864 (192×192)
						1	4 (2×2)	16 (4×4)	64 (8×8)	576 (24×24)	2 304 (48×48)	9 216 (96×96)
							1	4 (2×2)	16 (4×4)	144 (12×12)	576 (24×24)	2 304 (48×48)
								1	4 (2×2)	36 (6×6)	144 (12×12)	576 (24×24)
									1	9 (3×3)	36 (6×6)	144 (12×12)
										1	4 (2×2)	16 (4×4)
											1	4 (2×2)
												1

表 6-4　1∶500 000～1∶5 000 地形图的比例尺代码

比例尺	1∶50万	1∶25万	1∶10万	1∶5万	1∶2.5万	1∶1万	1∶5 000
代码	B	C	D	E	F	G	H

2)1∶50万～1∶5 000 地形图分幅与编号。

①每幅 1∶100 万图划分为 4 幅 1∶50 万图,以 A、B、C、D 表示。如某地在 1∶50 万图的编号为 J—50—C。

②每幅 1∶100 万图又可划分为 36 幅 1∶20 万图,分别用[1]、[2]…[36]表示。如某地所在 1∶20 万图的编号为 J—50—[13]。

③每幅 1∶100 万图还可划分为 144 幅 1∶10 万图,分别以 1、2、3…144 表示。如某地所在 1∶10 万图的编号为 J—50—62。

④每幅 1∶10 万图可划分为 4 幅 1∶5 万图,在 1∶10 万图的图号后边加上各自的代号 A、B、C、D。如 1∶5 万图的编号为 J—50—62—A,每幅 1∶5 万图四等分,得 1∶2.5 万图,分别用 1、2、3、4 编号,如 1∶2.5 万的图幅为 J—50—62—1。

⑤每幅 1∶10 万图按经、纬差 8 等分,成为 64 幅 1∶1 万图,以(1)、(2)…(64)编号,如 1∶1 万图幅为 J—50—62—(9)。

⑥每幅 1∶1 万图分成 4 幅 1∶5 000 的图,并在 1∶1 万图的图号后写各自代号 a、b、c、d 作为编号。如 1∶5 000 梯形分幅图号为 J—50—62—(9)—c,如图 6-5 所示。

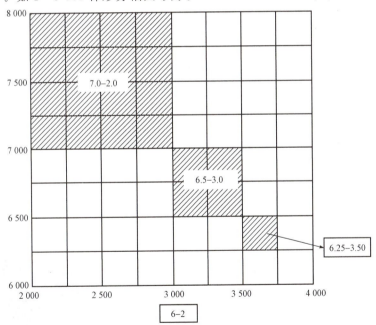

图 6-5　坐标编号法

(2)矩形分幅与编号。矩形分幅适用于大比例尺地形图,1∶500、1∶1 000、1∶2 000 比例尺地形图图幅一般为 50 cm×50 cm 或 40 cm×50 cm,以纵横坐标的整千米或整百米数的坐标格网作为图幅的分界线,称为矩形或正方形分幅,以 50 cm×50 cm 图幅最常用。其图幅编号常采用坐标编号法、流水编号法及行列编号法。

1)坐标编号法。以图幅西南角 x 坐标和 y 坐标,以千米为单位,中间用连字符连接作为它的编号。例如，某图西南角的坐标 $x=6$ km，$y=2$ km，则其编号为 3 510.0－25.0。编号时，1∶5 000 地形图，坐标取至 1 km；1∶2 000、1∶1 000 地形图坐标取至 0.1 km；1∶500 地形图，坐标取至 0.01 km。

图号一般采用该图幅西南角坐标的千米数为编号，x 坐标在前，y 坐标在后，中间有短线连接。1∶5 000 坐标取至 1 km，1∶2 000、1∶1 000 取至 0.1 km，1∶500 取至 0.01 km。

如图 6-5 所示，1∶5 000 比例尺地形图，其西面角坐标为 $x=6.0$ km，$y=2.0$ km，因此，编号为"6－2"；1∶2 000 比例尺的地形图，其西面角坐标为 $x=7.0$ km，$y=2.0$ km，因此，编号为"7.0－2.0"；1∶1 000 比例尺的地形图，其西面角坐标为 $x=6.5$ km，$y=3.0$ km 因此，编号为"6.5－3.0"；1∶500 比例尺的地形图，其西面角坐标为 $x=6.25$ km，$y=3.5$ km，因此，编号为"6.25－3.50"。

2）数字顺序编号法。如果测区范围比较小，图幅数量少，可采用数字顺序编号法，在测区内按照从上到下、从左到右用阿拉伯数字 1、2、3、4……顺序编号，如图 6-6 所示。

1	2	3	4		
5	6	7	8	9	10
11	12	13	14	15	16

图 6-6　数字顺序编号法

3）基础分幅编号。在某较大区域，由于面积较大，而且测绘有几种不同比例尺的地形图，编号时可以是以 1∶5 000 比例尺图为基础，并作为包括在本图幅中的较大比例尺图幅的基本图号。基础图幅编号为西南角坐标，其后加罗马数字Ⅰ、Ⅱ、Ⅲ，如图 6-7 所示。

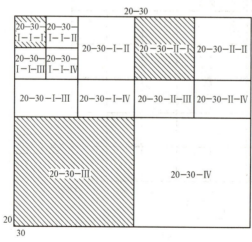

图 6-7　基础分幅

视频：地形图符号

1∶5 000 比例尺图四等分便得四幅 1∶2 000 比例尺图；编号是在 1∶5 000 比例尺图的图号后用连字符加各自的代号Ⅰ、Ⅱ、Ⅲ、Ⅳ，如 20－30－Ⅲ。

1∶2 000 比例尺图四等分便得四幅 1∶1 000 比例尺图；1∶1 000 比例尺图的编号是在 1∶2 000 比例尺图的图号后用连字符附加各自的代号Ⅰ、Ⅱ、Ⅲ、Ⅳ，如 20－30－Ⅱ－Ⅰ。

1：1 000 比例尺图再四等分便得四幅 1：500 比例尺图；1：500 比例尺图的编号是在 1：1 000 比例尺图的图号后用连字符附加各自的代号 Ⅰ、Ⅱ、Ⅲ、Ⅳ，如 20－30－Ⅰ－Ⅰ－Ⅰ。

4. 坐标系、高程系统、图名、图廓

地形图的坐标系统和高程系统由该图控制点的坐标系统和高程系统所决定。如图 6-8 所示，该地形图的坐标系统为任意坐标系，高程系统为 1985 年国家高程基准，等高距为 1 m。

图名即每幅地形图的名称。为方便保管及检索各种不同比例尺的地形图，应对每幅地形图进行命名。地形图一般以每幅地形图内的名胜古迹、大型厂矿企业或最大居民地的名称来命名，图名写在每幅地形图的正上方。

图廓是地形图的边界范围，由内图廓和外图廓组成。外图廓以粗实线描绘；内图廓以细实线描绘。内图廓既是直角坐标格网线，也是图幅的边界线。在内、外图廓之间标注有坐标值，在内图廓里侧，每隔 10 cm 还绘有十字交叉的坐标方格网。

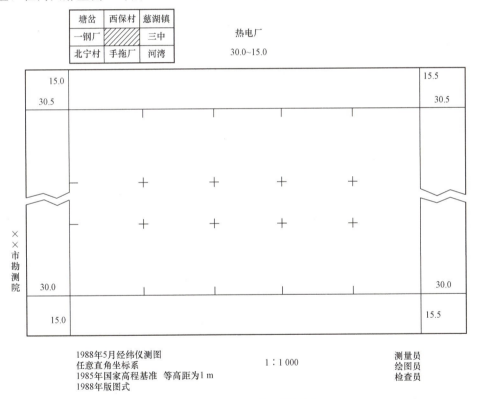

图 6-8　1：1 000 地形图示例

5. 地物符号

在地形图上表示各种地物的形状、大小和它们的位置的符号，即表示地物的符号属性的符号，称为地物符号，主要包括测量控制点、水系、居民地及设施、交通、管线、境界等。

根据地物特性、用途、形状大小和描绘方法的不同，地物符号可分为比例符号、非比例符号、半比例符号。

（1）比例符号：地物依比例尺缩小后，其长度和宽度能依比例尺表示的地物符号。如房屋、花园、草地等。此类地物的形状和大小均按测图比例尺缩小，并用规定的符号绘制在图纸上，用比例尺符号表示。比例尺符号能表示地物的位置、形状和大小。表6-5中的编号为1、2、3、4、10a等的地物编号都是比例符号。

（2）非比例符号：地物依比例尺缩小后，其长度和宽度不能用比例尺表示，在本部分中符号旁标注符号长、宽尺寸值，这样的地物符号称为非比例符号。如烟囱、窨井盖、测量控制点等，这些地物的轮廓较小，无法将其形状和大小按比例缩绘到图上，但地物又非常重要，因而采用非比例尺符号表示。非比例尺符号只表示地物的中心位置，而不能反映地物实际的大小。表6-5中的编号为5、6、7、8、10b.等的地物编号都是非比例符号。

（3）半比例符号：地物比例尺缩小后，其长度能按比例尺而宽度不能按比例尺表示的地物符号。在本部分中符号旁只标注宽度尺寸值。半比例尺符号一般用来表示线状地物，因此也常被称为线性符号。例如，对一些带状狭长地物，如管线、公路、铁路、河流、围墙、通信线路等，长度可按比例尺缩绘，而宽度按规定尺寸绘制出，常用半比例符号表示。半比例尺符号的中心线代表地物的中心线位置。表6-5中的编号为23、30、31等的地物编号都是半比例符号。

上述三种符号的使用，并不是固定不变的，它由测图比例尺的大小决定。例如，在大比例尺地形图中，铁路要用比例符号表示，而在小比例尺地形图中，铁路就用非比例符号表示。

6. 地物注记

用文字、数字或特有符号对地物加以说明者，称为地物注记。如城镇、工厂、河流、道路的名称；桥梁的长宽及载重量；江河的流向、流速及深度；道路的去向及森林、果树的类别等，都以文字或特定符号加以说明，这些都是地物注记。表6-5中的编号1中"简单房屋"图例中的"简"字、编号5中埋石图根点图例中的12与275.46等都是地物注记。

表 6-5　地物和地貌符号

编号	符号名称	图例
1	简单房屋	 简
2	建筑中房屋	 建
3	破坏房屋	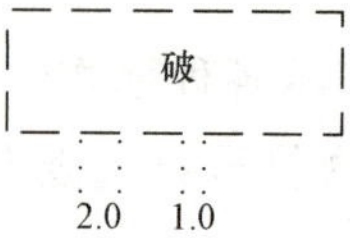 破 2.0　1.0

编号	符号名称	图例
4	棚房 a. 四边有墙的 b. 一边有墙的 c. 无墙的	a ▭ ⌐1.0 b ▭ ⌐1.0 c ▭ ⌐1.0 1.0 0.5
5	埋石图根点 a. 土堆上的 12、16—点号 175.46、175.64—高程 2.0、2.5—比高	2.0 ⊡ 12/275.46 a 2.5 ⊡ 16/175.64
6	不埋石图根点	2.0 ☐ 19/84.47
7	三角点 a. 土堆上的 张湾岭、黄土岗—点名 156.78、203.623—高程 5.0—比高	3.0 △ 张湾岭/156.718 a △ 黄土岗/203.623 1.0 0.1 1.0
8	水准点 Ⅱ—等级 京石5—点名点号 32.805—高程	2.0 ⊗ Ⅱ京石5/32.805
9	廊房 a. 廊房 b. 飘楼	a 混3 1.0 2.5 0.5 b 混3 2.5 0.5
10	水塔 a. 依比例的 b. 不依比例的	a 2.0 3.0 1.0 1.2 b 3.6 2.0 3.0 1.0 1.2

编号	符号名称	图例
11	学校	文
12	医院	
13	体育馆、科技馆、博物馆、展览馆	混凝土5科
14	商场、超市	混凝土4 M
15	无看台的体育场	体育场
16	游泳池	泳
17	厕所	厕
18	垃圾场	垃圾场
19	旗杆	

编号	符号名称	图例
20	纪念碑 a. 依比例的 b. 不依比例的	 a: 1.2 / 1.2 / 3.2 / 2.0 b: 1.2 / 1.2 / 3.2 / 2.0
21	教堂	1.6 / 1.6
22	围墙 a. 依比例的 b. 不依比例的	a: 10.0 / 0.5 b: 10.0 / 0.5 / 0.3
23	篱笆	10.0 / 1.0 / 0.5
24	地类界	1.6 / 0.3
25	阳台	砖5 / 2.0 / 1.0
26	路灯	1.4 / 0.3 / 0.8 / 2.8 / 1.0

编号	符号名称	图例
27	假山	
28	高速公路 a. 临时停车点 b. 隔离带	
29	加油站	
30	地面上的配电线	
31	地面上的管道	
32	等高线及其注记 a. 首曲线 b. 记曲线 c. 间曲线 25—高程	
33	高程及其注记 1520.3、—15.3—高程	

编号	符号名称	图例
34	人工陡坎 a. 未加固的 b. 已加固的	a 2.0 b 3.0
35	旱地	1.3 2.6 ⊥ ⊥ 10.0 ⊥ ⊥ 10.0
36	独立树 阔叶	1.6 2.0 ○ 3.0 1.0
37	天然草地	2.0 ‖ ‖ 1.0 10.0 ‖ ‖ 10.0

7. 地貌符号

地形图上表示地貌常用等高线表示。

(1)等高线的定义与原理。等高线指的是地形图上高程相等的各点所连成的闭合曲线。

设想用许多平行于高程基准面且间隔相等的平面去横截一地貌，则地貌的表面便现出一条一条弯曲的闭合截口线。同一条截口线位于同一水平面（等高面）上，同一截线上任何一点的高程是相等的，这种曲线就是等高线。将这些地面上的等高线垂直投影到水平面上，则基准面上便呈现出表示地貌的一圈套一圈的等高线图形，将平面上的等高线依地形图的比例尺缩绘到图纸上，则得到一圈套一圈的等高线图形，这是等高线表示地貌的基本原理。如图 6-9 所示，设想有一山体被若干个高程为 45 m、50 m 和 55 m 的水平面所截，相邻水平面间的高差相同，均为 5 m，每个水平面与山体表面的交线就是与该水平面高程相同的等高线。将这些等高线沿铅垂方向投影到水平面上，并用规定的比例尺缩绘，即得等高线表示这个山体的图形。

视频：等高线的基本知识

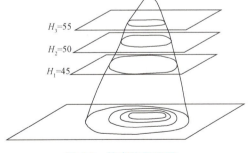

图 6-9　等高线原理图

(2)等高距和等高线平距。一般来说，等高线都是由高差相等的水平面截得的，相邻等高线之间的高差称为等高距，用 h 表示，如图 6-9 所示。在同一幅地形图上，除一些特殊地形外，如太平坦或者太倾斜的地貌外，一般的地貌等高距应该相同的，图 6-9 所示地形图的基本等高距为 5 m。测图时选择等高距，应依据测图比例尺的大小和测区地貌情况综合考虑而定。比例尺越大，选择的等高距小，意味着地貌表示得更为详细，外业作业时也要采集更多的地貌特征点，加大了工作量。几种常用比例尺地形图的基本等高距可参见表 6-6。

表 6-6 常用比例尺地形图的基本等高距 $\hspace{3cm}$ m

地形类别	比 例 尺			
	1 : 500	1 : 1 000	1 : 2 000	1 : 5 000
平地	0.5	0.5	0.5 或 1.0	0.5 或 1.0
丘陵地	0.5	0.5 或 1.0	1.0	1.0 或 2.0
山地	0.5 或 1.0	1.0	1.0 或 2.0	2.0 或 5.0
高山地	1.0	1.0	2.0	5.0

相邻等高线之间的水平距离称为等高线平距，用 d 表示。同一幅地形图的等高距是相等的，所以，等高线平距的大小是由地面坡度的陡缓来在一定历史条件下。等高距 h 与等高线平距 d 的比值就是地面坡度 i，即

$$i = \frac{h}{d} \tag{6-2}$$

由式（6-2）可知，地面坡度 i 与等高线平距 d 成反比。说明地面坡度较缓的地方，等高线显得稀疏；地面坡度较陡的区域，等高线显得密集。因此，根据等高线的疏密可判断地面坡度的缓与陡。

(3)等高线的分类。为了更详尽地表示地貌的特征，地形图常有以下四种类型的等高线。

1)首曲线。在同一幅地形图上，按规定的基本等高距描绘的等高线称为首曲线，也称为基本等高线。

2)计曲线。为了计算和读图的方便，凡是高程能被 5 倍基本等高距整除的等高线加粗描绘并注记高程，称为计曲线。

3)间曲线。为了表示首曲线不能表示出的局部地貌，按二分之一基本等高距描绘的等高线称为间曲线，也称为半距等高线。

4)助曲线。用间曲线还不能表示出的局部地貌，可按四分之一基本等高距描绘等高线，称为助曲线。

(4)几种典型地貌的等高线。地貌虽然变化复杂，但分解开来看，都是由山丘、洼地、山脊、山谷、鞍部或陡崖和峭壁等几种典型地貌组成的。掌握这些典型地貌的等高线特点，有助于分析和判断地势的起伏状态，测绘、应用地形图。

1)山丘和洼地。四周低下而中部隆起的地貌称为山，矮而小的山称为山丘；四周高而中间低的地貌称为盆地，面积小者称为洼地。山丘和洼地的等高线都是一组闭合曲线。如图 6-10 (a)所示，山丘内圈等高线高程大于外圈等高线的高程；洼地则相反，如图 6-10 (b)所示。

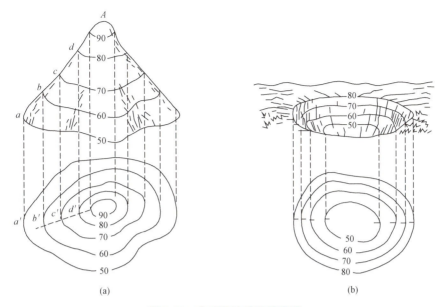

图 6-10　山丘和洼地的等高线

(a)山丘；(b)洼地

2)山脊和山谷。山脊是山体延伸的最高棱线，山脊上最高点的连线称山脊线，又称分水线。山谷是山体延伸的最低棱线，山谷内最低点的连线称山谷线，又称集水线。如图 6-11(a)所示，山脊等高线为一组凸向低处的曲线；如图 6-11(b)所示，山谷的等高线为一组凸向高处的曲线。

山脊线与山谷线统称为地性线，与等高线正交。

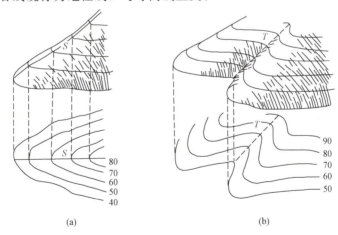

图 6-11　山脊和山谷的等高线

(a)山脊；(b)山谷

3)鞍部。山脊上相邻两山顶间形如马鞍状的低凹部分称为鞍部。如图 6-12 所示，鞍部的等高线由两组相对的山脊和山谷的等高线组成，形如两组双曲线簇。

4)峭壁和悬崖。峭壁是近于垂直的陡坡，此处不同高程的等高线投影后互相重合，如图 6-13(a)所示。如果峭壁的上部向前凸出，中间凹进去，就形成悬崖；悬崖凸出部位的等高线与凹进部位的等高线彼此相交，而凹进部位用虚线勾绘，如图 6-13(b)所示。

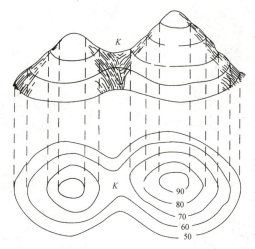

图 6-12　鞍部的等高线

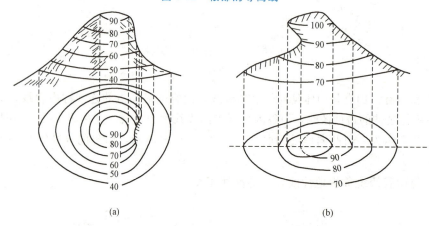

(a)　　　　　　　　　　　　　　(b)

图 6-13　峭壁和悬崖的等高线

（a）峭壁；（b）悬崖

5）等高线的特性。

①在同一等高线上，各点的高程相等。

②等高线是自行闭合的曲线，如不在本图幅闭合，则必在相邻图幅内闭合。

③除在悬崖、峭壁处外，不同高程的等高线不能相交。

④各等高线间的平距越小则坡度越陡，平距越大则越平缓，各等高线间的平距相同则表示匀坡。

⑤等高线通过山脊和山谷时改变方向，且在变向处与山脊线或山谷线垂直相交。

6.2　数字地形图的应用

计算机的飞速发展和电子测量仪器的日益广泛应用，促进了地形测量的自动化和数字化进程。数字地形图是以磁介质为载体，用数字形式记录的地形信息。它打破了传统的纸质地形图习惯，为工程应用开辟了快捷、灵活的新途径。数字地形图可以通过全站仪数字化测图、数字摄影测量、卫星遥感测量和其他地面数字测图方法获得，并可以供计算机处理、远程传输和各方共享。

对于工程建设来说，数字地形图在计算机软件、硬件的支持下，可以根据需要输出多种不同比例尺的地形图和专题图，提取各种地形数据，如量测各类控制点和特征点的坐标、高程、各点间的水平距离、直线的方位角和坡度；还能确定场地平整的填、挖边界和计算填、挖土方量，绘制断面图等。

目前，国内有多家较成熟的数字测图软件产品。其中，南方测绘研发的 CASS 地形地籍成图软件是基于 AutoCAD 平台技术的 GIS 前端数据处理系统，广泛应用于地形成图、地籍成图、工程测量应用、空间数据建库、市政监管等领域。CASS 软件自推出以来，已经成长为用户量最大、升级最快、服务最好的主流成图系统。本书主要以 CASS 11 为例，介绍数字地形图在工程中的应用。

6.2.1 地形图查询

1. 查询指定点坐标

利用 CASS 软件直接查询数字地形图任意一点的坐标。如图 6-14 所示，在南方 CASS 软件中，执行"工程应用"→"查询指定点坐标"命令。

视频：地形图的基本应用

用鼠标指针捕捉所要查询的点即可，也可以先进入点号定位方式，再输入要查询的点号。

注：系统左下角状态栏显示的坐标是笛卡尔坐标系中的坐标，与测量业标系的 X 和 Y 的顺序相反。用此功能查询时，系统在命令行给出的 X、Y 是测量坐标系的值。

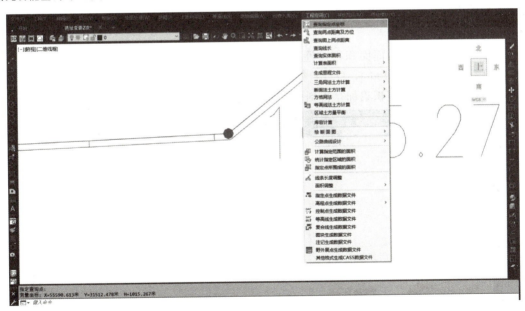

图 6-14　数字地形图坐标查询

2. 确定两点间的水平距离及直线的坐标方位角

在南方 CASS 软件中，获取两点间高精度的水平距离和方位角，执行"工程应用"→"查询两点距离及方位"命令。用鼠标指针分别点取要查询的两点即可，如图 6-15 所示。

注：CASS 所显示的坐标为实地坐标，所以显示的两点间的距离为实地距离。

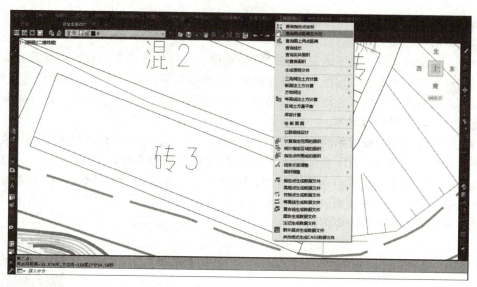

图 6-15　数字地形图距离及方位查询

3. 查询线长

在南方 CASS 软件中，执行"工程应用"→"查询线长"命令。用鼠标指针点取要查询的曲线即可。

4. 查询实体面积

在南方 CASS 软件中，执行"工程应用"→"查询实体面积"命令。用鼠标指针点取要查询的实体的边界线即可。要注意实体应该是闭合的。

5. 计算表面积

对于不规则地貌，表面面积很难通过常规的方法来计算。CASS 软件系统通过数字地形模型(Digital Terrain Model，DTM)建模，在三维空间内将高程点连接为带坡度的三角形，再通过每个三角形面积累加，得到整个范围内不规则地貌的面积，如图 6-16 所示。

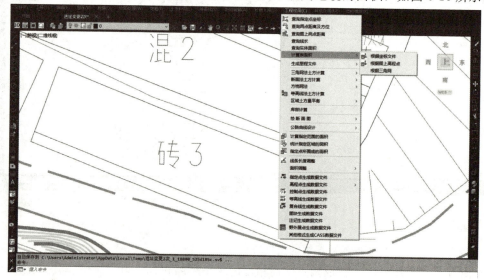

图 6-16　数字地形图面积量取

在南方CASS软件中，执行"工程应用"→"计算表面积"→"根据坐标文件"命令，命令区提示

请选择：(1)根据坐标数据文件。

(2)根据图上高程点：按Enter键选1；选择土方边界线用拾取框选择图上的复合线边界。

请输入边界插值间隔(米)：<20>5 输入在边界上插点的密度；

表面积＝15 863.516 平方米，详见surface.1og文件显示计算结果，surface.1og文件保存在CASS 9.0\SYSTEM目录下面。

6.2.2 地形图工程应用

1. 方格网法土方量计算

由方格网来计算土方量是根据实地测定的地面点坐标(X，Y，Z)和设计高程，通过生成方格网来计算每个方格内的填、挖土方量，最后累加得到指定范围内填方和挖方的土方量，并绘制出填、挖方分界线。

视频：地形图的工程应用

系统首先将方格的4个角上的高程相加(如果角上没有高程点，通过周围高程点内差得出其高程)，取平均值与设计高程相减；然后，通过指定的方格边长得到每个方格的面积；最后，用长方体的体积计算公式得到填、挖土方量。方格网法简便直观，易于操作，因此，这一方法在实际工作中应用非常广泛。

(1)设计面是平面时的操作步骤。

1)用复合线画出要计算土方的区域，要闭合。

2)执行"工程应用"→"方格网法土方计算"命令。

3)命令提示行"选择计算区域边界线"，选择土方计算区域的边界线(闭合复合线)。

4)弹出对话框，在对话框中选择所需坐标文件；在"设计面"栏选择"平面"，并输入目标搞程；在"方格宽度"栏输入宽度值，默认值为20 m。宽度越小计算精度越高。如果值小于了野外采集的点的密度也没有实际意义。

5)单击"确定"按钮，命令行提示：

最小高程＝＊＊＊.＊＊＊米，最大高程＝＊＊＊.＊＊米
总填方＝＊＊＊.＊＊立方米，总挖方＝＊＊＊.＊＊立方米

图上绘制出所分析的方格网、填挖方分界线(绿色折线)，并给出每个方格的填挖方、每行的挖方和每列的填方。

(2)设计面是斜面的操作步骤。设计面是斜面时，操作步骤与平面基本相同，区别在工在"方格网土方计算"对话框的"设计面"栏中，选样"斜面'基准点'"或"斜面'基准线'"。

1)如果设计的面是斜面(基准点)，需要确定坡度，基准点和向下方向上一点的坐标，以及基准点的设计高程。

单击"拾取"按钮，命令行提示：

点取设计而基准点：确定设计面的基准点。

指定斜坡设计面向下的方向：点取斜坡设计面向下的方向。

2)如果设计的面是斜面(基准线)，需要输入坡度并点取基准线上的两个点及基准线向

下方向上的一点，最后输入基准线上两个点的设计高程即可进行计算。

单击"拾取"按钮，命令行提示：

> 点取基准线第一点：点取基准线的一点。
>
> 点取基准线第二点：点取基准线的另一点。
>
> 指定设计高程低于基准线方向上的一点：指定基准线方向两侧低的一边。

（3）设计面是三角网文件时的操作步骤。选择设计的三角网文件，单击"确定"按钮，即可进行方格网土方计算。三角网文件由"等高线"菜单生成。

2. 区域土方平衡计算

土方平衡的功能常在场地平整时使用。当一个场地的土方平衡时，挖掉的土石方刚好等于填方量。以填、挖方边界线为界，从较高处挖得的土石方直接填到区域内较低的地方，就可完成场地平整，这样可以大幅度减少运输费用。需要注意的是，此方法只考虑体积上的相等，并本考虑砂石密度等因素。土方量平衡计算的步骤如下，

（1）在图上展出点，用复合线绘出需要进行土方平衡计算的边界；

（2）执行"工程应用"→"区域土方量平衡"→"根据坐标数据文件"（根据图上高程点）命令。

如果要分析整个坐标数据文件，可直接按"Enter"键；如果没有坐标数据文件，只有图上的高程点，则执行"根据图上高程点"命令。

（3）命令行提示：

> 选择边界线：点取第（1）步所画闭合复合线。
>
> 输入边界插值间隔（来）：＜20＞
>
> 这个值决定边界上的取样密度，一般用默认值即可。

（4）如果前面执行的是"根据坐标数据文件"命令，这里将弹出对话框，要求输入高程点坐标数据文件名；如果前面执行的是"根据图上高程点"命令，此时命令行将提示：

> 选择高程点或控制点：用鼠标指针选取与计算的高程点或控制点。

（5）按 Enter 键弹出对话框。同时命令行出现提示：

> 平常面积＝＊＊＊.＊＊平方米，
>
> 土方平衡高度＝＊＊＊.＊＊米，挖方量＝＊＊＊.＊＊立方米，填方量＝＊＊＊.＊＊立方米

（6）单击对话框的"确定"按钮，命令行提示：

> 请在制定表格左下角位置：按 Enter 键不绘制表格
>
> 在图上空白区域单击，在图上绘出计算结果表格。

3. 绘制断面图

CASS 系统里绘制断面图的方法有根据坐标文件、根据里程文件、根据等高线和根据三角网 4 种。

（1）根据坐标文件。坐标文件指野外观测得到的包含高程点的文件。根据坐标文件绘制断面图的方法如下。

1）用复合线生成断面线，执行"工程应用"→"绘断面图"→"根据已知坐标"命令。

2）选择断面线：用鼠标指针点取第（1）步所绘断面线，弹出"断面线上取值"对话框，如图 6-17 所示。如果选中"由数据文件生成"单选按钮，则在"坐标数据文件名"栏中选择高程点数据文件；如果选中"由图面高程点生成"单选按钮，此步则为在图上选取高程点，前提是图面存在高程点，否则此方法无法生成断面图。

3）输入采样点的间距，系统默认值为 20 m。采样点间距的含义是复合线上两顶点之间若大于此间距，则每隔此间距内插一个点。

4）输入起始里程，系统默认起始里程为 0。

5）单击"确定"按钮，弹出"绘制纵断面图"对话框，如图 6-18 所示。

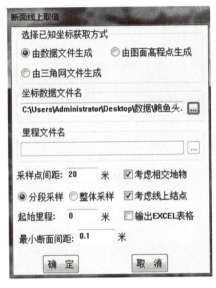

图 6-17 "断面线上取值"对话框

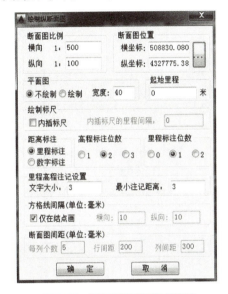

图 6-18 "绘制断面图"对话框

输入相关参数，如：

横向比例为 1：＜500＞：输入横向比例，系统的默认值为 1：500。

纵向比例为 1：＜100＞：输入纵向比例，系统的默认值为 1：100。

断面图位置：可以手工输入，也可在图面上拾取。

可以选择是否绘制平面图、标尺、标注，还可设置注记。

6）单击"确定"按钮，出现所选断面线的纵断面图。

（2）根据里程文件。执行"工程应用"→"绘断面图"→"根据里程文件"→"选择里程文件"命令。在弹出的对话框中设置横断面图的参数，选择横断面图摆放的位置。

（3）根据等高线。如果图面存在等高线，则可以根据断面线与等高线的交点来绘制纵断面图。执行"工程应用"→"绘断面图"→"根据等高线"命令，命令行提示：

请选取断面线：选择要绘制断面图的断面线。

弹出"绘制纵断面图"对话框。

（4）根据三角网。如果图面存在三角网，则可以根据断面线与三角网的交点来绘制纵断面图。执行"工程应用"→"绘断面图"→"根据三角网"命令，命令行提示：

请选取断面线：选择要绘制断面图的断面线。

弹出"绘制纵断面图"对话框。

【知识思维导图】

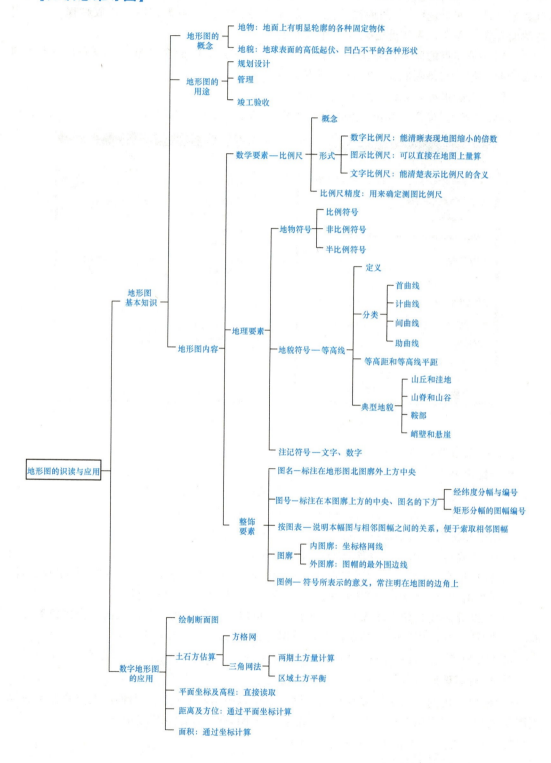

地形图的识读与应用

地形图基本知识
- 地形图的概念
  - 地物：地面上有明显轮廓的各种固定物体
  - 地貌：地球表面的高低起伏、凹凸不平的各种形状
- 地形图的用途
  - 规划设计
  - 管理
  - 竣工验收
- 地形图内容
  - 数学要素—比例尺
    - 概念
    - 形式
      - 数字比例尺：能清晰表现地图缩小的倍数
      - 图示比例尺：可以直接在地图上量算
      - 文字比例尺：能清楚表示比例尺的含义
    - 比例尺精度：用来确定测图比例尺
  - 地理要素
    - 地物符号
      - 比例符号
      - 非比例符号
      - 半比例符号
    - 地貌符号—等高线
      - 定义
      - 分类
        - 首曲线
        - 计曲线
        - 间曲线
        - 助曲线
      - 等高距和等高线平距
      - 典型地貌
        - 山丘和洼地
        - 山脊和山谷
        - 鞍部
        - 峭壁和悬崖
    - 注记符号—文字、数字
  - 整饰要素
    - 图名—标注在地形图北图廓外上方中央
    - 图号—标注在本图廓上方的中央、图名的下方
      - 经纬度分幅与编号
      - 矩形分幅的图幅编号
    - 接图表—说明本幅图与相邻图幅之间的关系，便于索取相邻图幅
    - 图廓
      - 内图廓：坐标格网线
      - 外图廓：图帽的最外围边线
    - 图例—符号所表示的意义，常注明在地图的边角上

数字地形图的应用
- 绘制断面图
- 土石方估算
  - 方格网
  - 三角网法
    - 两期土方量计算
    - 区域土方平衡
- 平面坐标及高程：直接读取
- 距离及方位：通过平面坐标计算
- 面积：通过坐标计算

知识要点	能力要求	所占分值(100分)	自评分数
大比例尺地形图的基本知识	(1)熟悉图名、图号、结合图	10	
	(2)掌握比例尺与比例尺精度等基本概念	10	
	(3)掌握地形图的分幅与编号	10	
	(4)掌握地物、地貌符号	20	
大比例尺地形图的应用	(1)熟悉地形图识读	10	
	(2)掌握利用地形图确定点的坐标、高程,确定直线的距离、方位角、坡度,面积量算	10	
	(3)掌握利用地形图绘制纵断面图	10	
	(4)掌握利用地形图进行土石方估算	20	
总分		100	

【素养提升】

1. 自然环境保护意识

通过地形图的识读,可以了解到山脉、河流、湖泊等自然地貌的分布情况,进一步分析并讨论自然地貌对生态系统的影响,以及如何保护和可持续利用这些自然资源。

2. 地理区位意识

地形图可以显示城市、道路、铁路等人工建筑物和交通网络的分布。根据地形图掌握城市规划和交通布局的基本原则,进而思考城市化进程中的问题和挑战,如城市拥堵、土地利用等,以及如何合理规划和管理城市发展,提高居民生活质量。

3. 资源利用与可持续发展

地形图还可以显示矿产资源、水资源等的分布情况。通过识读地形图,了解不同地区的资源禀赋,进而思考资源利用的公平性和可持续发展的问题。教师可以引导学生思考如何平衡经济发展和环境保护,推动绿色发展理念的落实。

4. 灾害防治与社会责任

地形图可以显示地震、洪水等自然灾害易发区域。通过识读地形图,学生可以了解到不同地区的灾害风险,并思考如何进行灾害预防、减轻灾害损失,提高公民的安全意识和社会责任感。

5. 国家安全与国防意识

通过识读地形图,可以了解到国家安全的重要性,以及地理因素对国防的影响。教师可以引导学生思考国家安全与发展的关系,提高他们的国家意识和责任感。

一、判断题

(1) 山脊线和山谷线与该处的等高线的切线垂直相交。 （　　）

(2) 地形图梯形分幅是按经纬线划分的。 （　　）

(3) 地形图中，山脊线为一组凹向高处的等高线。 （　　）

(4) 一幅地形图上，等高距是指相邻两条等高线间的高差。 （　　）

(5) 地物是指地表高低起伏的形态，它包括山地、丘陵与平原等。 （　　）

(6) 在利用地形图绘制已知方向的纵断面图时，一般以横轴表示水平距离，以纵轴表示高程。 （　　）

(7) 在地形图中可以确定图上两点连线的坡度。 （　　）

(8) 在地形图中确定某直线的坐标方位角，可以用图解法和解析法。 （　　）

(9) 在地形图中确定某两点的实地水平距离，只能用直尺直接从地形图上量取，再根据比例尺换算。 （　　）

(10) 在地形图中可以确定图上任意点的平面直角坐标和高程。 （　　）

二、单项选择题

(1) 某一组等高线，其相邻计曲线之间的高差为 10 m，则该组等高线的等高距为（　　）m。

A. 1　　　　　　　　B. 2　　　　　　　　C. 5　　　　　　　　D. 10

(2) 若地形点在图上的最大距离不能超过 3 cm，对于比例尺为 1∶500 的地形图，相应地形点在实地的最大距离应为（　　）m。

A. 15　　　　　　　B. 20　　　　　　　C. 30　　　　　　　D. 10

(3) 在地形图上，长度和宽度都不依比例尺表示的地物符号是（　　）。

A. 非比例符号　　　　　　　　　　B. 半比例符号

C. 比例符号　　　　　　　　　　　D. 地物注记

(4) 接图表的作用是（　　）。

A. 表示本图的边界线或范围　　　　B. 表示本图的图名

C. 表示本图幅与相邻图幅的位置关系　　D. 表示相邻图幅的经纬度

(5) 地形图的比例尺用分子为 1 的分数形式表示时，（　　）。

A. 分母大，比例尺大，表示地形详细

B. 分母小，比例尺小，表示地形概略

C. 分母大，比例尺小，表示地形详细

D. 分母小，比例尺大，表示地形详细

(6) 在 1∶1 000 的地形图上，量得 AB 两点间的高差为 0.586 m，平距为 5.86 cm；则 A、B 两点连线的坡度为（　　）%。

A. 4　　　　　　　　B. 2　　　　　　　　C. 1　　　　　　　　D. 3

(7) 下列不属于地形图基本应用的内容是（　　）。

A. 确定某点的坐标　　　　　　　　B. 确定某点的高程

C. 确定某直线的坐标方位角　　　　　　　　　D. 确定土地的权属

(8)道路纵断面图的高程比例尺通常比水平距离比例尺(　　　)。

A. 小 1 倍　　　　　　　B. 小 10 倍　　　　　　　C. 大 1 倍　　　　　　　D. 大 10 倍

(9)在 1∶2 000 地形图上，等高距为 2 m，坡度为 45°时，两条相邻等高线在图上的距离是(　　　)。

A. 1 mm　　　　　　　B. 2 mm　　　　　　　C. 1 cm　　　　　　　D. 2 cm

(10)(　　　)注记不是地形图注记。

A. 说明　　　　　　　B. 名称　　　　　　　C. 比例尺　　　　　　　D. 数字

三、简答题

(1)试计算实地面积为 2 km² 的地形图，需要 1∶500、1∶2 000 比例尺正方形图幅各多少幅？

(2)等高线的特性是什么？

(3)什么是比例尺精度？它在实际测量工作中有何意义？

(4)地形分成哪两大类？什么是比例符号、非比例符号和注记符号，在什么情况下应用？

(5)什么是首曲线、计曲线、间曲线和助曲线？

四、计算题

(1)从图上量得点 M 的坐标 $X_M=14.22$ m，$Y_M=86.71$ m；点 A 的坐标 $X_A=42.34$ m，$Y_A=85.00$ m。试计算 M、A 两点的水平距离和坐标方位角。

(2)根据图 6-19，试画出沿 AB 方向作纵断面图。

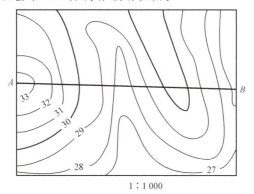

1∶1 000

图 6-19　地形图

项目7 测设的基本工作

知识目标	能力目标	素养目标
1. 掌握测设的概念； 2. 掌握已知水平距离的测设方法； 3. 掌握已知高程的测设方法； 4. 掌握已知角度的测设方法； 5. 掌握已知坡度的测设方法； 6. 掌握直角坐标法平面测设方法； 7. 掌握角度交会法平面测设方法； 8. 掌握距离交会法平面测设方法； 9. 掌握全站仪极坐标放样元素计算方法； 10. 掌握全站仪极坐标法平面测设步骤； 11. 掌握RTK平面测设步骤	1. 能够完成已知水平距离、已知高程、已知角度、已知坡度的测设； 2. 能够使用直角坐标法完成平面测设工作； 3. 能够使用角度交会法完成平面测设工作； 4. 能够使用距离交会法完成平面测设工作； 5. 能够使用全站仪极坐标法完成平面测设工作； 6. 能够使用RTK完成平面测设工作	1. 培养学生遵守国家标准和规范的意识，树立质量第一的理念，提高工程测量的责任感和使命感； 2. 培养学生的创新精神和实践能力，能够在测量工作中发现问题、解决问题，提高工作效率和质量； 3. 能够严格按照测量规程进行操作，确保测量结果的准确性； 4. 具备良好的团队协作能力和沟通能力，能够与他人有效合作，共同完成测量任务

▶▶ 相关规范

1.《工程测量标准》(GB 50026—2020)；

2.《工程测量通用规范》(GB 55018—2021)。

▶▶ 学习重难点

1. 已知水平距离、水平角度和高程测设方法。

2. 高程传递的测设方法。

3. 全站仪极坐标放样方法。

4. 全站仪极坐标放样元素计算。

5. RTK测设步骤。

★ 岗课赛证

1. 全国职业院校技能大赛地理空间信息采集与处理赛项规程

施工放样：根据大赛提供的待定点坐标和电子设计图获取放样点位坐标，计算放样元素，利用全站仪放样待定点，并对测设成果现场检核测量。

2. "1+X"测绘地理信息数据获取与处理职业技能等级标准

初级：

(1)全站仪的基本应用：能使用全站仪建站；能使用全站仪进行距离测设及点位三维坐标的测设。

(2)水准仪的基本应用：能熟记抄平的概念，可以进行场地抄平作业；能进行已知高程的测设。

(3)GNSS接收机的认识及使用：能应用已知CORS网，用指定GNSS(RTK)将已知坐标点在实地标定。

3. 国家职业技能标准——工程测量员(2019年版)

中级：

(1)能进行各类平面点位的放样。

(2)能进行不同高程位置的放样。

(3)能进行平面点位放样和高程位置放样的数据整理。

(4)能进行平面位置放样(主要是极坐标法放样)数据和高程放样数据计算。

7.1　测设概述

测设的任务是将图纸上设计的建筑物(构筑物)，按设计和施工的要求以一定的精度标定到地面上，作为施工的依据。在整个施工过程中，测设既是施工的先导，又贯穿其始终。从场地平整、建筑物平面位置和高程测设、基础施工到建筑物构件安装及机器设备安装等，都要进行一系列的测设工作，以确保建筑物符合设计要求。

测设也必须遵循"从整体到局部"的测量工作组织原则。在建筑场地逐级建立平面和高程控制网，再根据控制网测设建筑物的轴线，由所定出的轴线测设建筑物的基础、墙、柱、梁、屋面等细部。

点位测设具有以下特点：

(1)点位测设与测绘地形图的目的不同。测绘地形图是将地面上的地物、地貌及其他信息测绘到图纸上的过程，而点位测设(或称放样)是将设计图纸上的建筑物(构筑物)标定到地面上的过程，其程序是相反的，也是可逆的。

(2)点位测设是直接为工程施工服务的，它必须与施工组织计划相协调。测量人员应与设计、施工部门密切联系，了解设计内容、性质及对测量的精度要求，随时掌握工程进度及现场的变动，使测设精度与速度满足施工的需要。

(3)点位测设的精度主要体现在相邻点位的相对位置上。对于不同的建筑物或同一建筑物中的各个不同的部分，这些精度的要求并不一致，所以测设的精度主要取决于建筑大小、性质、用途、建筑材料、施工方法等因素。例如，高层建筑测设精度高于低层建筑；连续性自动设备厂房测设精度高于独立厂房；钢结构建筑测设精度高于钢筋混凝土结构、砖石结构；装配式建筑测设精度高于非装配式建筑。放样精度不够，将造成质量事故；精度要求过高，则增加放样工作的困难，降低工作效率。因此，应该选择合理的施工测量精度。

(4)施工现场各工序交叉作业，运输频繁，地面情况变动大，受各种施工机械振动影响，因此测量标志从形式、选点到埋设均应考虑便于使用、保管和检查，如标志在施工中被破坏，应及时恢复。

(5)现代建筑工程规模大，施工进度快，精度要求高，所以，点位测设前应做一系列准备工作，认真核算图纸上的尺寸、数据；检校好仪器、工具；编制详尽的施工测量计划和测设数据表。在放样过程中，应采用不同方法加强外业、内业的校核工作，以确保施工测量质量。

7.2　测设的基本工作

点位放样是按设计的要求将建（构）筑物各轴线的交点、中线等点位标定在相应的地面上。这些点位是根据控制点或已有建筑物的特征点与放样点之间的角度、距离和高差等几何关系，应用仪器和工具标定出来的。因此，放样已知水平距离、放样已知水平角、放样已知高程是施工测量中点位放样的基本工作。

7.2.1　已知水平距离测设

已知水平距离的测设，就是根据地面上给定的直线起点，沿给定的方向，定出直线上另外一点，使两点间的水平距离为给定的已知值。

1. 钢尺测设

根据放样的精度要求不同，钢尺测设可分为一般方法和精确方法。

(1)一般方法。如图 7-1 所示，在地面上由已知点 A 开始，沿给定的 AC 方向，用钢尺量出已知水平距离 s 定出 B' 点。为了校核与提高放样精度，在起点处改变读数(10～20 cm)，按同法量已知距离定出 B'' 点。由于量距有误差，两点一般不重合，其误差 ΔS 的相对误差在允许范围内时，则取 $B'B''$ 的中点 B，A 即所放样的水平距离 S。

图 7-1　放样已知水平距离

视频：已知距离测设

(2)精确方法。当放样精度要求较高时，在地面放出的距离 $D_{放}$ 应是给定的水平距离 $D_{设}$ 加上尺长改正 ΔD、温度改正 ΔD_T、高差改正 ΔD_h。为了检核，同样需要重复放样一次，若两次放样之差在允许范围内，则取平均位置作为终点的最后位置。

2. 全站仪测设

用全站仪放样已知水平距离如图 7-2 所示，全站仪安置于 A 点，反光棱镜沿已知方向 AC 移动，在距离测量模式下，按"放样"键。选择待放样的距离测量模式(斜距/平距/高差)，输入待放样的数据后，按"确定"按钮或按"Enter"键，开始放样。该功能可显示测量的距离与预置距离之差。即显示值＝观测值－标准(预置)距离。调整棱镜位置，仪器显示

dHd 为 0，定出 B 点。为了检核，将反光镜安置 B 点，测量 AB 的水平距离。

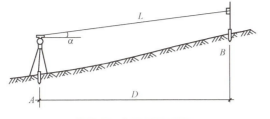

视频：已知角度测设

图 7-2　全站仪法放样

7.2.2　已知水平角测设

放样已知水平角就是根据一已知方向放样出另一方向，使它与已知方向的夹角等于给定的角度。

1. 一般方法

当放样水平角精度要求不高时，可采用此法，即用盘左、盘右取平均值的方法。如图 7-3 所示，设 AB 为地面上已知方向，欲放样水平角 β，在 A 点安置全站仪，以盘左位置瞄准 B 点，配置水平度盘读数为 $0°0'0''$。转动照准部使水平度盘读数恰好为 β 值，在视线方向定出 C' 点。然后用盘右位置，重复上述步骤定出 C''，取 C' 和 C'' 中点 C，则 $\angle BAC$ 即 β 角。

2. 精确方法

当放样精度要求较高时，可用精确方法。如图 7-4 所示，安置全站仪于 A 点，先按一般方法放样已知水平角 β，定出 C' 点，然后较精确地测量 $\angle BAC'$ 的角值，一般采用多个测回取平均值的方法，设平均角值为 $\beta_平$，测量出 AC' 的距离。按式（7-1）计算 C_1 点与 AC_1 垂线的改正值 $CC_1(\delta)$。

$$\delta CC_1 = AC_1 \tan(\beta - \beta_平) = AC_1 \tag{7-1}$$

从 C_1 点沿 AC_1 的垂直方向往外或往内调整 δ。若 $\beta > \beta_平$ 时往外调整 δ 至 C 点；$\beta < \beta_平$ 时，则按反向调整，调整后 $\angle BAC$ 即欲测设的水平角 β。

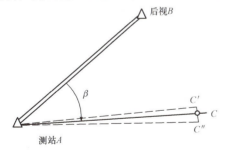

图 7-3　一般方法放样已知水平角

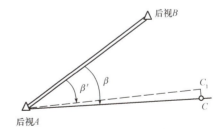

图 7-4　精确方法放样已知水平角

7.2.3　已知高程测设

1. 视线高程法

已知高程测设就是根据已知点的高程，通过引测，把设计高程标定在固定的位置上。

如图 7-5 所示，在已知高程点 A（高程为 H_A）与需要标定已知高程的待定点 B 之间安置水准仪，精平后读取 A 点标尺的后视读数为 a，则仪器的视线高程为 $H_视 = H_A + a$。由图可知，放样已知高程为 $H_设$ 的 B 点前视应读数为

$$b = H_视 - H_设 \qquad (7\text{-}2)$$

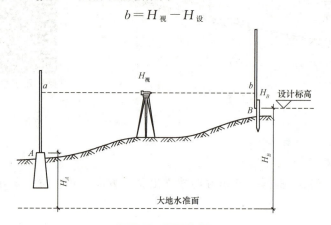

图 7-5　高程放样

将水准尺紧靠 B 点木桩的侧面上下移动，直到尺上读数为 b 时，沿尺底画一横线，此线即放样设计高程的 $H_设$ 位置。

2. 高程传递法

当开挖较深的基槽，将高程引测到建筑物的上部或安装起重机轨道时，由于测设点与水准点的高差很大，只用水准尺无法测定点位的高程，应采用高程传递法。如图 7-6 所示，用钢尺和水准仪将地面水准点的高程传递到低处或高处上所设置的临时水准点，然后根据临时水准点测设所需的各点高程。

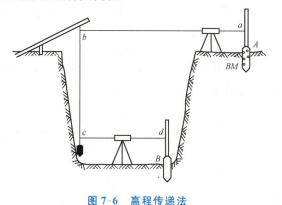

图 7-6　高程传递法

视频：高程测设

图 7-6 所示为深基坑的高程传递。将钢尺悬挂，下端悬挂 10 kg 重锤，在地面上和坑内各安置一台水准仪，分别读取地面水准点 A 和坑内水准点 B 的水准尺读数 a 和 d，并读取钢尺读数 b 和 c，则可根据已知地面水准点 A 的高程 H_A，按下式求得临时水准点 B 的高程 H_B：

$$H_B = H_A + a - (b - c) - d \qquad (7\text{-}3)$$

为了进行检核，可将钢尺位置变动 10～20 cm，同法再次读取这四个数，两次求得的高程相差不得大于 3 mm。

当需要将高程由低处传递至高处时，可采用同样方法进行，由下式计算：

$$H_A = H_B + d + (b - c) - a \qquad (7\text{-}4)$$

7.2.4 已知坡度测设

已知坡度直线的测设就是在地面上定出的直线，其坡度等于已给定的坡度。

如图 7-7(a)所示，设地面上 A 点的高程为 H_A，A、B 的水平距离为 D，从 A 点沿 AB 方向放样一条坡度为 i 的直线。首先根据 H_A，已知坡度 i 和距离 D 计算 B 点的高程。

$$H_B = H_A + i \times D \tag{7-5}$$

计算 B 点高程时，注意坡度 i 的正、负。按放样已知高程的方法，把 B 点的高程放样到木桩上，则 AB 连线为已知坡度线 i，如图 7-7(b) 所示。若在 AB 间加密 1、2 点，使其坡度为 i，当坡度不大时，可在 A 点上安置水准仪，使一个脚螺旋在 AB 方向线上，另两个脚螺旋的连线大致与 AB 线垂直。量取仪器高 i，用望远镜照准 B 点的水准尺，旋转在 AB 方向上的脚螺旋，使 B 点桩上水准尺上的读数等于 i。此时，仪器的视线即为已知坡度线，如图 7-7(c)所示。在 AB 中间各点打上木桩，并在桩上立尺使读数皆为 i，这样的各桩桩顶的连线就是放样的坡度线。当坡度较大时，可用全站仪定出各点。

视频：坡度测设

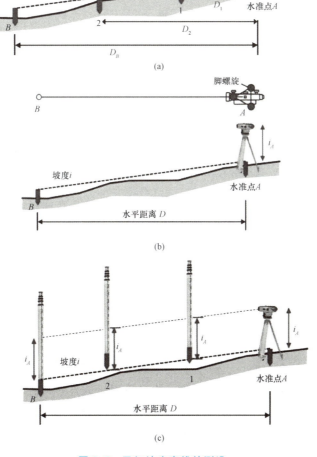

图 7-7 已知坡度直线的测设

7.3　点的平面位置测设

点的平面位置放样是根据已布设好的控制点与放样点间的角度（方向）、距离或相应的坐标关系而定出点的位置。放样方法可根据所用的仪器设备、控制点的分布情况，放样场地地形条件及放样点精度要求等从以下几种方法中选择使用。

7.3.1　直角坐标法

直角坐标法是建立在直角坐标原理基础上确定点位的一种方法。当建筑场地已建立有相互垂直的主轴线或矩形方格网时，一般采用此法。

如图 7-8 所示，OA、OB 为互相垂直的方格网主轴线或建筑基线，a、b、c、d 为放样建筑物轴线的交点，ab、ad 轴线分别平行于 OA、OB。根据 a、c 的设计坐标$(x_a，a)$，$(x_c，y_c)$即可以 OA、OB 轴线放样出 a、b、c、d 各点。下面以放样 a、b 点为例，说明测设方法。

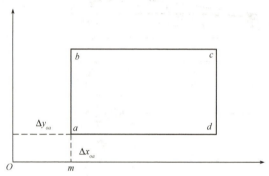

视频：平面位置测设方法

图 7-8　直角坐标放样点的平面位置

设 O 点已知坐标为$(x_o，y_o)$，从而求得 $\Delta x_{oa} = x_a - x_o$，$\Delta y_{oa} = y_a - y_o$。全站仪安置在 O 点，照准 B 点，沿此视线方向从 O 沿 OB 方向放样 Δy_{oa} 定出 m 点。安置全站仪于 m 点，盘左照准 O 点，按顺时针方向放样 $90°$，沿此视线方向放样出 Δx_{oa} 定 a'，同法以盘右位置定出 a'' 点，取 $a'a''$中点即为所求 a 点。全站仪照准 a 点，沿此视线方向放样出 ab 距离定 b 点即为所求，同此法放样 d 点、c 点。

7.3.2　角度交会法

角度交会法是在两个控制点上分别安置全站仪，根据相应的已知方向放样出相应的角值，从三个方向交会定出点位的一种方法。此法适用于放样点离控制点较远或量距有困难的情况。如图 7-9 所示，根据控制点 A、B 和放样点 P 的坐标计算放样数据 α_{AB}、α_{AP}、α_{BP} 及 β_1、β_2、β 的角值。将全站仪安置在 A 点，按方位角 α_{AP} 或 β_1 角值定出 AP 方向线，在 AP 方向线上的 P 点附近打上两个木桩（俗称骑马桩），桩上钉小钉以表示此方向，并用细线拉紧。然后，全站仪安置在 B 点，同法定出 BP 方向线。两条细线若交于一点，即所求

P 点。注意交会角 $30°<\beta<150°$。

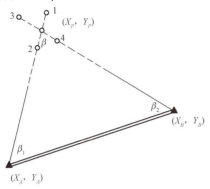

图 7-9　角度交会法放样点的平面位置

视频：全站仪极坐标放样

7.3.3　距离交会法

距离交会法是从两个控制点起至放样点的两段距离相交定点的一种方法。当建筑场地平坦、便于量距且放样距离不超过钢尺一整尺长时，适用此法。

如图 7-10 所示，设 A、B 为控制点，P 为放样点。首先根据控制点和放样点坐标直接计算放样数据 D_{AP}、D_{BP}。然后用钢尺从 A、B 点分别放样 D_1、D_2 值，两距离交点即所求 P 点的位置。

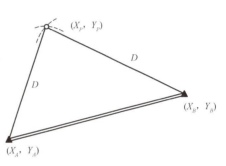

图 7-10　距离交会法放样点的平面位置

7.3.4　极坐标法

1. 全站仪极坐标放样原理

极坐标法是根据水平角和距离放样点位的平面位置的一种方法。如图 7-11 所示，A、B 为已知控制点，设其坐标为（X_A、Y_A），（X_B、Y_B）。P 为放样点，其坐标为（X_P、Y_P）。根据已知点坐标和放样点坐标按坐标反算的方法求出放样角和放样边长。图 7-11 所示为极坐标法放样点的平面位置。

$$\alpha_{AB}=\tan^{-1}\frac{Y_B-Y_A}{X_B-X_A} \qquad (7\text{-}6)$$

$$\alpha_{AP}=\tan^{-1}\frac{Y_P-Y_A}{X_P-X_A} \qquad (7\text{-}7)$$

图 7-11　全站仪极坐标放样原理

$$\beta=\alpha_{AP}-\alpha_{AB} \qquad (7\text{-}8)$$

$$D_{AP}=\sqrt{(X_P-X_A)^2+(Y_P-Y_A)^2} \qquad (7\text{-}9)$$

仪器安置在测站点上，使仪器置于放样模式，然后输入测站点、后视点和放样点的坐标，一人持反光棱镜立在放样点附近，使全站仪角度差为零，指挥棱镜立于全站仪照准方向上，用望远镜照准棱镜，按坐标放样功能键，全站仪显示出棱镜位置与放样点的距离差。根据距离差值移动棱镜位置，直到距离差值等于零时为止。此时，棱镜位置即放样点的点位。

如图 7-12 所示，已知 A、B、C 三点坐标为 (X_A, Y_A)、(X_B, Y_B)、(X_c, Y_c)，其中 A、B 两点在地面上的位置已确定，要求在实地确定 C 点的地面位置。

设 A 点为测站点，B 点为后视点，C 点为放样点。安置全站仪于 A 点，后视 B 点。输入测站点坐标和后视点坐标，输入仪器高和目标高，如果只放样平面位置也可以不输入仪器高和目标高，照准后视进行定向。在全站仪里输入放样点 C 的坐标后，仪器自动计算并显示放样的角度 $\angle BAC$ 和放样的距离 D_{AC}，高差 h_{AC}。

通过提前约定放样手势指挥棱镜的移动方向和移动距离，提高放样效率，如手指方向代表移动方向，手指数

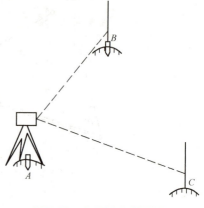

图 7-12　全站仪坐标放样

量代表距离移动程度。指挥棱镜移动至全站仪视线方向，用望远镜照准棱镜杆底部，调平棱镜杆。照准棱镜，按坐标测设功能键，全站仪显示出棱镜位置与测设点的距离差，通过钢尺修正棱镜杆距离，重复以上过程直到距离差值等于零。此时，棱镜位置即测设点的点位。为了检核错误，每个测设点位置确定后，可以再用坐标测量功能测定其坐标作为校核。

2. 技能大赛施工放样试题

已知测站点、定向点和检查点的坐标（表 7-1）。

表 7-1　控制点坐标

序号	点名	X 坐标/m	Y 坐标/m	备注
1	F_1			测站
2	F_0			后视
3	F_2			定向

（1）要求在实地测设三个点（表 7-2）。

表 7-2　设计点坐标

序号	点名	X 坐标/m	Y 坐标/m
1	A_1		
2	B_1		
3	C_1		

测量测设出的三个点的坐标。

（2）上交成果：测站到测设点的边长、方位角和三个测设点的检测坐标。

7.3.5　RTK 放样

RTK 放样是一种利用 RTK（实时动态载波相位差分技术）进行工程施工放样的方法，它具有高精度、快速、灵活、方便等优点，广泛应用于测绘、道路、桥梁、市政、水利等领域。

RTK 放样的基本流程包括以下几个步骤：

(1)架设基准站和移动站。将基准站和移动站的接收机、电台、天线、蓄电池等设备安装好，并连接好数据线和电源线，保证信号的正常发射和接收。

(2)新建工程和求转换参数。在手簿上新建一个工程，选择合适的目标椭球和投影参数，然后通过采集两个或以上的已知控制点的坐标，求出转换参数，将 RTK 坐标系转换为工程坐标系。

(3)导入点放样数据。将放样点的坐标数据按照一定的格式导入手簿，可以通过文件导入或手动输入的方式，一般采用 csv 或 txt 格式的文件。

(4)放样操作。在手簿上选择要放样的点或线，进入放样界面，根据偏距里程的指示，移动 RTK 设备到目标位置。当偏距为 0 时，即表示设备在目标点上，标记或保存该点的位置。

【知识思维导图】

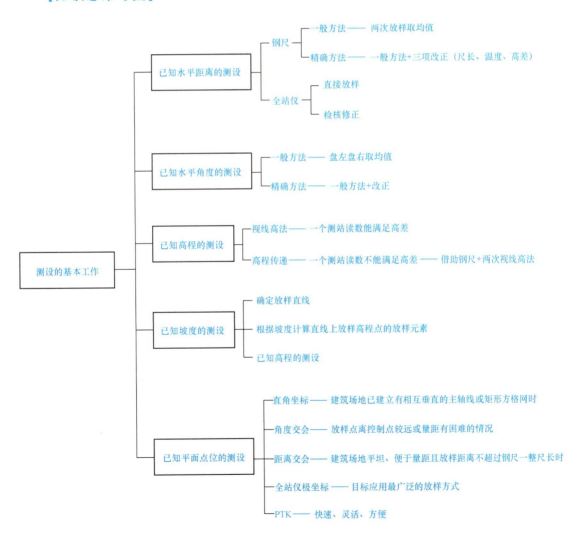

知识要点	能力要求	所占分值(100 分)	自评分数
测设概述	了解测设的基本知识	5	
测设的基本工作	(1)已知水平距离测设	5	
	(2)已知水平角测设	5	
	(3)已知高程测设	20	
	(4)已知坡度测设	10	
点的平面位置测设	(1)直角坐标法	5	
	(2)角度交会法	5	
	(3)距离交会法	5	
	(4)全站仪极坐标法	20	
	(5)RTK 放样	20	
总分		100	

【素养提升】

1. 从工程放样的历史发展和现代技术进步，挖掘工程放样的爱国精神、创新精神和奋斗精神

我国古代的工程放样大师，如李春、李冰等，他们在水利、城市、宫殿等工程中，运用自己的智慧和技艺，为国家和人民造福，体现了爱国主义和奉献精神

现代的工程放样技术，如三维激光扫描、无人机测绘、BIM 模型等，它们为工程放样提供了更高效、更精准、更智能的手段，体现了创新精神和奋斗精神。

2. 从工程放样的实际操作和工程质量管理，挖掘工程放样的规范意识、责任意识和协作意识

工程放样的准确性、合理性和安全性，直接关系到工程的质量、效益和安全，因此，工程放样人员要严格遵守国家标准和行业规范，要认真负责，不断提高自身的专业水平和技能，要与其他工程人员密切配合，形成良好的团队合作，为工程建设贡献力量。

3. 从工程放样的社会效益和人文关怀，挖掘工程放样的社会责任感、环保意识和人文情怀

工程放样不仅是一种技术活动，也是一种社会活动，它要考虑工程的功能、美观、文化、历史、民俗等多方面的因素，要尊重和保护自然环境和人文环境，要满足人们的物质和精神需求，要体现人与自然、人与社会、人与人的和谐共生。

课后习题

一、判断题

(1) 测设建筑物也必须遵循"从整体到局部，先控制后碎部"的测量原则。 （　　）

(2) 施工坐标系必须在场地建立方格网。 （　　）

(3) 施工测量的主要工作是测设建筑物的平面位置。 （　　）

(4) 工程定位的目的是按照设计和施工的要求，将设计的建筑物位置、形状、大小及高程在地面上标定出来，以便于进行施工。 （　　）

(5) 所谓施工放样，就是依据设计资料，将设计图上所有构筑物的形态及轴线准确地测设于实地上。 （　　）

二、单项选择题

(1) 施工测量必须遵守的原则是（　　）。

A. 先碎部后控制

B. 先控制后碎部

C. 从基线到方格网

D. 从高程到平面

(2) 下列关于施工测量基本思想的说法正确的是（　　）。

A. 明确定位元素，处理定位元素，测定点位标志

B. 检查定位元素，对定位元素进行处理，把拟订点位测定到实地

C. 注意环境结合实际，技术措施灵活可靠

D. 以上说法都不对

(3) 施工放样的基本工作包括测设（　　）。

A. 水平角、水平距离与高程

B. 水平角与水平距离

C. 水平角与高程

D. 水平距离与高程

(4) 测设的基本工作是测设已知的（　　）、水平角和高程。

A. 空间距离

B. 水平距离

C. 空间坐标

D. 平面坐标

(5) 测设已知的水平角，可采用正倒镜分中法和（　　）。

A. 盘左盘右分中法

B. 角度距离分中法

C. 归化法

D. 改正法

(6) 在高程测设中，已知 A 点高程为 14.000 m，测得后视点 A 读数为 2.713 m，想测设 B 点的高程为 13.000 m，应在前视点 B 点读数为（　　）。

A. 13.688

B. 4.713

C. 2.713

D. 3.713

(7) 测设点平面位置的方法，主要有直角坐标法、极坐标法、（　　）和距离交会法。

A. 横坐标法

B. 纵坐标法

C. 左右交会法

D. 角度交会法

(8) （　　）最适用于定位靠近矩形控制网便于量距的建筑物。

A. 直角坐标法

B. 角度交会法

C. 极坐标法

D. 距离交会法

(9)用极坐标法测设点位时，要计算的放样数据为（　　）。

A. 距离和高程   B. 距离和角度

C. 角度   D. 高程

(10)施工现场建筑物与控制点距离较远，不便量距时，采用（　　）定位较好。

A. 直角坐标法   B. 角度交会法

C. 极坐标法   D. 距离交会法

三、简答题

(1)简述点位测设的特点。

(2)如何用水准仪测设已知坡度的坡度线？

(3)测设点的平面位置有哪些方法？各适用于什么场合？

(4)测设已知水平距离、水平角及高程是如何进行的？

(5)简述全站仪坐标放样的基本程序。

四、计算题

要在 AB 方向测设一条坡度 $i=-3\%$ 的坡度线，已知 A 点的高程为 72.428 m，AB 的水平距离为 100 m，则 B 点的高程应为多少？

项目8 建筑施工测量

教学目标

知识目标	能力目标	素养目标
1. 掌握施工测量应遵循的程序和原则； 2. 了解施工控制网、施工坐标系统； 3. 了解坐标系统的换算方法； 4. 掌握建筑基线的布设形式、测设方法； 5. 了解建筑方格网设计的原则； 6. 掌握施工场地高程控制的方法； 7. 掌握建筑物定位、放线的方法； 8. 掌握基础标高控制的方法； 9. 掌握基槽、基坑抄平的方法和垫层上轴线测设的方法； 10. 熟悉高层建筑施工测量的特点； 11. 掌握高层建筑轴线投测、高程传递的方法； 12. 了解矩形控制网的形式； 13. 了解厂房柱列轴线的测设方法； 14. 掌握钢筋混凝土柱基的定位、放线； 15. 掌握基础控制桩的测设及杯口投线抄平； 16. 掌握柱子的安装测量； 17. 掌握管道中线测量方法； 18. 掌握管道断面测量方法	1. 能够相互转换测量坐标系和施工坐标系； 2. 能够根据场地情况正确选择建筑施工控制网； 3. 能够布设和测设建筑基线、建筑方格网； 4. 能够完成施工场地的高程控制测量； 5. 能够完成建筑物的定位测量和放线测量； 6. 能够完成基础施工测量； 7. 能够完成内控法轴线投测及吊钢尺法高程传递的施测； 8. 能够完成方格网法施工控制测量； 9. 能够使用直角坐标法进行施工放样； 10. 能够完成基础控制桩的测设及抄平； 11. 能够完成混凝土柱子基础、柱身、平台施工测量、柱子的安装测量、吊车梁安装测量及吊车轨、屋架安装测量； 12. 能够进行管道中线测量和断面测量	1. 树立正确的职业道德观，确保测量工作公正、公开、透明，保障工程质量和安全； 2. 增强社会责任感，确保民用建筑的施工质量，关注环境保护和可持续发展； 3. 具备严谨的工作态度和高度的责任心，确保测量数据的准确性和可靠性； 4. 具备较强的现场问题分析和解决能力；具备良好的团队合作精神和项目管理能力，能够在项目的各个阶段与其他专业人员有效沟通协作； 5. 拥有持续学习和自我提升的意识，能够跟上民用建筑施工领域的技术进步和规范变化

相关规范

1.《工程测量标准》(GB 50026—2020)；

2.《工程测量通用规范》(GB 55018—2021)。

1. 建筑基线、建筑方格网的设计原则、布设形式和测设方法；
2. 建筑物定位、放线和标高控制、高层建筑轴线投测和高程传递；
3. 厂房矩形控制网的测设、厂房基础施工测量、厂房构件安装测量；
4. 管道中线测量；
5. 掌握管道断面测量。

岗课赛证

1. 全国职业院校技能大赛地理空间信息采集与处理赛项规程

施工放样：根据大赛提供的待定点坐标和电子设计图获取放样点位坐标，计算放样元素，利用全站仪放样待定点，并对测设成果现场检核测量。

2. "1＋X"测绘地理信息数据获取与处理职业技能等级标准

初级：

(1)全站仪的基本应用：能使用全站仪建站；能使用全站仪进行距离测设及点位三维坐标的测设。

(2)水准仪的基本应用：能熟记抄平的概念，可以进行场地抄平作业；能进行已知高程的测设。

3. 国家职业技能标准——工程测量员(2019年版)

中级：

(1)能进行各类平面点位的放样。

(2)能进行不同高程位置的放样。

(3)能进行平面点位放样和高程位置放样的数据整理。

(4)能进行平面位置放样(主要是极坐标法放样)数据和高程放样数据计算。

<h2>8.1   施工控制测量</h2>

8.1.1 施工控制测量概述

为了保证施工测量的精度和速度，使各个建筑物、构筑物的平面位置和高程都能符合设计要求，施工测量和测绘地形图相同，也要遵循"从整体到局部，先控制后碎部"的原则。即在标定建筑物位置之前，根据勘察设计部门提供的测量控制点，先在整个建筑场区建立统一的施工控制网，作为建筑物定位放线的依据。为建立施工控制网而进行的测量工作，称为施工控制测量。

视频：施工场地
控制测量概述

施工控制网可分为平面控制网和高程控制网。平面控制网常用的有导线网、建筑方格网和建筑基线。选择平面控制网的形式应根据建筑总平面图、建筑场地的大小、地形、施工方案等因素进行综合考虑。对于地形平坦而通视比较困难的地区，如扩建或改建的施工场地，或建筑物分布很不规则时，则可采用导线网；对于地面平坦而简单的小型建筑场地，常布置一条或几条建筑基线，组成简单的图形并作为施工放样的依据；对于地势平坦，建筑物众多且分布比较规则和密集的工业场地，一般采用建筑方格网。总之，施工控制网的形式应与设计总平面图的布局相一致。

采用导线网作为施工控制网时，也常布设成两级：一级为基本网，多布设成环形，可按城市测量规范的一级或二级导线测量的技术要求建立；另一级为测设导线网，用以测设局部建筑物，可按城市二级或三级导线的技术要求建立。

平坦地区或经过土地平整后的工业建筑场地，其拟建主要厂房、运输路线及各种工业管线都是沿着互相平行或垂直的方向布置，因此，可以根据场地大小及设计建筑物布置的复杂情况，采用建筑基线或建筑方格网作为施工控制网，然后按直角坐标法进行建筑物放样。建筑基线和建筑方格网都具有计算简单、使用方便、放样迅速等优点。

8.1.2 施工平面控制测量

1. 施工坐标系与测量坐标系的坐标换算

施工坐标系也称为建筑坐标系，其坐标轴与主要建筑物主轴线平行或垂直，以便用直角坐标法进行建筑物的放样。

施工控制测量的建筑基线和建筑方格网一般采用施工坐标系，而施工坐标系与测量坐标系往往不一致，因此，施工测量前常常需要进行施工坐标系与测量坐标系的坐标换算。

如图 8-1 所示，设 xOy 为测量坐标系，$x'O'y'$ 为施工坐标系，x_0、y_0 为施工坐标系的原点 O'，在测量坐标系中的坐标，α 为施工坐标系的纵轴 $O'x'$ 在测量坐标系中的坐标方位角。设已知 P 点的施工坐标为 (x'_P, y'_P)，则可按下式将其换算为测量坐标 (x_P, y_P)：

$$\begin{cases} x_P = x_0 + x'_P \cos\alpha - y'_P \sin\alpha \\ y_P = y_0 + x'_P \sin\alpha + y'_P \cos\alpha \end{cases} \tag{8-1}$$

如已知 P 的测量坐标，则可按下式将其换算为施工坐标：

$$\begin{cases} x'_P = (x_P - x_0)\cos\alpha + (y_P - y_0)\sin\alpha \\ y'_P = -(x_P - x_0)\sin\alpha + (y_P - y_0)\cos\alpha \end{cases} \tag{8-2}$$

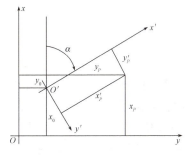

图 8-1　施工坐标系与测量坐标系的换算

特别提示

坐标的换算可以用坐标转换软件或在 AutoCAD 上进行,提高工作效率。

2. 建筑基线

对于建筑场地面积较小、平面布置相对简单、地势较为平坦而狭长的建筑场地,常在场地内布置一条基准线或几条基准线,作为施工测量的平面控制,称为建筑基线。

建筑基线的布置也是根据建筑物的分布、场地的地形和原有控制点的状况而选定。如图 8-2 所示,建筑基线应靠近主要建筑物,并与其轴线平行,以便采用直角坐标法进行测设,通常可布置几种形式。为了便于检查建筑基线点有无变动,基线点数不应少于三个。

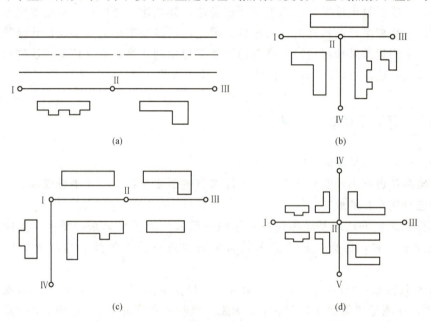

图 8-2 建筑基线的形式

(a)一字形建筑基线;(b)T 形建筑基线;(c)L 形建筑基线;(d)十字形建筑基线

设计建筑基线时,应注意以下几点:建筑基线应平行或垂直于主要建筑物的轴线;建筑基线主点间应相互通视,边长为 90~400 m;主点在不受挖土损坏的条件下,应尽量靠近主要建筑物;建筑基线的测设精度应满足施工放样的要求;基线点应不少于三点,以便检测建筑基线点有无变动。

特别提示

测设角度时,要选择远定向,以减少照准误差。

3. 建筑方格网

由正方形或矩形组成的施工平面控制网,称为建筑方格网(或称矩形网)。建筑方格网适用于按矩形布置的建筑群或大型建筑场地。

(1)建筑方格网的布设。当布设建筑方格网时,应根据总平面图上各建(构)筑物、道路及各种管线的布置,结合现场的地形条件来确定。如图 8-3 所示,先确定方格网的主轴线 AOB 和 COD,然后布设方格网。主轴线应尽量布设在建筑区中央,并与主要建筑物轴线平行，其长度应控制整个建筑区。格网点可布设为正方形或矩形。格网点、线在不受施工影响条件下，应靠近建筑物。纵横格网边应严格相互垂直。正方形格网的边长一般为 90 m 左右，矩形格网一般为几十米至几百米的整数长度。

（2）建筑方格网的测设。测设方法如下：

1）主轴线测设。主轴线测设与建筑基线测设方法相似。首先，准备测设数据；然后，测设两条互相垂直的主轴线 *AOB* 和 *COD*。主轴线实质上是由 5 个主点 *A*、*B*、*O*、*C* 和 *D* 组成的；最后，精确检测主轴线点的相对位置关系，并与设计值相比较。如果超限，则应进行调整。

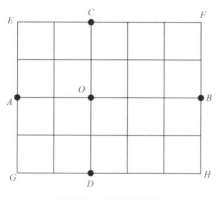

图 8-3　建筑方格网

视频：施工控制网的建立

2）方格网点测设。如图 8-3 所示，主轴线测设后，分别在主点 *A*、*B* 和 *C*、*D* 安置全站仪，后视主点 *O*，向左右测设 90°水平角，即可交会出田字形方格网点，随后做检核，测量相邻两点间的距离，检查是否与设计值相等，测量其角度是否为 90°，误差均应在允许范围内，并埋设永久性标志。

建筑方格网轴线与建筑物轴线平行或垂直，因此，可用直角坐标法进行建筑物的定位，计算简单，测设比较方便，而且精度较高。其缺点是必须按照总平面图布置，其点位易被破坏，而且测设工作量也较大。

✦特别提示

对已有的平面控制点和水准点，使用前都应检查其稳定性和可靠性。

8.1.3　施工高程控制测量

1. 施工场地高程控制网的建立

建筑施工场地的高程控制测量一般采用水准测量方法，应根据施工场地附近的国家或城市已知水准点，测定施工场地水准点的高程，以便纳入统一的高程系统。在施工场地上，水准点的密度，应尽可能满足安置一次仪器即可测设出所需的高程。而在测图时布设的水准点数量往往是不够的，因此，还需增设一些水准点位。一般情况下，建筑基线点、建筑方格网点及导线点也可兼作高程控制点。只要在平面控制点桩面上中心点旁边，设置一个凸出的半球状标志即可。为了便于检核和提高测量精度，施工场地高程控制网应布设成闭合或附合水准路线。高程控制网可分为首级控制网和加密控制网，相应的水准点称为基本水准点和施工水准点。

2. 基本水准点

基本水准点应布设在土质坚实、不受施工影响、无振动和便于实测的地点，并埋设永久性标志。

一般情况下，按四等水准测量的方法测定其高程；而对于为连续性生产车间或地下管道测设所建立的基本水准点，则须按三等水准测量的方法测定其高程。

3. 施工水准点

施工水准点是用来直接测设建筑物高程的。为了测设方便和减少误差，施工水准点应靠近建筑物。此外，由于设计建筑物常以底层室内地坪高±0.000标高为高程起算面，为了施工测设方便，常在建筑物内部或附近测设±0.000水准点。±0.000水准点的位置一般选择在稳定的建筑物墙、柱的侧面，用红漆绘成顶为水平线的"▼"形，其顶端表示±0.000位置。

8.2　民用建筑施工测量

民用建筑指的是住宅、办公楼、商场、医院和学校等建筑物。其施工测量的任务是按照设计的要求，把建筑物的位置测设到地面上并配合施工，以保证工程质量。

8.2.1　测设前的准备工作

1. 熟悉图纸

设计图纸是施工测量的依据，在测设前，应熟悉建筑物的设计图纸，了解施工的建筑物与相邻地物的相互关系，以及建筑物的尺寸和施工的要求等。测设时必须具备下列图纸资料。

（1）总平面图。总平面图是施工测设的总体依据，建筑物就是根据总平面图上所给的尺寸关系进行定位的，如图8-4所示。

（2）建筑平面图。建筑平面图给出建筑物各定位轴线间的尺寸关系及室内地坪标高等，如图8-5所示。

（3）基础平面图。基础平面图，给出基础轴线间的尺寸关系和编号，如图8-6所示。

（4）基础详图（基础大样图）。基础详图给出基础设计宽度、形式及基础边线与轴线的尺寸关系，如图8-7所示。

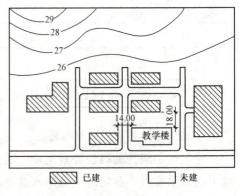

图8-4　建筑总平面图示例

（5）立面图和剖面图。它们给出基础、地坪、门窗、楼板、屋架和屋面等设计高程，是高程测设的主要依据。

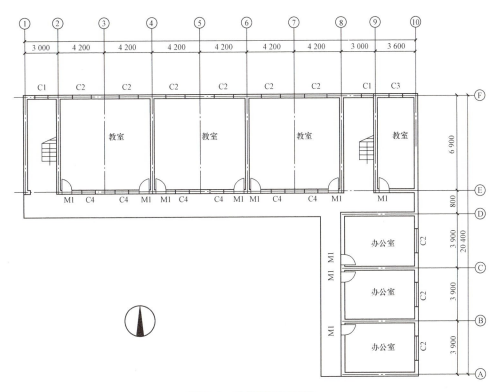

图 8-5　建筑平面图示例

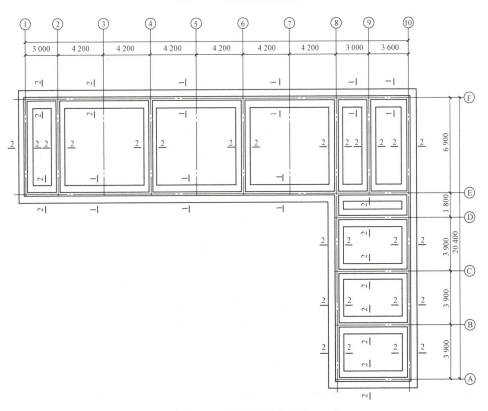

图 8-6　基础平面图示例

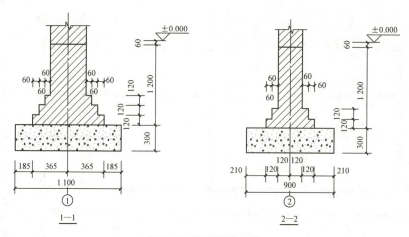

图 8-7　基础详图示例

2. 现场踏勘

现场踏勘的目的是了解现场的地物、地貌和原有测量控制点的分布情况，并调查与施工测量有关的问题。对建筑场地上的平面控制点、水准点要进行检核，获得正确的测量起始数据和点位。

3. 拟订测设计划和绘制测设草图

对各设计图纸的有关尺寸及测设数据应仔细核对，以免出现差错。测设数据包括根据测设方法的需要而进行的计算数据和绘制测设草图。

8.2.2　建筑物的定位和放线

1. 建筑物的定位

建筑物的定位就是将建筑物外廓各轴线交点测设在地面上，然后根据这些点进行细部放样，根据定位条件的不同，常用的定位方法有以下四种：

（1）根据与原有建筑物的关系定位。如图 8-8 所示，拟建的 5 号楼根据原有 4 号楼定位。

视频：建筑物的
定位与放线

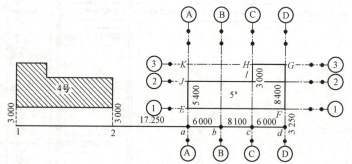

图 8-8　与原有建筑物的关系定位

先沿 4 号楼的东西墙面向外各量出 3.00 m，在地面上定出 1、2 两点作为建筑基线，在 1 点安置全站仪，照准 2 点，然后沿视线方向，从 2 点起根据图中注明尺寸，测设出各基线点 a 点、c 点、d 点，并打下木桩，桩顶钉小钉以表示点位。

在 a、c、d 三点分别安置全站仪,并用正倒镜测设 90°,沿 90° 方向测设相应的距离,以定出房屋各轴线的交点 E、F、G、H、I、J 等,并打木桩,桩顶钉小钉以表示点位。

用钢尺检测各轴线交点间的距离,其值与设计长度的相对误差不应超过 $1/3\,000 \sim 1/5\,000$,并且将全站仪安置在 E、F、G、K 四角点,检测各个直角,其角值与 90° 之差不应超过 $\pm40''$。

(2)根据建筑方格网定位。在建筑场地已测设有建筑方格网,可根据建筑物和附近方格网点的坐标,用直角坐标法测设。如图 8-9 和表 8-1 所示,由 A、B 点的坐标值可计算出建筑物的长度和宽度:

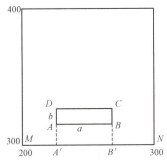

$$a = 268.24 - 226.00 = 42.24\ (\text{m})$$
$$b = 328.24 - 316.00 = 12.24\ (\text{m})$$

图 8-9　建筑方格网定位

表 8-1　点位坐标

点名	X/m	Y/m
A	316.00	226.00
B	316.00	268.24
C	328.24	268.24
D	328.24	226.00

测设建筑物定位点 A、B、C、D 的步骤如下:

首先,把全站仪安置在方格 M 点上,照准 N 点,沿视线方向自 M 点用钢尺量取 A 点与 M 点的横坐标差得 A' 点,再由 A' 点沿视线方向量建筑物长度 42.24 m 得 B' 点。

然后,安置全站仪于 A' 点,照准 N 点,向左测设 90°,并在视线上量取 16 m,得 A 点,再由 A 点继续量取建筑物的长度 12.24 m,得 D 点。

安置全站仪于 B' 点,同法定出 B 点、C 点,为了校核,应用钢尺丈量长度,看其是否等于设计长度及各角是否为 90°。

(3)根据建筑红线定位。建筑红线是城市规划部门所测设的城市道路规划用地与单位用地的界址线,新建筑物的设计位置与红线的关系应得到政府部门的批准。因此,靠近城市道路的建筑物设计位置应以城市规划道路的红线为依据。

如图 8-10 所示,A、BC、MC、EC、D 为城市规划道路红线点。其中,$A-BC$、$EC-D$ 为直线段,BC 为圆曲线起点,MC 为圆曲线中点,EC 为圆曲线终点,IP 两直线段的交点,该交角为 90°,M、N、P、Q 为设计高层建筑的轴

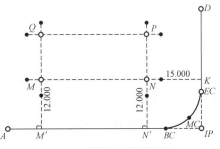

图 8-10　根据建筑红线定位

线(外墙中线)的交点,规定 $M—N$ 轴应离道路红线 $A—BC$ 为 12 m,且与红线相平行;$N—P$ 轴线离道路红线 $D—EC$ 为 15 m。

测设时,在红线上从 IP 点得 N' 点,再量建筑物长度(MN)得 M' 点。在这两点上分别安置全站仪,测设 90°,并量出 12 m,得 M 点、N 点。延长建筑物宽度(NP)得到 P 点、Q 点,再对 M、N、P、Q 点进行检核。

(4)根据测量控制点坐标定位。在场地附近如果有测量控制点利用,应根据控制点及建筑物定位点的设计坐标,反算出交会角或距离后,因地制宜地采用极坐标法或角度交会法,将建筑物主要轴线测设到地面上。

2. 建筑物放线

建筑物放线是根据已定位的外墙轴线交点桩详细测设出建筑物的其他各轴线交点的位置,并用木桩(桩上钉小钉)标定出来,称为中心桩。并据此按基础宽和放坡宽用白灰线撒出基槽(基坑)开挖边界线。基础开挖前,应引测轴线控制桩以作为基础开挖后恢复各轴线的依据。轴线控制桩应引测到基础槽外不受施工干扰并便于引测的地方,并做好标志。其方法有设置轴线控制桩和龙门板两种形式。

(1)设置轴线控制桩。如图 8-11 所示,轴线控制桩设置在基槽(基坑)外基础轴线的延长线上,作为开槽后各施工阶段恢复各轴线位置的依据。轴线控制桩离基槽(基坑)外边线的距离应根据施工场地的条件而定,一般距离基槽(基坑)外边 2～4 m 不受施工干扰并便于引测的地方。如果场地附近有已建的建筑物或围墙,也可将轴线投设在建筑物的墙体上做出标志,作为恢复轴线的依据。

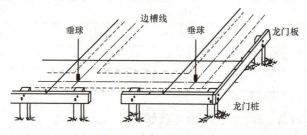

图 8-11 轴线控制桩

为了保证控制桩的精度,施工中将控制桩与定位桩一起测设,精度要求高时应先测设控制桩,再测设定位桩;如精度要求一般也可以先测设定位桩,再测设控制桩。

(2)设置龙门板。现在仿古建筑施工中和民用建筑中有些特殊部位施工精度要求较高时,为了施工的方便,在基槽(基坑)外局部范围内设置龙门板。

8.2.3 基础施工测量

1. 基槽(基坑)开挖边界线测设

在基槽(基坑)开挖前,按照基础详图上的基槽(基坑)宽度和上口放坡的尺寸,由中心桩向两边各量出开挖边线尺寸,并做好标记;然后,在基槽(基坑)两端的标记之间拉一细线,沿着细线在地面用白灰撒出基槽边线,施工时就按此灰线进行开挖。

2. 基槽(基坑)抄平

建筑施工中的高程测设,又称为抄平。

(1)水平桩设置。为了控制基槽(基坑)开挖深度,当基槽(基坑)开挖接近设计基底标高时，用水准仪根据地面上±0.000 m标高线在槽壁上测设一些水平桩，如图8-12所示，水平桩标高比设计槽底提高0.500 m，一般在槽壁各拐角处、深度变化处和基槽（基坑）壁上每隔3～4 m测设一水平桩，作为控制挖槽深度、修平槽底、打垫层、绑扎钢筋、支模板等依据。水平控制桩测设的误差不应超过±10 mm。

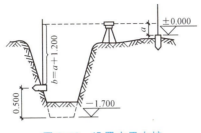

图8-12　设置水平木桩

视频：基础施工测量

（2）水平桩的测设方法。如图8-12所示，槽底设计标高为−1.700 m，欲测设比槽底设计标高高0.500 m的水平桩。其测设方法如下：

在地面适当地方安置水准仪，在±0.000标高线位置上立水准尺，读取后视读数为1.318 m。计算测设水平桩的应读前视读数$b_{应}$：

$$b_{应}=a-h=1.318-(-1.700+0.500)=2.518（m）$$

（3）在槽内一侧立水准尺，并上下移动，直至水准仪视线读数为2.518 m时，沿水准尺尺底在槽壁打入一小木桩。当基础为大开挖时，可用悬挂的钢尺代替水准尺，传递高程测设水平桩，并且还应在基槽（基坑）壁上测设轴线控制桩。

3. 垫层中线的投测

基础垫层打好后，根据轴线控制上的轴线钉，用全站仪或用拉绳挂垂球的方法，把轴线投测到垫层上，如图8-13所示，并用墨线弹出墙体轴线和基础边线，以便施工。由于绑扎钢筋、支模板等，都以此轴线为准，所以要严格校核后方可进行施工。

4. 基础标高的控制

房屋基础墙（±0.000以下的砖墙）的高度是利用基础皮数杆来控制的。基础皮数杆是一根木制的杆子，如图8-14所示，在杆上事先按照设计尺寸，将砖、灰缝厚度画出线条，并标明±0.000和防潮层等的标高位置。

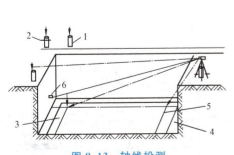

图8-13　轴线投测

1—控制桩；2—控制板；3—轴线；
4—基础边线；5—垫层；6—腰桩

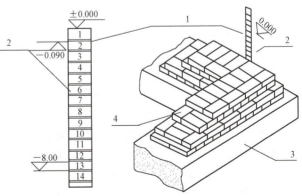

图8-14　皮数杆标高控制

1—防潮层；2—皮数杆；3—垫层；4—大放脚

基础施工结束后，应检查基础面的标高是否符合设计要求（也可检查防潮层）。可用水准仪测设出基础面上若干点的高程并与设计高程比较，允许误差为±10 mm。

对于采用钢筋混凝土的基础，可直接用水准仪将设计标高测设于模板上。

8.2.4　墙体施工测量

1. 墙体定位

基础施工结束后，用水准仪检查基础顶面的标高是否符合设计要求，误差不应超过±10 mm。同时，根据轴线控制桩用全站仪将主墙体的轴线投到基础墙的外侧，用红油漆画出轴线标志，写出轴线编号，如图 8-15 所示，作为上部轴线投测的依据，还应在四周用水准仪抄出（-0.1 m）标高线，弹以墨线标志，作为上部标高控制的依据。

2. 墙体轴线测设

基础施工合格后，首先将轴线恢复到基础顶表面弹出墨线，拉钢尺检查轴线间间距，检验合格后，沿轴线弹出墙宽和门框、窗框等洞口的位置，并标明洞口的宽高尺寸。门的位置和尺寸在平面上标出，窗的位置和尺寸则标在墙的侧面上，如图 8-16 所示。

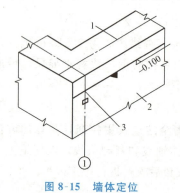

图 8-15　墙体定位

1—墙中线；2—外墙基础；3—轴线标志

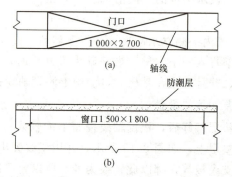

图 8-16　墙体轴线测设

3. 墙体各部位标高的控制

在墙体砌筑施工中，墙身上各部位的标高通常是用皮数杆来控制和传递的。根据建筑物剖面图，皮数杆画有每块砖和灰缝的厚度，并注明墙体上窗台、门窗洞口、过梁、雨篷、圈梁、楼板等构件标高的位置，如图 8-17 所示。在墙体施工中，用皮数杆控制墙身各部位构件标高的准确位置，并保证每皮砖灰缝厚度均匀，每皮砖都处在同一水平面上。皮数杆一般立在建筑物拐角和隔墙处。竖立皮数杆时，先在地面上打一木桩，用水准仪测设出木桩上的±0.000 标高位置，并画一横线作为标志；然后，把皮数杆上的±0.000 线与木桩上±0.000 对齐，钉牢。皮数杆钉好后要用水准仪进行检测，并用垂球

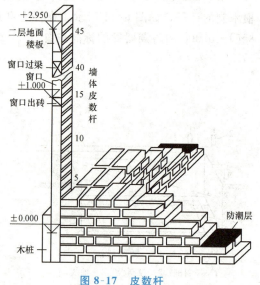

图 8-17　皮数杆

校正皮数杆的垂直。

为了施工方便，采用里脚手架砌砖时，皮数杆应立在墙外侧，如采用外脚手架时，皮数杆应立在墙内侧，如为框架或钢筋混凝土柱间砌块的填充墙时，每层皮数可直接画在框架柱上。

8.2.5　建筑物的轴线投测和高程传递

1. 建筑物的轴线投测

在多层建筑墙身砌筑过程中，为了保证建筑物轴线位置正确，可用吊垂球或全站仪将轴线投测到各层楼板边缘或柱顶上。

（1）吊垂球法。将较重的垂球悬吊在楼板或柱顶边缘，当垂球尖对准基础墙面上的轴线标志时，轴线在楼板或柱顶边缘的位置即楼层轴线端点位置，并画出标志线，如图8-18所示。各轴线的端点投测完成后，用钢尺检核各轴线的间距，符合要求后，把轴线逐层自下向上传递。吊垂球法简便易行，不受施工场地限制，一般能保证施工质量。但当有风或建筑物较高时，投测误差较大，应采用全站仪投测法。

（2）全站仪投测法。在轴线控制桩上安置全站仪，严格整平后，瞄准基础墙面上的轴线标志，用盘左、盘右分中投点法，将轴线投测到楼层边缘或柱顶上，如图8-19所示。将所有端点投测到楼板上之后，用钢尺检核其间距，相对误差不得大于1/2 000。检查合格后，才能在楼板分间弹线，继续施工。

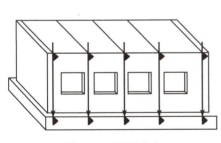

图8-18　吊垂球法

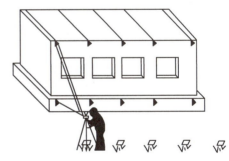

图8-19　全站仪投测法

2. 建筑物的高程传递

在多层建筑施工中，要由下层向上层传递高程，以便楼板、门窗口等的标高符合设计要求。高程传递的方法有以下几种：

（1）利用皮数杆传递高程。一层楼房墙体砌筑完成并建好楼面后，把皮数杆移到二层继续使用，在二楼立杆处取平均地面标高并绘出标高线，将皮数杆的±0.000线与该线对齐，然后以皮数杆为标高的依据进行墙体砌筑。

（2）利用钢尺传递高程。对于高程传递精度要求较高的建筑物，通常用钢尺直接丈量来传递高程。一般是在底层墙身砌筑到1.5 m高后，用水准仪在内墙面上测设一条高出室内地坪线＋0.5 m的水平线。作为该层地面施工及室内装修时的标高控制线。对于二层以上各层，同样在墙身砌到 1.5 m 后，一般从楼梯间用钢尺从下层的 +0.5 m 标高线向上量取一段等于该层层高的距离，并做标志。然后，用水准仪测设出上一层的 +0.5 m 的标高线。这样用钢尺逐层向上引测。

（3）吊钢尺法。框架结构高程传递，一般建筑物选择隔一定柱距的柱子外侧，用悬吊垂球法将轴线投测在柱子外侧，再用钢尺沿轴线从下一层的 +0.5 m 水平线，量一层层高至上一层的 +0.5 m 水平线来逐层向上传递高程，如图 8-20 所示。一般在底层主体施工中，用水准仪在柱子钢筋上测设一条高出室内地坪线 +0.5 m 的水平线，作为向上绑扎钢筋标高的依据。支模板时，还应将 +0.5 m 的水平线抄平到柱子木板上作为模板标高的依据；柱子拆模板后再次将 +0.5 m 水平线抄平到柱子侧面作为向上传递高程的依据，并作为该层地面施工及室内装修时的标高控制线。对于二层以上各层同法施工，检查层高时可悬挂钢尺，用水准仪读数一层 +0.5 m 水平线，从下向上传递检查高程。

$$b_3 = H_A + a_1 + (a_3 - b_1) - (h_1 + h_2 + 0.5 - H_{\pm 0})$$

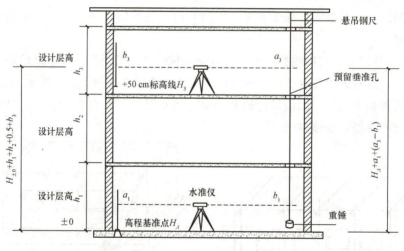

图 8-20 吊钢尺法高程传递

8.2.6 高层建筑施工测量

高层建筑物的特点是建筑物层数多、高度高，建筑结构复杂，设备和装修标准较高。因此，在施工过程中，对建筑物各部位的水平位置、垂直度及轴线尺寸、标高等的精度要求都十分严格。对质量检测的允许偏差也有严格要求。建筑物施工放样、轴线投测和标高传递的测量允许偏差应符合表 8-2 的规定。

表 8-2　建筑物施工放样、轴线投测和标高传递的测量允许偏差

项　目	内　容	测量允许偏差/mm
基础桩位放样	单排桩或群桩中的边桩	±10
	群桩	±20

项　目	内　容		测量允许偏差/mm
各施工层上放线	轴线点		±4
	外廊主轴线长度 L/m	$L \leqslant 30$	±5
		$30 < L \leqslant 60$	±10
		$60 < L \leqslant 90$	±15
		$90 \times L \leqslant 120$	±20
		$20 < L \leqslant 150$	±25
		$150 < L \leqslant 200$	±30
		$L > 200$	按40％的施工限差取值
	细部轴线		±2
	承重墙、梁、柱边线		±3
	非承重墙边线		±3
	门窗洞口线		±3
轴线竖向投测	每层		3
	总高 H/m	$H \leqslant 30$	5
		$30 < H \leqslant 60$	10
		$60 < H \leqslant 90$	15
		$90 < H \leqslant 120$	20
		$120 < H \leqslant 150$	25
		$150 < H \leqslant 200$	30
		$H > 200$	按40％的施工限差取值

1. 轴线投测

高层建筑物轴线的竖向投测，主要有外控法和内控法两种。下面分别介绍这两种方法。

(1)外控法。外控法是在建筑物外部，利用全站仪，根据建筑物轴线控制桩进行轴线的竖向投测。具体操作方法如下：

1)在建筑物底部投测中心轴线位置。高层建筑的基础工程完工后，将全站仪安置在轴线控制桩 A_1、A_1'、B_1 和 B_1'上，把建筑物主轴线精确地投测到建筑物的底部，并设立标志，如图 8-21 中 a_1、a_1'、b_1 和 b_1'所示，以供下一步施工与向上投测之用。

2)向上投测中心线。随着建筑物不断升高，要逐层将轴线向上传递，如图 8-21 所示，将全站仪安置在中心轴线控制桩 A_1、A_1'、B_1 和 B_1'上，严格整平仪器，用望远镜瞄准建筑物底部已标出的轴线 a、a_1'、b_1 和 b_1'点，用盘左和盘右分别向上投测到每层楼板上，并取其中点作为该层中心轴线的投影点，如图 8-21 中的 a_2、a_2'、b_2 和 b_2'所示。

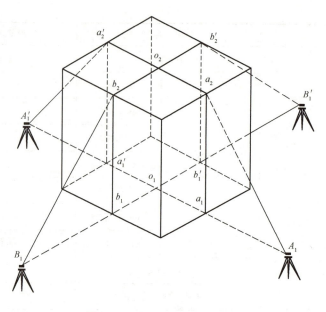

图 8-21　全站仪投测中心轴线

3)增设轴线引桩。当楼房逐渐增高,而轴线控制桩距离建筑物又较近时,望远镜的仰角较大,操作不便,投测精度也会降低。为此,要将原中心轴线控制桩引测到更远的安全地方,或者附近大楼的屋面。具体做法:将全站仪安置在已经投测上去的较高层(如第十层)楼面轴线 a_{10}、a'_{10} 上,如图 8-22 所示,瞄准地面上原有的轴线控制桩 A_1 和 A'_1 点,用盘左、盘右分中投点法,将轴线延长到远处 A_2 和 A'_2 点,并用标志固定其位置,A_2、A'_2 即为新投测的 $A_1A'_1$ 轴线控制桩。更高各层的中心轴线,可将全站仪安置在新的引桩上,按上述方法继续进行投测。

(2)内控法。内控法是在建筑物内±0平面设置轴线控制点,并预埋标志,如图 8-23 所示,在各层楼板相应位置上预留 200 mm×200 mm 的传递孔,并在孔周用砂浆做成 20 mm 高的防水斜坡,以防投点时施工用水通过传递孔流落在仪器上,在轴线控制点上直接采用吊垂球法或激光铅垂仪法,通过预留孔将其点位垂直投测到任一楼层。

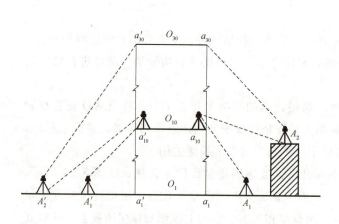

图 8-22　全站仪引桩投测

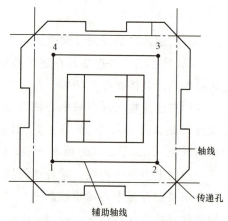

图 8-23　内控法轴线控制点的设置

室内轴线控制点的布置视建筑物的平面形状而定，对一般平面形状不复杂的建筑物，可布设成 L 形或矩形控制网。内控点应设在房屋拐角柱子旁边，其连线与柱子设计轴线平行，相距为 0.5～1.0 m。内控点应选择在能保持通视（不受构架梁等的影响）和水平通视（不受柱子等影响）的位置。当基础工程完成后，根据建筑物场地平面控制网，校核建筑物轴线控制桩无误后，将轴线内控点测设到底层地面上，并埋设标志，作为竖向投测轴线的依据。

1）吊垂球法。吊垂球法是利用钢丝悬挂重垂球的方法，进行轴线竖向投测。这种方法一般用于高度为 50～100 m 的高层建筑施工中。如图 8-24 所示，吊垂球法是使用直径 0.5～0.8 mm 的钢丝悬吊质量为 10～20 kg 特制的大垂球，以底层轴线控制点为准，通过预留孔直接向各施工层投测轴线。每个点的投测应进行两次，两次投点的偏差，在投点高度小于 5 m 时不大于 3 mm，高度在 5 m 以上时不大于 5 mm，即可认为投点无误，取用其平均位置，将其固定下来。然后检查这些点间的距离和角度，如与底层相应的距离、角度相差不大时，可做适当调整。最后根据投测上来的轴线控制点加密其他轴线。

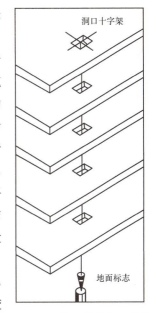

图 8-24　吊垂球法投测轴线

2）激光铅垂仪法。激光铅垂仪是一种专用的铅直定位仪器，适用于高层建筑物、烟囱及高塔架的铅直定位测量，定位精度较高。激光铅垂仪的基本结构如图 8-25 所示。

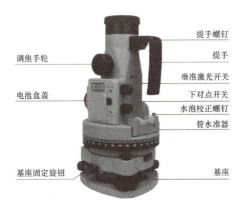

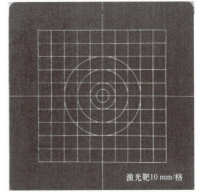

图 8-25　激光铅垂仪的基本结构

如图 8-26 所示，激光铅垂仪进行轴线投测方法如下：

（1）安置仪器。在首层轴线控制点上安置激光铅垂仪，利用激光器底端所发射的激光束进行对中，并使管水准器气泡严格居中。

（2）放置接收靶。在上层施工楼面预留孔处，放置接收靶。

（3）照准。开通激光电源，激光器发射铅直激光束，通过调焦望远镜调焦，使激光束会聚成微小的红色耀目光斑，投射到接收靶上。

（4）向上垂准。向上垂准可分为光学垂准和激光垂准。光学垂准可以通过观测激光靶进行读数，激光靶每 10 mm 一个格子，以激光靶中心作为坐标原点读取分划板十字丝中心在激光靶上的坐标；激光垂准需要打开垂准激光，调焦使激光束聚焦在激光靶上，光斑中心处的读数即观测值。为提高观测精度，可采用对径观测，两次观测结果的连线中点作为最终观测值，根据需求可适当增加测回数。将向上垂准的位置在预留孔四周做出标记，即得到轴线控制点在该楼上的投测点。

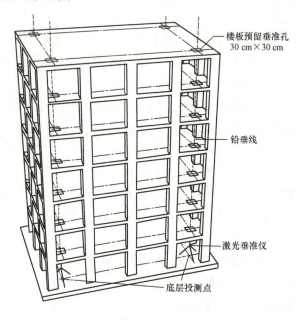

图 8-26 激光铅垂仪进行轴线投测

2. 高程传递

高层建筑底层±0.000 m 标高点可依据施工场地内的水准点来测设。±0.000 m 的高程传递，一般用钢尺沿结构外墙、边柱和楼梯间等向上竖直量取，即可把高程传递到施工层上。用这种方法传递高程时，一般高层建筑至少由三处底层标高点向上传递，以便于相互校核和适应分段施工的需要。由底层传递上来的同一层几个标高点，必须用水准仪进行校核，检查各标高点是否在同一水平面上，其误差应不超过±3 mm。传递高程的方法与多层建筑物高程传递方法相同。

8.3 工业建筑施工测量

工业建筑中以厂房为主体，而工业厂房多为排柱式建筑，跨距和间距大，间隔少，平面布置简单，而且施工测量精度又明显高于民用建筑，故其定位一般时根据现场建筑基线或建筑方格网，采用由柱轴线控制桩组成的矩形方格网作为厂房的基本控制网。

目前，我国较多采用预制钢筋混凝土柱装配式单层厂房。采用预制的钢筋混凝土柱、吊车梁、吊车轨道、屋架等构件，在施工现场进行安装。

8.3.1 厂房基础施工测量

1. 混凝土杯形基础施工测量

（1）柱基的定位与放线。将两台全站仪分别安置在相互垂直的两条轴线上，用方向交会法进行柱基定位。每个柱基的位置均用四个定位小木桩和小钉进行标志。定位小木桩应设置在开挖边界线外比基坑深度大 1.5 倍的地方。柱基定位后，用特制的 T 形尺放出基坑开挖边线，并撒以白灰(图 8-27)。

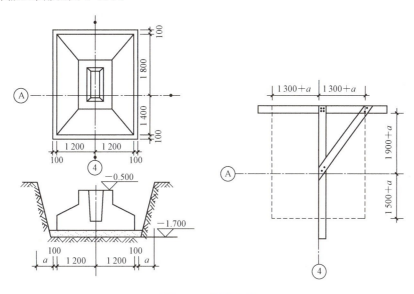

图 8-27　柱基定位

（2）水平与垫层控制桩的测设。如图 8-28 所示，当基坑将要挖到底时，应在基坑的四壁上测设上层面距离坑底为 0.3～0.5 m 的水平控制桩，作为清底依据。清底后，还需要在坑底测设垫层控制桩，使桩顶的标高恰好等于垫层顶面的设计标高，作为打垫层的标高依据。

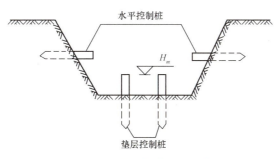

图 8-28　水平与垫层控制桩

（3）立模定位。基础垫层打好后，在基础定位小木桩间拉线绳，用垂球把柱列轴线投设到垫层上弹以墨线，用红漆画出标记，作为柱基立模板和布置基础钢筋的依据。

立模板时，将模板地部的定位线标志与垫层上相应的墨线对齐，并用吊垂球的方法检查模板是否垂直。

模板定位后，用水准仪将柱基顶面的设计标高抄在模板的内壁上，作为浇灌混凝土的高度依据。

支模时，还应使杯底的实际标高比其设计值低 5 cm，以便吊装柱子时易于找平。

（4）杯口投线及抄平。

1）校核轴线控制桩、定位桩、高程点是否发生变动。

2）根据轴线控制桩，用全站仪把中线投测到基础顶面上，并做标记，供吊装柱子使用，基础中线对定位轴线的允许误差为 ±5 mm。把杯口中线引测到杯底，在杯口立面弹墨线，并检查杯底尺寸是否符合要求，如图 8-29 所示。

图 8-29 立模定位

3）为给杯底找平提供依据，在杯口内壁四角测设一条标高线。该标高线一般取比杯口顶面设计标高低 100 mm 处，以便根据标高线修整杯底。

2. 钢柱基础施工测量

钢柱基础垫层以下的定位放线方法与柱形基础相同，其特点：基础较深，且基础中埋有地脚螺栓，其平面位置和标高精度要求较高，一旦螺栓位置偏差超限，会给钢柱安装造成困难。具体做法如下：

（1）垫层混凝土凝固后，应根据控制桩用全站仪把柱中心线投测到垫层上，同时，根据中线弹出螺栓固定架位置，如图 8-30 所示。

（2）安装螺栓固定架。为保证地脚螺栓的正确位置，工程中常用型钢制成固定架来固定螺栓，固定架要有足够的刚度，防止在浇筑混凝土过程中发生变形。固定架的内口尺寸应是螺栓的外边线，以便焊接螺栓。安置固定架时，把固定架上中线用吊线的方法与垫层上的中线对齐，将固定架四角用钢板垫稳垫平，然后把垫板、固定架、斜支撑与垫层中的预埋件焊接牢固，如图 8-31 所示。

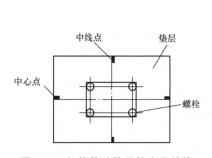

图 8-30 钢柱基础垫层的定位放线

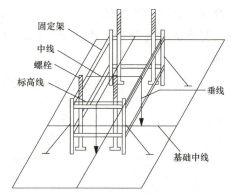

图 8-31 安装螺栓固定架

（3）固定架标高抄测。用水准仪在固定架四角的立角钢上抄测出基础顶面的设计标高线，作为安装螺栓和控制混凝土标高的依据。

（4）安装螺栓。先在固定架上拉标高线，在螺栓上也画出同一标高线。安置螺栓时，将螺栓上的标高线与固定架上的标高线对齐，待螺栓的距离、高度、垂直度校正好后，将螺栓与固定架上、下横梁焊接牢固。

(5)检查校正。用全站仪检查固定架中线,其投点误差应不大于 2 mm。

用水准仪检查基础顶面标高线,地脚螺栓不要低于设计标高,允许偏差为+20 mm、0,中心线位移为 5 mm。基础混凝土浇筑后,应立即对地脚螺旋进行检查,发现问题及时处理。

3. 混凝土柱子基础、柱身、平台施工测量

混凝土柱子基础、柱身、平台称为整体结构柱基础,是指柱子与基础平台连接为一整体,先按基础中心线挖好基坑,安放好模板,在基础与柱身钢筋绑扎后,浇灌基础混凝土至柱底,然后安置柱子(柱身)模板。其基础部分的测量工作与前面所述相同。柱身部分的测量工作主要是校正柱子、模板中心线及柱身铅直,由于是现浇现灌,测量精度要求较高。

(1)混凝土柱基础施工测量。混凝土柱基础底部的定位、支模放线与杯形基础相同。当基础混凝土凝固后,根据轴线控制桩或定位桩,将中线投测到基础顶面上,弹出十字线中线供柱身支模及校正使用。有时基础中的预留筋恰在中线上,投线时不能通视,可采用借助线的方法投测,如图 8-32 所示。将仪器侧移至 a 点,先测出与柱中心线相平行的 aa′ 直线,再根据 aa′ 直线恢复柱中线位置。

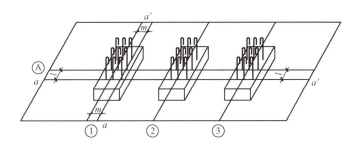

图 8-32 混凝土柱基础底部的定位放线

在基础预留筋上用水准仪测设出某一标高线,作为柱身控制标高的依据。每根柱除给出中线外,为便于支模,还应弹出柱的断面边线。

(2)柱身施工测量。柱身施工测量的主要内容包括两部分,即柱身支撑垂直度的校正和模板标高抄测。

1)柱身支撑垂直度的校正。仪器至柱子的距离应大于投点高度,先用全站仪照准模板下端中线,然后仰起望远镜观察模板上端中线,如果中线偏离视线,要校正上端模板使中线与视线重合,如图 8-33 所示。

✦特别提示

校正横轴方向时,要检查已校正的纵轴方向是否又发生倾斜,最好时用两台全站仪同时校正。

2)模板标高抄测。柱身模板垂直度校正好后,在模板的外侧测设一标高线,作为测量柱顶标高、安装铁件和牛腿支模等各种标高的依据。标高线一般比地面高 0.5 m,每

根柱不少于 2 点，点位要选择便于量尺、不易移动即标记明显的位置上，并应注明标高数值。

3)柱拆模后的抄平放线。柱拆模后，要把中线和标高抄测在柱表面上，供下一步砌筑、装修使用。

①投测中线：根据基础表面的柱中线，在下端立面上标出中线位置，然后用吊垂球法或全站仪投点法把中线投测到柱上端的立面上。

②测设水平线：在每根柱立面上抄测高 0.5 m 的标高线。

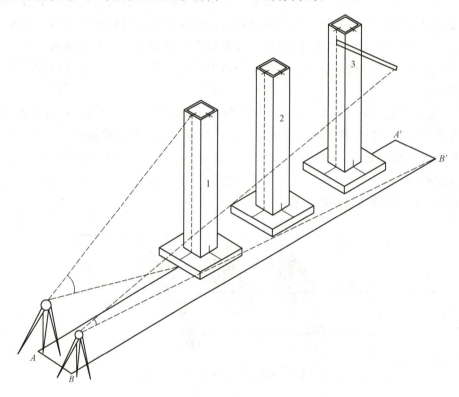

图 8-33 投线法柱身支撑垂直度校正

8.3.2 厂房构件安装测量

装配式单层厂房如图 8-34 所示。柱、吊车梁和屋架等多是预制构件，需要在施工现场进行吊装。吊装必须进行校准测量，以确保各构件按设计要求准确无误地就位。所使用的仪器主要是全站仪、水准仪及全站仪的常规仪器。

1. 柱子安装测量

(1)投测柱列轴线。基础模板拆除后，在柱列轴线控制桩上安置全站仪，用正倒镜取中法将柱列轴线投到基础顶面上，弹以墨线，画出"▲"标志(柱列轴线不通过柱子中心线时，尚需在基础顶面上弹出柱中心线)，如图 8-35 所示。同时，在杯口内壁上抄出−0.600 m 的标高线。

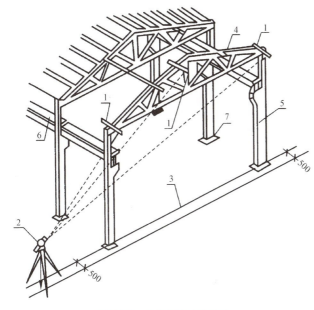

图 8-34 屋架的安装测量

1—卡尺；2—全站仪；3—定位轴线；4—屋架；

5—柱；6—吊车梁；7—柱基

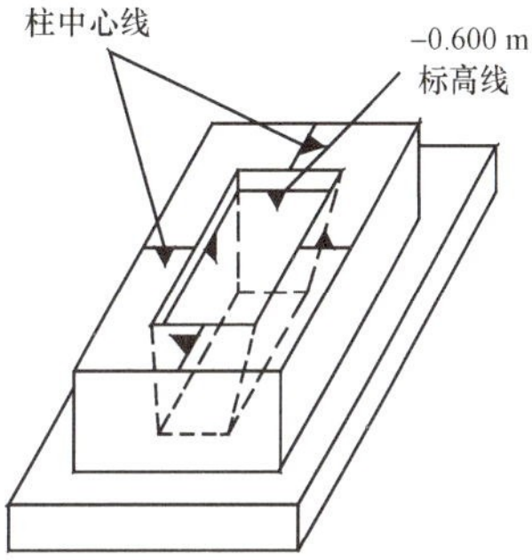

图 8-35 柱列轴线投测

（2）柱子弹线。将每根柱子按轴线位置进行编号，在柱身上 3 个侧面弹出柱中心线，并分上、中、下 3 点画出"▲"标志；如图 8-36 所示。此外，还应根据牛腿面的设计标高，用钢尺由牛腿面向下量出±0.000 和－0.600 m 的标高位置，弹以墨线。

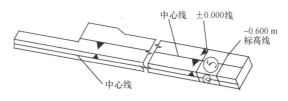

图 8-36 柱子弹线

（3）柱身长度和杯底标高检查。量柱底四角至柱上－0.600 m 标高线的实际长度 $h_1 \sim h_2$，以及杯底与柱底相对应的四角至杯口内壁－0.600 m 标高线的深度 $h_1' \sim h_4'$。h_i' 与 h_i 之差即在杯底第 i 个角的找平厚度。施工人员根据找平厚度在杯底抹 1：2 的水泥砂浆进行找平（因浇基础时杯底留有 5 cm 的余量，很少会出现铲底找平情况），以使柱子装上后，牛腿面的标高符合设计要求。

（4）柱子垂直度的检查。柱子对号吊入杯口后，应使柱身中心线对齐弹在基础面上的柱中心线，在杯口四周加木楔或钢楔初步固定。然后，用水准仪检测柱上±0 标高线，其误差不超过±3 mm 时，便可进行柱子垂直度的校正。如图 8-37 所示，校正单根柱子时，可在相互垂直的两个柱中心线上且距柱子的距离不小于 1.5 倍柱高的地方分别安置全站仪，先瞄准柱身中心线上的下"▼"标志，再仰起望远镜观测中、上"▼"，若 3 点在同一视准面内，则柱子垂直；否则，应指挥施工人员进行校正。垂直校正后，用杯口四周围的楔块将柱子固牢，并将上视点用正倒镜取中法投到柱下，量出上下视点的垂直偏差。标高在 5 m 以下时，允许偏差为 5 mm，检查合格后，即可在杯口处浇灌混凝土，将柱子最后固定。

当校正成排的柱子时，为了提高工作效率，可安置一次仪器检查多根柱子，如图 8-38 所示。但由于仪器不在轴线上，故不能瞄准不在同一截面内的柱中心线。

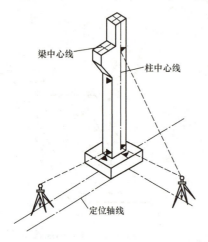

图 8-37　单根柱子垂直度检查

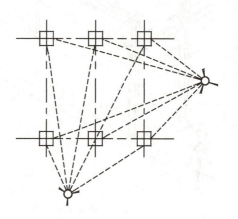

图 8-38　多根柱子垂直度检查

特别提示

　　校正柱子时，应注意所用仪器必须严格检校；在校直过程中，还需要检查柱身中心线是否相对于杯口的柱中心线标志产生了过量的水平位移；瞄准不在同一截面的中心线时，仪器必须安在轴线上；柱子校正宜在阴天或早晚进行，以免柱子的阴、阳面产生温差使柱子弯曲而影响校直的质量。

2. 吊车梁安装测量

　　吊车梁的吊装测量主要是保证吊装后的吊车梁中心线位置和梁面标高满足设计要求。吊装前，先在吊车梁的顶面上和其两端弹出吊车梁的中心线（图 8-39），并把吊车轨的中线投测到牛腿上面。

　　如图 8-40 所示，投测时，可利用厂房中心线 A_1A_1，根据设计轨距在地面上标出吊车轨中心线 $A'A'$ 和 $B'B'$，然后分别在 $A'A'$ 和

图 8-39　吊车梁的中心线

$B'B'$ 上安置全站仪，用正倒镜取中法将吊车轨中心线投到牛腿面上，并弹以墨线。安装时，将梁端的中心线与牛腿面上的中心线对正；用垂球线检查吊车梁的垂直度；从柱上修正后的±0 线向上量距，在柱子上抄出梁面的设计标高线；在梁下加铁垫板，调整梁的垂直度和梁的标高，使之符合设计要求。安装完毕，应在吊车梁面上重新放出吊轨中心线。在地面上标定出和吊轨中心线距离为 1 m 的平行轴线 $A''A''$ 和 $B''B''$，分别在 $A''A''$ 和 $B''B''$ 上安置全站仪，在梁面上垂直于轴线的方向放一根木尺，使尺上 1 m 处的刻度位于望远镜的视准面内，在尺的零端画线，则此线即为吊车轨中心线。经检验各画线点在一条直线上时，即可重新弹出吊车轨中心线。

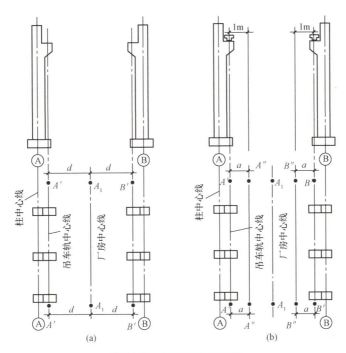

图 8-40　吊车梁安装测量

3. 吊车轨安装测量

吊车轨安装测量主要是进行吊车轨安装后的检查测量。吊车轨间的跨距用精密量距法检测，与设计跨距相比，误差不应超过±2 mm。检测吊车轨顶面的标高时，可将水准仪固定在轨面上，利用柱上的水准标志做后视点，每隔 3 m 检查轨面上一点，实测标高与设计标高相比，误差不应超过±2 mm。

4. 屋架的吊装测量

吊装前，先用全站仪在柱顶上投测出屋架定位轴线，在屋架两端弹出屋架中心线。吊装时，使屋架上的中心线与柱顶上的定位轴线对正，便完成了屋架的平面定位工作。屋架的垂直度可用垂球或全站仪检查。用全站仪检查时如图 8-40 所示，在屋架上安装三把卡尺，自屋架几何中心线沿卡尺向外量 500 mm 做出标记，在地面上标出距屋架中心线 500 mm 的平行轴线，并在该轴线上安置全站仪，当三个卡尺上的标记均位于全站仪的视准面内时，屋架即处于垂直状态；否则，应该进行校正。

8.3.3　烟囱、水塔施工测量

烟囱和水塔的形式不同，但有共同点，即基础小、主体高。其对称轴通过基础圆心的铅垂线。在施工过程中，测量工作的主要目的是严格控制它们的中心位置，保证主体竖直。其放样方法和步骤如下。

1. 基础定位

首先按设计要求，利用与已有控制点或建筑物的尺寸关系，在实地定出基础中心 O 的位置。如图 8-41 所示，在 O 点安置全站仪，定出两条相互垂直的直线 AB、CD，使

A、B、C、D 各点至 O 点的距离为构筑物直径的 1.5 倍左右。另外，在离开基础开挖线外 2 m 左右标定 a、b、c、d 四个定位小桩，使它们分别位于相应的 AB、CD 直线上。

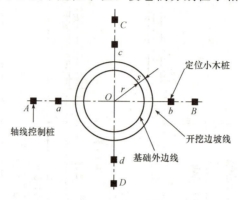

图 8-41　基础定位

以中心点 O 为圆心，以基础设计半径 r 与基坑开挖使放坡宽度 s 之和为半径（$R=r+s$），在地面画圆，撒上灰线，作为开挖的边界线。

2. 基础施工测量

当基础开挖到一定深度时，应在坑壁上放样整分米水平桩，控制开挖深度。当开挖到基底时，向基底投测中心点，检查基底大小是否符合设计要求。浇筑混凝土基础时，在中心面上埋设铁桩，然后根据轴线控制桩用全站仪将中心点投设到铁桩顶面，用钢锯锯刻十字形中心标记，作为施工控制垂直度和半径的依据。混凝土凝固后，还需要进行复查，如有偏差，应及时纠正。

3. 筒身施工测量

烟囱筒身向上砌筑时，筒身中心线、半径、收坡要严格控制。无论是砖烟囱还是钢筋混凝土烟囱，筒身施工时都要随时将中心点引测到施工作业面上，引测的方法常采用吊垂球法和导向法。

（1）吊垂球法。在烟囱施工中，一般每砌一步架或每升模板一次，就应引测一次中心线，以检核该施工作业面的中心与基础中心是否在同一铅垂线上。

如图 8-42 所示，吊垂球法是在施工作业面上固定一根断面较大的方木，另设一带刻画的木杆插入方木铰接在一起。木杆可绕铰接点转动，即为枋子。在枋子铰接点下设置的挂钩上悬挂质量为 8～12 kg 的垂球，烟囱越高使用的垂球应越重。投测时，先调整钢丝的长度，使垂球尖与基础中心标志之间仅存在很小的间隔。然后调整作业面上的方木位置，使垂球尖对准标志上的"十"字交点，则方木铰接点就是该工作面的筒身中心点。在工作面上，根据相应高度的筒身设计半径转动木尺杆画圆，即可检查筒壁偏差和圆度，作为指导下一步施工的依据。

吊垂球法是一种垂直投测的传统方法，使用简单。但易受风的影响，有风时吊垂球发生摆动和倾斜，随着筒身增高，对中的精度会越来越低。因此，仅适用于高度在 100 m 以下的烟囱。

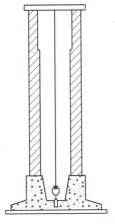
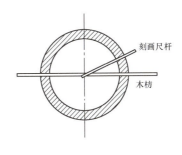

图 8-42　筒身中心线引测

（2）激光导向法。对于高大的钢筋混凝土烟囱常采用滑升模板施工，若仍采用吊垂球或全站仪投测烟囱中心点，无论是投测精度还是投测速度，都难以满足施工要求。采用激光铅垂仪投测烟囱中心点，能克服上述方法的不足。投测时，将激光铅垂仪安置在烟囱底部的中心标志上，在工作台中央安置接收靶，烟囱模板每滑升 $25\sim30$ cm 浇灌一层混凝土，每次模板升前后各进行一次观测。观测人员在接收靶上可直接得到滑模中心对铅垂线的偏离值，施工人员依此调整滑模位置。在施工过程中，要经常对仪器进行激光束的垂直度检验和校正，以保证施工质量。

（3）烟囱外筒壁收坡控制。烟囱筒壁的收坡是用坡度靠尺板控制的。如图 8-43 所示，坡度靠尺板的形状靠尺板两侧的斜边应严格按设计的筒壁斜度制作。使用时，把斜边贴靠在筒体外壁上，若垂球线恰好通过下端缺口，说明筒壁的收坡符合设计要求。

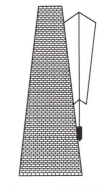

图 8-43　靠尺板示意

（4）筒体高程测量。筒体高程测量时用水准仪在筒壁上测出整分米数（如＋50 m）的标高线，再向上用钢尺量取高度进行控制的。

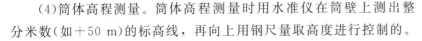

8.4　管道施工测量

　　管道工程是现代工业与民用建筑的重要组成部分，按其用途可分为给水、排水、热力、煤气、输电和输油管道。为了合理地敷设各种管道，首先进行规划设计，确定管道中线的位置并给出定位的数据，即管道的起点、转向点及终点的坐标、高程。然后将图纸上设计的中线测设到地面，作为施工的依据。各种管道除小范围的局部地面管道外，主要可分为地下管道和架空管道。

　　管道工程测量是为各种管道的设计和施工服务的，它的任务有两个方面，一方面是为管道工程和设计提供地形图和断面图；另一方面是按设计要求将管道位置敷设于实地。其内容包括下列各项工作：

（1）收集规划区域 1∶10 000、1∶5 000、1∶2 000 的地形图，以及原有管道的平面图和断面图等资料。

（2）利用已有的地形图，结合现场勘测，进行规划和纸上定位。

（3）地形图测绘。根据初步规划的路线，实地测量管线附近的带状地形图或修测原有的地形图。

（4）管道中线的测量。根据设计要求，在地面上定出管道的中心线位置。

（5）管道纵横断面的测量。测绘管道中心线方向和垂直于中心线方向的地面高低起伏情况。

（6）管道施工测量。根据设计要求，将管道敷设于实地所需要进行的测量工作。其主要任务是根据工程进度的要求，为施工测设各种基准标志，以便在施工中能随时掌握中线方向和高程位置。

（7）管道竣工测量。将施工后的管道位置，通过测量并绘制成图，以反映施工质量，并作为使用期间维修、管理及今后管道扩建的依据。

管道施工多属地下构筑物，各种管道常常相互上下穿插，纵横交错。如果在测量、设计和施工中出现差错，没有及时发现，一经埋没，以后将会造成严重后果。因此，测量工作必须采用城市的统一坐标和高程系统，严格按设计要求进行测量工作，并做到步步有校核，这样才能保证施工质量。

8.4.1 施工前的准备工作

1. 熟悉图纸和现场情况

施工前，要认真研究图纸、附属构筑物图及有关资料，并熟悉和核对设计图纸，了解设计意图及工程进度安排。到现场找到各交点桩、转点桩、里程桩及水准点位置。

2. 校核中线并测设施工控制桩

若设计阶段所标定的中线位置就是施工所需要的中线位置时，且各桩点完好，则仅需校核，不需重新测设；否则，应重新测设管道中线、在校核中线时，应把检查井等附属构筑物及支线的位置同时定出。这项工作可根据设计的位置和数据用钢尺沿中线将其位置标定出来并用小木桩标志。

在施工时由于中线上各桩要被挖掉，为便于恢复中线和其他附属构筑物的位置，应在不受施工干扰、引测方便和易于保存桩位处设置施工控制桩。施工控制桩可分为中线控制桩和附属构筑物的位置控制桩两种。

3. 加密控制点

为了便于施工过程中引测高程，应根据设计阶段布设的水准点，在沿线附近每隔 150 m 增设一个临时水准点。精度要求应根据工程性质和有关规定确定。

4. 槽口放线

槽口放线就是按设计要求的埋深和土质情况、管径大小等计算出开槽宽度，并在地面上定出槽边线位置，画出白灰线，以便开挖施工。

8.4.2 管道中线测量

管道的起点、终点和转向点通称为主点。主点的位置及管线方向是设计时确定的。管道中线测量就是将已确定的管线位置测设与实地，并用木桩标定。其内容包括主点测设数据的准备和测设；中桩的测设；管道转向角测量以及里程桩手簿的绘制等。

1. 主点测设数据的准备和测设

主点的测设数据可用图解法或解析法求得。

(1)图解法。当管道规划设计图的比例尺较大，而且管道主点附近又有明显可靠的地物时，可采用图解法来获得测设数据。图解法就是在规划设计图上直接量取测设所需的数据，如图 8-44 所示，A、B 是原有管道检查井位置，Ⅰ、Ⅱ、Ⅲ点是设计管道的主点。欲在地面上标定出Ⅰ、Ⅱ、Ⅲ等主点，可根据比例尺在图上量出长度 a、b、c、d 和 e，即可测得数据。然后，沿原管道 BA 方向，从 B 点量出 D 即可得Ⅰ点；用直接坐标法或距离交会法测设Ⅱ点，用距离交会法测设Ⅲ点，测设长度以不超过一整尺为宜。图解法受图解精度的限制，精度不高。当管道中线精度要求不高的情况下，可采用此方法。

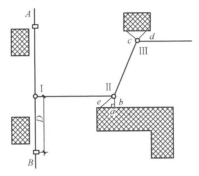

图 8-44 图解法获取数据

(2)解析法。当管道规划设计图上已经给出主点的坐标，而且主点附近又有控制点时，宜用解析法求测设数据。图 8-45 中 1、2、3、4 等为控制点，A、B、C 等为管道主点，如用极坐标法测设 B 点，则可根据 1、2 和 B 点坐标，按极坐标法计算出测设数据 $\angle 12B$ 和距离 D_{2B}。测设时，安置全站仪于 2 点，后视 1 点，转 $\angle 12B$，得 $2B$ 方向，在此方向上用钢尺测设距离 D_{2B}，即得 B 点。其他主点均可按上述方法测设。

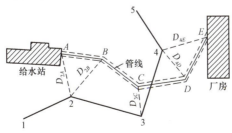

图 8-45 解析法获取数据

主点测设工作必须进行校核，其校核方法：先用主点坐标计算相邻主点间的长度；然后在已测设的主点间量距，看其是否与算得的长度相符。如果主点附近有固定地物，可量出主点与地物间的距离进行检核。

如果在拟建管道工程附近没有控制点或控制点不够时，应先在管道附近敷设一条导线，或用交会法加密控制点，然后按上述方法采集测设数据，进行主点的测设工作。在管道中线精度要求较高的情况下，均用解析法测设主点。

2. 中桩的测设

为了测定管线的长度和测绘纵、横断面图，从管道起点开始，沿管道中线在地面上要设置整桩和加桩，这项工作称为中桩的测设。从起点开始按规定每隔一整数设一桩，这个桩叫作整桩。根据不同管线，整桩之间的距离也不同，一般为 20 m、30 m，最长不超过 50 m。相邻整桩间的主要地物穿越处及地面坡度变化处要增设木桩，称为加桩。

为了便于计算，管道中线上的桩，自起点开始按里程注明桩号，并用红油漆写在木桩的侧面，如整桩的桩号为 0+100，即此桩离起点距离 100 m，如加桩的桩号为 0+162，即表示离起点距离为 162 m，"+"前为千米数，"+"后为米数。管道中线是那个的整桩和加桩都称为里程桩。

为了避免测设中桩错误，量距一般用钢尺丈量两次，精度为 1/1 000，困难地区可放宽至 1/500，或用光电测距仪测距；在精度要求不高的情况下，可用皮尺或测绳丈量。

不同的管道，其起点也有不同规定，如给水管道以水源为起点；燃气、热力等管道以来气方向为起点；电力电信管道以电源为起点；排水管道以下游出水口为起点。

3. 管道转向角测量

管线改变方向时，转变后的方向与原方向间的夹角称为转向角。转向角有左、右之分，如图 8-46 所示。以 $\alpha_{左}$ 和 $\alpha_{右}$ 表示。欲测量 2 点的转向角时，首先安置全站仪于 2 点，盘左瞄准 1 点，纵转望远镜读水平读盘读数；再瞄准 3 点，并读数，两次读数之差即为转折角；用右盘按上述方法再观测一次，取盘左、盘右的平均值作为转折角的最后结果。再根据转折角计算转向角。但必须注意转向角的左、右方向。即有些管道转向角要满足定型弯头的转向角的要求，如给水管道使用铸铁弯头时，转向角有 90°、45°、22.5°、11.25°、5.625°等几种类型。当管道主点之间距离较短时，设计管道的转向角与定型弯头的转向角之差不应超过 2°。排水管道的支线与干线汇流处，不应有阻水现象，故管道转向角不应大于 90°。

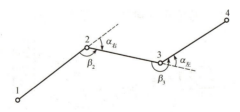

图 8-46　转向角测量

4. 里程桩手簿的绘制

在中桩测量的同时，要在现场测绘管道两侧的地物、地貌，称为带状地形图，也叫作里程桩手簿。里程桩手簿是绘制纵断面图和设计管道时的重要参考资料。如图 8-47 所示，此图是绘制在毫米方格纸上，图中的粗线表示管道的中心线，0+000 为管道起点。0+340 处为转向点，转向后的管线仍按原直线方向绘出，但要用箭头表示管道转折的方向，并注明转向角值(图中转向角 $\alpha_右 = 30°$)。0+450 和 0+470 是管道穿越公路的加桩，0+182 和 0+265 是地面坡度变化的加桩，其他均为整桩。

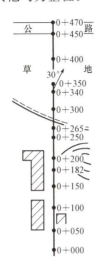

图 8-47 里程桩手簿

管线带状地形的测绘宽度一般为左、右各 20 m，在宽度范围内的建筑物应一并测绘成图。

8.4.3 纵横断面测量

1. 管道纵断面测量

沿管道中心线方向的断面图称为纵断面。管道的纵断面图是表示管道中心线上地面起伏变化的情况。纵断面图测量的任务是根据水准点的高程，测量出中线上各桩的地面高程，然后根据测得的高程和相应的各桩桩号绘制断面图。作为设计管道埋深、坡度及计算土方量的主要依据。其工作内容如下：

(1)水准点的布设。为了保证管道高程测量精度，在纵断面水准测量之前，应先沿管道设立足够的水准点。通常每 1～2 km 设一个水准点，300～500 m 设立临时水准点，作为纵断面水准测量分段附和与施工时引测高程的依据。水准点应埋设在使用方便，易于保存和不受施工影响的地方。

(2)纵断面水准测量。纵断面水准测量一般是以相邻的两个水准点为一个测段，从一个水准点出发，逐点测量中桩的高程，再附合到另一水准点上，以便校核。纵断面水准测量的视线长度可适当放宽，一般采用中桩作为转点，但也可另设。在两转点间的各桩，通称为中间点，中间点的高程通常用仪高法求得。测量方法如图 8-48 所示。表 8-3 所示是由水准点 BM_1 到 0+200 的纵断面水准测量示意和记录手簿。其施测方法如下。

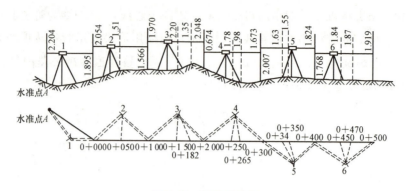

图 8-48 纵断面测量

表 8-3 纵断面水准测量记录手簿

测区：_____ 　观测者：_____ 　记录者：_____

日期：_____ 　天　气：_____ 　仪　器：_____

测站	桩号	水准尺读数			高差		仪器视线高	高程
		后视	前视	中间视	＋	－		
1	水准点 BM_1	2.204						156.800
	0＋000		1.895		0.309			157.109
2	0＋000	2.054					159.163	157.109
	0＋050			1.81				157.353
	0＋100		1.566		0.488			157.597
3	0＋100						159.567	157.597
	0＋150	1.970		1.70				157.867
	0＋182			1.55				158.017
	0＋200		2.048			0.078		157.519
…	…	…	…	…	…	…	…	…

1)仪器安置于测站点 1，后视水准点 BM_1，读数 2.204，前视 0＋000，读数 1.895；仪器搬至测站 2，后视 0＋000，读数 2.054，前视 0＋100，读数 1.566；此时仪器不搬动；将水准尺立于中间点 0＋050 上读中间视读数 1.81（中间点读至厘米即可）。

2)仪器搬至测站点 3，后视 0＋100，读数 1.970，前视 0＋200，读数 2.048；然后读中间视 0＋150、0＋182，分别读得 1.70，1.55；

3)以后各点依上述方法进行，直至附合于另一水准点为止。一个测段的纵断面水准测量，要进行下列计算工作：

①高程闭合差计算。纵断面水准测量一般均起讫于水准点，其高差闭合差，对于重力自流管道不应大于 $\pm 40\sqrt{L}$ mm。当闭合差再容许范围内时不必进行调整。

②用高差法计算各转点的高程。

③用仪高法计算中间点的高程。

例如：为了计算中间点 0＋050 的高程，首先计算测站的仪器视线高程：

$$h_i = 157.109 + 2.054 = 159.163 \ (\text{m})$$

中间点 0+050 处的高程为 159.163−1.810=157.353（m）

当管线较短时，纵断面水准测量可与测量水准点的高程在一起进行，由一水准点开始，按上述纵断面水准测量方法测出中线上各桩的高程后，附合到高程未知的另一水准点上，然后以一般水准测量方法返测到起始水准点上，依次校核。若往返闭合差在允许范围内，取高差平均数推算下一水准点的高程，然后进行下一段的测量工作。

（3）纵断面图的绘制。绘制纵断面图，一般在毫米方格网上进行绘制时，以管线的里程为横坐标，高程为纵坐标。为了更明显地表示地面的起伏，一般纵断面图的高程比例要比水平比例尺大 10 倍或 20 倍。其具体绘制方法如下：

1）如图 8-49 所示，在方格纸上适当位置，绘制出水平线。水平线以下注记实测、设计和计算有关数据，水平线上面绘制管线的纵断面图。

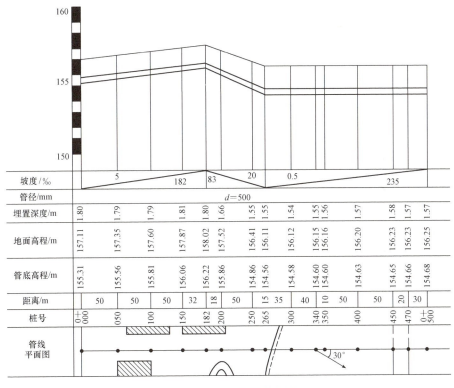

图 8-49　纵断面图的绘制

2）根据水平比例尺，在距离、桩号和管线平面图的各栏内，标明整桩和加桩的位置。在距离栏内标明各桩的桩号。在地面高程栏内注明各桩的高程，并凑整到厘米。

3）在水平线上部，按高程比例，根据整桩和加桩的地面高程，在相应的垂直线上确定各点的位置。再用直线连接各相邻点，即得纵断面图。

4）根据设计要求，在纵断面图上绘制出管线的设计线，在坡度栏内注记坡度方向，用"/""\"和"—"表示上坡、下坡和平坡。坡度线之上注记坡度值，以千分数表示，线下注记该段坡度的距离。

5）管底高程是根据管道起点的高程、设计坡度依据各桩之间的距离，逐点推算出来

的。例如，0+000的管底高程为155.31 m，管道坡度i为+5‰，求得0+050的管底高程为

$$155.31+0.005\times50=155.31+0.25=155.56（m）$$

6）绘制管线设计线。根据起点高程和设计坡度，在图上绘制管线设计线。

7）计算管道埋深。地面高程减去管底高程即管道的埋深。计算出后填入埋置深度栏。

8）在图上注记有关资料。如本管道与旧管道连接处、交叉处及与其他建筑物的交叉等。

纵断面图的设计均由管道设计人员根据设计要求，并结合现场实际情况进行设计。

2. 管道横断面的测量

垂直于管道中心线方向的断面称为横断面。管道的横断面图是表示管道两侧地面起伏变化情况的断面图。横断面图测绘的任务是根据中心桩的高程，测量横断面方向上地面坡度变化点的高程及到中心桩的水平距离，然后根据高程和水平距离绘制横断面图，供设计时计算土方量和施工时确定开挖边界线之用。其工作内容如下：

（1）确定横断面方向。确定横断面方向通常用全站仪或方向架。用全站仪确定横断面方向，即按已知角度测设的方法。用方向架确定横断面方向，如图8-50所示。将方向架置于预测横断面的中心桩上，以方向架的一个方向照准管道上的任一中心桩，则另一方向即所求横断面方向。

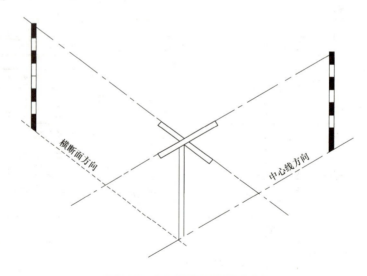

图8-50 方向架确定横断面方向

（2）横断面测量。横断面测量的宽度取决于管道的直径和埋深，一般每侧为10～20 m。根据精度要求和地面高低情况，横断面的测量可采用以下几种方法：

1）标杆皮尺法。如图8-51所示，点1、2、3和点1′、2′、3′为横断面坡度上的变化点。施测时，将标杆立于1点，皮尺零点放在0+050桩上，并拉成水平方向，在皮尺与标杆的交点处读出水平距离和高差。同法可计算各相邻两点之间的水平距离和高差。记录格式见表8-4。表中按管道前进方向分成左侧、右侧两栏，观测值用分数形式表示，分子表示两点间的高差，分母表示两点间的水平距离。

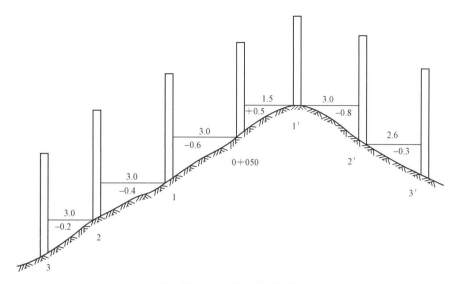

图 8-51　标皮尺法测定横断面

表 8-4　横断面测量(标杆皮尺法)记录表

左侧	桩号	右侧
$\dfrac{-0.2}{2.6}$，$\dfrac{-0.3}{3.0}$，$\dfrac{-0.8}{3.6}$	0+000	$\dfrac{+0.7}{3.2}$，$\dfrac{-0.3}{3.0}$，$\dfrac{-0.4}{2.6}$
$\dfrac{-0.2}{3.0}$，$\dfrac{-0.4}{3.0}$，$\dfrac{-0.6}{3.0}$	0+050	$\dfrac{+0.5}{1.5}$，$\dfrac{-0.8}{3.0}$，$\dfrac{-0.3}{2.6}$

此法操作简单，但精度较低，适用于等级较低的管道。

2)水准仪法。如图 8-52 所示，选择适当的位置安置水准仪，首先在中心桩上竖立水准尺，读取后视读数，然后在横断面方向上的坡度变化点处竖立水准尺，读取前视读数，用皮尺量出立尺点到中心桩的水平距离。水准尺读数至厘米，水平距离精确至分米。记录格式见表 8-5。各点的高程可由视线高程求得。

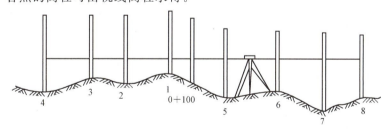

图 8-52　水准测量横断面

表 8-5　横断面测量(水准仪)记录表

桩号 0+100		高程 157.597 m			
测点		水平距离/m	后视/m	前视/m	视线高/m	高程/m
左	右	0	1.26		158.86	
1		2.0		1.30		157.56

桩号 0+100			高程 157.597 m			
2		5.4		1.42		157.44
3		7.2		1.37		157.49
...	...	...	...	...	...	...

此法精度较高，但在横向坡度较大或地形复杂的地区不易采用。

3)全站仪法。如图8-53所示。在欲测横断面的中心桩上安置全站仪，并量取仪器高 i，照准横断面方向上坡度变化点处的水准尺，读取视距间隔 l，中丝读数 v，垂直角 α，根据视距测量计算公式即可得到两点间的水平距离 D 和高差 h，即

$$D = Kl\cos^2\alpha \tag{8-3}$$

$$h = D\tan\alpha + i - v \tag{8-4}$$

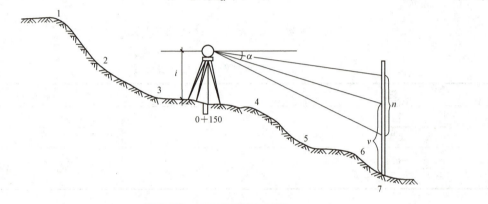

图 8-53　全站仪测定横断面

记录格式见表8-6。此法不受地形的限制，故适用于横向坡度变化较大、地形复杂的地区。

表 8-6　横断面测量(全站仪法)记录表

桩　号　0+150			高　程　157.87 m		仪器高 $i=1.42$ m			
测点		视距间隔/m	垂直角 /(° ′)	中丝读数 /m	水平距离 /m	高差 /m	高程 /m	备　注
左	右							
	4	13.8	$-10°45'$	2.42	13.32	-3.53	154.34	
	5	29.3	$-10°45'$	2.42	26.38	-9.77	148.10	
...	...	...	...	...	...	...	...	...

横断面测量时应在现场绘制出断面示意图。

(3)横断面图的绘制。横断面图一般绘制在毫米方格纸上，水平方向表示水平距离，竖直方向表示高程。横断面图的比例通常采用1:100或1:200。为了便于计算横断面面积和确定管道开挖边界，水平方向和竖直方向应取相同的比例。

图 8-54 所示为某一横断面的断面图。其绘制步骤如下：

1)根据外业测量资料，计算各点的高程和该点至管道中心桩的水平距离。

2)标注中心桩桩号,根据各点高程和水平距离,按比例尺将这些点绘制在图纸上。

3)把相邻点用直线连接起来,即得到横断面图。

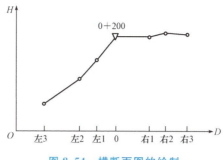

图 8-54 横断面图的绘制

8.4.4 地下管道施工测量

设计阶段进行纵断面测量所定出的管道中线位置,如果与管线施工所需的中线位置一致,而且主点各桩在地面上完好无损,则只需要进行检核,不必重测。否则就需要重新测设管道中线。

根据设计数据用钢尺标定检查井的位置,并且用木桩标定。

在施工时,管道中线上各桩将被挖掉,为了便于恢复中线和检查井的位置,应在管道主点处的中线延长线上设置中线控制桩,在每个检查井处垂直于中线方向设置检查井位控制桩,这些控制桩应设置在不受施工破坏、引测方便。而且容易保存的位置。为了便于使用,检查井位控制桩离中线最好是一个整数。

根据管径大小、埋置深度及土质情况,决定开槽宽度,并在地面上定出槽边线的位置。若横断面上的坡度比较平缓,开挖管道宽度可用下列公式进行计算:

$$B = b + 2mh \tag{8-5}$$

式中 b——槽底的宽度;

h——中线上的挖土深度;

$1/m$——管槽边坡的坡度。

管道的埋设要按照设计的管道中线和坡度进行。因此,在开槽前应设置控制管道中线和高程的施工测量标志。

1. 坡度板和中线钉设置

为了控制管线中线与设计中线相符,并使管底标高与设计高程一致,基槽开挖到一定程度,一般每隔 10~20 m 处(检查井处)沿中线跨槽设置坡度板,如图 8-55 所示。坡度板埋设要牢固,顶面应水平。

根据中线控制桩,用全站仪将管线中线投测到坡度板上,并钉上小钉(称为中线钉)。此外,还需将里程桩号和检查井编号写在坡度板侧面。各坡度板上中线钉连线即管道的中线方向,在连线上挂垂球线可将中线位置投测到基槽内,以控制管道按中线方向敷设。

2. 设置高度板和测设坡度钉

为了控制基槽开挖的深度,根据附近水准点,用水准仪测出各坡度板顶面高程 $H_{顶}$,并标注在坡度板表面。板顶高程与管底设计高程 $H_{底}$ 之差 k 就是坡度板顶面往下开挖至管底的深度，俗称下返数，通常用 C 表示。k 也称为管道埋置深度。

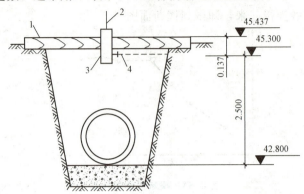

图 8-55　坡度板的设置

1—坡度板；2—中线钉；3—高程板；4—坡度钉

由于各坡度板的下返数都不一致，且不是整数，无论施工或检查都不方便，为了使下返数在同一段管线内均为同一整数值 C，则须由下式计算出每一坡度板顶应向下或向上量的调整数 δ，如图 8-55 所示。

$$\delta = C - k = C - (H_{\text{顶}} - H_{\text{底}}) \tag{8-6}$$

在坡度板中线钉旁钉一竖向小木板桩，称为高程板。根据计算的调整数 δ，在高程板上向下或向上量 δ 定出点位，在钉上小钉，称为坡度钉，如图 8-57 所示。如 $k = 2.726$，取 $c = 2.500$ m，则调整数 $\delta = -0.226$ m，从板顶向下量 0.226 m 钉坡度钉，从坡度钉向下量 2.500 m，便是管底设计高程。同法可钉出各处高程板和坡度钉。各坡度钉的连线即平行于管底设计高程的坡度线，各坡度钉下返数均为 C。施工时只需用一标有长度的木杆就可随时检查是否挖到设计深度。如果开挖深度超过设计高程，绝不允许回填土，只能加厚垫层。

3. 平行轴腰桩法

当现场条件不便采用坡度板时，且管径较小、坡度较大、精度要求较低的管道，可用平行腰桩法来控制施工。其步骤如下：

（1）测设平行轴线。管沟开挖前，在中线的一侧测设一排平行轴线桩，桩位落在开挖槽边线以外，如图 8-56 所示，轴线桩至中线桩的平距为 a，桩距一般为 20 m，各检查井位也应在平行轴轴线上设桩。

（2）钉腰桩。为了控制管底高程，在槽沟坡上（距离槽底约为 1 m）打一排与平行轴线相对应的桩，这排桩称为腰桩，如图 8-57 所示。

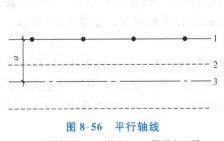

图 8-56　平行轴线

1—平行轴线；2—槽边；3—管道中心线

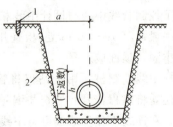

图 8-57　腰桩测设

1—平行轴线桩；2—腰桩

（3）引测腰桩高程。在腰桩上钉一小钉，并用水准仪测量出各腰桩上小钉的高程，小钉高程与该处管底设计高程之差 h 即下返数。施工时只需用水准尺量取小钉到槽底的距离，与下返数比较，便可检查是否挖到管底设计高程。

平行腰桩法施工和测量都比较麻烦，且各腰桩的下返数不同，容易出错。为此选定到管底的下返数为某一整数，并计算出各腰桩的高程。然后在测设出各腰桩，并以小钉标明其位置，此时各桩小钉的连线与设计坡度平行，并且小钉的高程与管底设计高程之差为一常数。

8.4.5 架空管道施工测量

在管道穿越铁路、公路、河流或重要建筑物时，为了不影响正常的交通秩序或避免大量的拆迁和开挖工作，可采用架空管道施工方法敷设管道。首先在欲设顶管的两端挖好工作坑，在坑内安装导轨（铁轨或枋木），将管材放在导轨上，用顶镐将管材沿中线方向顶进土中，然后挖出管筒内泥土。顶管施工测量的主要任务是控制管道中线方向、高程及坡度。

1. 中线测量

用全站仪将地面中线引测到工作坑的前后，钉立木桩和铁钉，称为中线控制桩。按前述槽口放线的方法确定工作坑开挖边界线，然后实施工作坑施工。工作坑开挖到设计高程时，再进行架空管的中线测设。测设时，根据中线控制桩，用全站仪中线引测到坑壁上，并钉立木桩，称为架空管中线桩，以标定架空管中线位置。

在进行架空管中线桩测量时，在两个架空管中线桩之间拉一细线，在线上挂两个垂球，两垂球的连线方向即为架空管的中线方向。这时在管内前端横放一水平尺，尺长等于或略小于管径，尺上分划是以尺中点为零并向两端增加。当尺子在管内水平放置时，尺子中点若位于两垂球的连线方向上，架空管中心线即与设计中心线一致。若尺子中点偏离两垂球的连线方向，其偏差大于允许值时则应校正架空管方向。

2. 高程测量

为了控制管道按设计高程和坡度顶进，先按方法在工作坑内设置临时水准点。一般要求设置两个，以便进行检核。将水准仪安置在工作坑内，先检测临时水准点高程有无变化，在后视临时水准点，用一根长度小于管径的标尺立于管道内待测点上，即可测得管底（内壁）各点高程。将测得的管底高程与设计高程比较，差值应在允许值内，否则应进行校正。

对于短距离（小于 50 m）的架空管施工一般每顶进 0.5 m 可按上述方法进行一次中线和高程测量。当距离较长时，须每隔 100 m 设置一个工作坑，采用对向顶管施工。在顶管施工中，高程允许偏差为 ±10 mm；中线允许偏差为 30 mm；管子错口一般不超过 10 mm；对顶时错口不得超过 30 mm。

在大型管道施工中，应采用自动化顶管施工技术。使用激光准直仪配置光电接收靶和自控装置，即可用激光束实现自动化顶管施工的动态方向监控。首先将激光准直仪安置在工作坑内中线桩上，调整好激光束的方向和坡度，在掘进机上安置光电接收靶和自控装置。当掘进方向出现偏差时，光电接收靶接收准直仪的光束便与靶中心出现相同的偏差，该偏差信号通过偏差装置自动调整掘进机钻头钻进方向，沿中心方向继续掘进。

由智能全站仪构成的自动测量和控制系统（测量机器人）已实现了开挖和掘进自动化。利用多台自动寻标全站仪构成顶管自动引导测量系统，在计算机的控制下，实时测出掘进机钻头位置并与设计坐标进行比较，可及时引导掘进机走向正确的位置。

【知识思维导图】

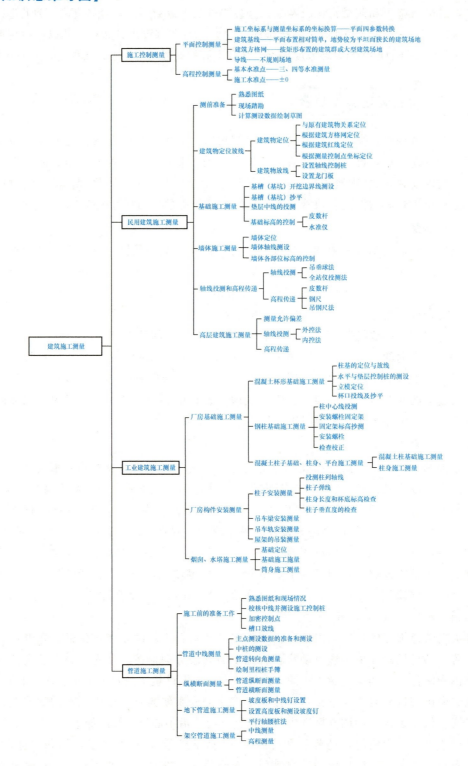

【能力评价】

知识要点	能力要求	所占分值(100 分)	自评分数
施工测量概述	(1)掌握施工测量应遵循的程序和原则	4	
	(2)了解施工控制网	3	
坐标系统及坐标换算	(1)了解施工坐标系统	3	
	(2)巩固测量坐标系统	2	
	(3)了解坐标系统的换算方法	5	
建筑基线	(1)掌握建筑基线的布设形式	5	
	(2)掌握建筑基线的测设方法	5	
建筑方格网	了解建筑方格网设计的原则	2	
施工场地的高程控制测量	掌握施工场地高程控制的方法	5	
民用建筑施工测量概述	明确施工测量的任务	2	
建筑物的定位和放线	(1)掌握建筑物定位的方法	6	
	(2)掌握建筑物放线的方法	5	
建筑物基础施工测量	(1)掌握基础标高控制的方法	3	
	(2)掌握基槽抄平的方法和垫层上轴线测设的方法	5	
高层建筑施工测量	(1)熟悉高层建筑施工测量的特点	3	
	(2)掌握高层建筑轴线投测的方法	6	
	(3)掌握高层建筑高传递的方法	5	
厂房矩形控制网的测设	(1)掌握直角坐标法,测设矩形控制网	3	
	(2)了解矩形控制网的形式	2	
	(3)了解厂房柱列轴线的测设方法	2	
厂房基础施工测量	(1)掌握钢筋混凝土柱基的定位、放线	2	
	(2)掌握基础控制桩的测设及杯口投线抄平	2	
	(3)了解钢柱基础的施工测量	2	
	(4)了解混凝土柱子基础、柱身、平台施工测量	2	
厂房构件安装测量	(1)掌握柱子的安装测量	2	
	(2)理解性掌握吊车梁安装测量	2	
	(3)了解吊车轨、屋架安装测量	2	
烟囱、水塔施工测量	(1)理解性掌握烟囱施工测量的方法及步骤	2	
	(2)理解吊垂球法和激光导向法的操作	2	
	(3)掌握烟囱、水塔高程测量方法	2	
	(4)掌握管道中线测量方法	2	
	(5)掌握管道断面测量方法	2	
总分		100	

【素养提升】

1. 强化国家安全意识，提高学生的法治观念和风险防范能力

建筑施工测量涉及国家基础设施建设、国土资源开发、国防军事工程等，对国家安全和社会稳定有重要影响。可以通过讲解测量法规、标准、规范等，教育学生遵守法律法规，维护国家利益和社会秩序。通过分析测量工程中的安全隐患、事故案例、风险评估等，培养学生的安全意识和风险防范能力，增强学生的危机应对和问题解决能力。

2. 融入社会主义核心价值观，培养学生的文化自信和社会责任感

建筑施工测量不仅是一门技术性的课程，也是一门人文性的课程，它关注建筑工程与自然环境、社会文化、历史传承等的和谐共生。可以通过展示工程测量中的文化元素、历史故事、民族情感等，培养学生的文化自信和民族自豪感，引导学生传承和弘扬中华优秀传统文化。通过阐述测量工程中的环境保护、社会公益、人文关怀等，培养学生的社会责任感和奉献精神，引导学生践行社会主义核心价值观。

3. 培养爱国情怀，增强国家荣誉感和使命感

建筑施工测量不仅可以满足建筑工程的实际需求，也能展示国家的文明和实力。可以通过介绍国家重大工程的测量过程和成果，如珠峰高程测量、港珠澳大桥测量、北京大兴国际机场测量等，让学生感受到测量工程师为国家建设和发展做出的贡献，激发学生的爱国情怀和国家荣誉感，培养学生的使命感和担当意识。

4. 增强创新能力，掌握前沿技术和理论

建筑施工测量是一门不断发展和创新的学科，要求学生不仅要掌握基础知识和方法，还要关注测量领域的新技术和新理论，如无人机测量、激光雷达测量、BIM技术等，提高学生的创新能力和适应能力。可以通过讲解测量技术的发展历程和趋势，展示测量技术的创新成果和应用案例，引导学生学习和运用前沿技术和理论，培养学生的创新精神和创新意识。

5. 强化职业道德，树立正确的价值观和人生观

建筑施工测量是一项涉及公共利益和社会责任的工作，要求学生具备高尚的职业道德和良好的职业素养，如诚信、公正、专业、合作等。通过讲解测量工程中的职业道德规范和职业素养要求，分析测量工程中的职业道德问题和案例，教育学生树立正确的价值观和人生观，培养学生的职业道德和职业素养。

课后习题

一、判断题

(1)面积不大的居住建筑小区，多采用方格网形的控制网作为施工测量的平面控制依据。
（　　）

(2)施工坐标系，必须在场地建立方格网。（　　）

(3)建筑方格网适用于按正方形或矩形布置的建筑群或大型建筑场地，该网使用方便，且精度较高，但该网必须按照建筑总平面图进行设计，其点位易被破坏，因而自身的测设

工作量较大，测设的精度要求较高，难度也相应较大。　　　　　　　　（　　）

(4)施工控制网的布设，应根据总平面设计和施工地区的地形条件来确定。（　　）

(5)施工测量的主要工作是测设建筑物的平面位置。　　　　　　　　　　（　　）

二、单项选择题

(1)施工测量应首先建立施工控制网，测设建筑物的主轴线，然后根据主轴线测设建筑物的（　　）。

A. 建筑基线　　　　　B. 细部点　　　　　　C. 控制点　　　　　D. 高程

(2)施工场地范围不大时，可在场地上布置一条或几条基线，作为施工场地的控制，这种基线称为（　　）。

A. 地形基线　　　　　B. 设计基线　　　　　C. 测量基线　　　　D. 建筑基线

(3)建筑基线布设的常用形式有(①)、(②)、(③)和(④)。正确的是（　　）。

A.①矩形　②十字形　③丁字形　④L 形

B.①山字形　②十字形　③丁字形　④交叉形

C.①一字形　②十字形　③丁字形　④L 形

D.①X 形　②Y 形　③O 形　④L 形

(4)建筑方格网主要用于建筑物排列比较规整的场地，其轴线与建筑物的主要轴线呈①或②的关系（　　）。

A.①平行②重合　　B.①一致②垂直　　C.①平行②垂直　　D.①一致②重合

(5)在民用建筑的施工测量中，下列不属于测设前的准备工作的是（　　）。

A. 平整场地　　　　B. 绘制测设略图　　　C. 熟悉图纸　　　D. 设立龙门桩

(6)建筑施工测量中，建筑定位应使用（　　）。

A. 建筑总平面图　　　　　　　　　　B. 建筑平面图

C. 基础平面图　　　　　　　　　　　D. 建筑立面及剖面图

(7)建筑物定位放线依据的主要图纸是（　　）。

①建筑施工图　②结构施工图　③设备施工图　④总平面图　⑤建筑平面图

⑥结构详图　⑦基础平面图　⑧首层平面图　⑨基础详图

A.①②③④　　　　B.③④⑤⑥　　　　C.①②③⑦　　　　D.④⑦⑧⑨

(8)水准尺放在龙门板板顶(±0.00)的读数为 0.783，现在要测出离基槽底 50 cm 的水平桩(基槽底高程为－1.50 m)，水准仪在水平桩上应读的读数是（　　）m。

A. 0.217　　　　　B. 1.217　　　　　C. 1.783　　　　　D. 2.783

(9)在基础放样中要设置水平桩，位置一般高于基础底部设计标高（　　）m。

A. 0.5　　　　　B. 0.2　　　　　C. 0.3　　　　　D. 0.4

(10)高层建筑物轴线投测的方法，一般分为全站仪引桩法和（　　）。

A. 水准仪法　　　B. 全站仪法　　　C. 钢尺法　　　D. 激光铅垂仪法

三、简答题

(1)建筑轴线控制桩的作用是什么？龙门板的作用是什么？

(2)校正工业厂房柱子时，应注意哪些事项？

(3)高层建筑轴线投测和高程传递的方法有哪些？

(4)如何根据建筑方格网进行建筑物的定位放线？为什么要设置轴线桩？

(5)对柱子安装测量有何要求？如何进行校正？

四、计算题

(1)设 A、B 为已知平面控制点，其坐标分别为 $A(156.356，576.482)$、$B(208.056，485.432)$，P 为待定点，其设计坐标为 $P(185.021，500.150)$，试计算根据 A、B 两点测设 P 点位置的有关数据，并说明其测设方法。

(2)某建筑场地上有一水准点 A，其高程为 $H_A = 140.000 \text{ m}$，欲测设高程为 139.450 m 的室内 $\pm 0.000 \text{ m}$ 标高，设水准仪在水准点 A 所立水准尺的读数为 1.034 m，试计算在室内 $\pm 0.000 \text{ m}$ 标高所立水准尺的读数，并说明其测设方法。

项目9　建筑物变形观测

✳ **教学目标**

知识目标	能力目标	素养目标
1.掌握变形观测的意义； 2.掌握变形观测的内容； 3.基准点和观测点的布设； 4.掌握沉降观测的方法； 5.能够对沉降观测数据进行处理； 6.掌握建筑物倾斜观测网的布设方法； 7.掌握建筑物倾斜观测的方法； 8.了解倾斜观测的观测周期和成果内容	1.能够根据不同的观测对象确定合适的变形观测方法； 2.能够布设建筑物沉降观测点和基准点； 3.能够对建筑物进行沉降观测； 4.能够对沉降数据进行初步处理； 5.能够布设建筑物倾斜观测网； 6.能够对建筑物进行倾斜观测； 7.能够对倾斜观测数据进行初步处理	1.培养学生的社会责任感，使其意识到建筑物变形观测工作对于保障人民生命财产安全的重要性； 2.强调遵守职业道德，确保数据的准确性和可靠性； 3.具备良好的观察力和分析能力，能够准确、快速地进行测量和数据处理； 4.鼓励学生持续关注建筑领域的新技术、新方法，具备终身学习和自我提升的能力

》》相关规范

1.《建筑变形测量规范》(JGJ 8—2016)；

2.《工程测量标准》(GB 50026—2020)；

3.《工程测量通用规范》(GB 55018—2021)。

》》学习重难点

1.基准点和观测点的布设；

2.沉降观测的方法；

3.沉降观测数据进行处理；

4.建筑物倾斜观测网的布设方法；

5.掌握建筑物倾斜的方法。

✳ 岗课赛证

1.全国职业院校技能大赛地理空间信息采集与处理赛项规程

水准测量：完成规定水准路线的观测、记录、计算和成果整理，提交合格成果。

2."1＋X"测绘地理信息数据获取与处理职业技能等级标准

初级：

(1)全站仪的认识及使用。

（2）能在一个测站上使用全站仪测量角度、距离和坐标的方法并将数据记录在记录表中。

3. 国家职业技能标准——工程测量员（2019 年版）

中级：

（1）能进行一、二、三级导线测量的选点、埋石、观测、记录；

（2）能进行三、四等水准测量的选点、埋石、观测、记录。

9.1 建筑物变形观测概述

建筑工程变形观测的目的是通过观测手段确切地反映建筑地基基础、上部结构及其场地在静荷载或动荷载及环境等因素影响下的变形程度或趋势，从而有效监测新建建筑物在施工及运营使用期间的安全，以利于及时采取预防措施；同时，有效监测已建建筑物及建筑场地的稳定性，为建筑维修、保护、特殊性土地区选址及场地整治提供依据；为验证有关建筑地基基础、工程结构设计的理论及设计参数提供可靠的基础数据。

视频：工程变形监测的概述

建筑物在施工过程或使用期间，因受建筑地基的工程地质条件、地基处理方法、建（构）筑物上部结构的荷载等多种因素的综合影响将产生不同程度的沉降和变形。这种变形在允许范围内，可认为是正常现象，但如果超过规定限度就会影响建筑物的正常使用，严重的还会危及建筑物的安全。为了掌握建筑物在施工期间的工作状态，掌握变形、荷载、时效对建筑物的影响及其规律，检验原设计的各种基本假定和计算结果的正确性，以便及时发现问题并采取措施，保证施工能安全地进行，一般由建设单位委托监测单位对建筑物进行变形观测。

建筑工程变形是指建筑的地基、基础及上部结构及其场地受各种作用力而产生的形状或者位置变化现象。建筑工程变形观测是指对建筑变形进行观测，并对观测结果进行处理和分析的工作。

建筑物变形观测的任务是周期性地对设置在建筑物上的观测点进行重复观测，求得观测点位置的变化量。变形观测的主要内容包括沉降观测、倾斜观测、位移观测、裂缝观测和挠度观测等。在建筑物变形观测中，进行最多的是沉降观测。对高层建筑物，重要厂房的柱基及主要设备基础，连续性生产和受震动较大的设备基础，工业炼钢高炉、高大的电视塔，人工加固的地基、回填土、地下水水位较高或大孔土地基的建筑物等应进行系统的沉降观测；对中、小型厂房和建筑物，可采用普通水准测量；对大型厂房和高层建筑，应采用精密水准仪进行沉降观测。变形观测的精度要求应根据建筑物的性质、结构、重要性。允许变形值的大小等因素确定的沉降量。通常，对建筑物的观测应能反映出 1～2 mm 的沉降量。

9.2 建筑物沉降观测

9.2.1 建筑物沉降观测基本原理

通过定期测定沉降观测点相对于基准点的高差，求得观测点各周期的高程；不同周期、相同观测点的高程之差，即该点的沉降值，即沉降量。

假设某建筑物上有一沉降观测点 1，在第 1 期、第 $i-1$ 期、第 i 期的高差分别为 h_1、h_{i-1}、h_i，即可求得相应周期的高程为

$$H_1^1 = H_A + h_1, \quad H_1^{i-1} = H_A + h_{i-1}, \quad H_1^i = H_A + h_i \tag{9-1}$$

从而得到沉降点 1 第 i 周期相对于第 $i-1$ 周期的本次沉降量为

$$S^{i,i-1} =, \quad H_1^i - H_1^{i-1} \tag{9-2}$$

沉降点 1 第 i 周期相对于第 1 周期的累计沉降量为

$$S^i = H_1^i - H_1^1 \tag{9-3}$$

其中，S 为正号时，表示下沉；S 为负号时，表示上升。

9.2.2 建筑物沉降观测基本要求

1. 仪器设备、人员素质的要求

根据沉降观测精度要求高的特点，为能精确地反映出建（构）筑物在不断加荷作用下的沉降情况，一般规定测量的误差应小于变形值的 $1/10 \sim 1/20$，为此要求沉降观测应使用精密水准仪（S1 或 S05），水准尺也应使用受环境及温差变化小的高精度钢合金水准尺。人员必须接受专业学习及技能培训，熟练掌握仪器操作规程，熟悉测量理论，能

视频：变形监测
技术发展现状

针不同工程特点的具体情况采用不同的观测方法及观测程序，对工作中出现的问题能够分析原因，并正确运用误差理论进行平差计算，做到快速、精确地完成每次观测任务。

2. 观测时间的要求

建构筑物的沉降观测对时间有严格的限制条件，特别是首次观测必须按时进行，否则沉降观测会因得不到原始数据，而使整个观测无法达到目的。其他各阶段的复测必须根据工程进展情况定时进行，不得漏测或补测。

3. 观测点的要求

为了能够反映出建（构）筑物的准确沉降情况，沉降观测点要埋设在最能反映沉降特征且便于观测的位置。一般要求建筑物上设置的沉降观测点纵横方向要对称，且相邻点之间间距以 15～30 m 为宜，均匀地分布在建筑物的周围。通常情况下设计图纸上有专门的沉降观测点布置图。

4. 沉降观测要遵循"五定"原则

所谓"五定",即通常所说的沉降观测依据的基准点、工作基点和变形体上的沉降观测点的点位要稳定;所用仪器、设备要稳定;观测人员要稳定;观测时的环境条件基本一致;观测路线、镜位、程序和方法要固定。以上措施能在客观上尽量减少观测误差的不确定性,使所测的结果具有统一的趋向性,保证各次复测结果与首次观测的结果具有可比性,更一致,使所观测的沉降量更真实。

5. 施测要求

仪器、设备的操作方法与观测程序要正确。在首次观测前,要对所用仪器的各项指标进行检测校正,必要时,经计量单位予以鉴定。连续使用 3~6 个月后,重新对所用仪器设备进行检校。

6. 沉降观测精度的要求

根据建筑物的特性和建设单位、设计单位的要求,选择沉降观测精度的等级。在一般性的高层建构筑物施工过程中,采用二等水准测量的观测方法就能满足沉降观测的要求。各项观测指标要求如下:

(1)往返较差、附合或环线闭合差 $\leqslant 4\sqrt{L}$ mm(L 为路线长度);

(2)前后视距 $\leqslant 50$ m;前后视距差 $\leqslant 1.0$ m;

(3)前后视距累积差 $\leqslant 3.0$ m;

(4)水准仪的精度不低于 S1 级别。

7. 沉降观测成果整理及计算要求

原始数据要真实可靠,记录计算要符合施工测量规范的要求,依据"正确、严谨有序、步步校核、结果有效"的原则进行成果整理及计算。

9.2.3　建筑沉降观测网(点)布设

为了测定观测点的位置变化,必须设置一些位置稳定不变的参考点作为整个沉降变形观测的起算点和依据,这些点称为高程基准点。为了确保基准点稳定可靠,通常要求基准点远离建筑物沉降影响区域,并且埋设一定的深度。但是如果基准点距离观测点太远,观测不便则精度也难以保证,因此,要求在距离适当、便于观测的地方设置一些相对稳定的工作点,称为工作基点。为了测定工程建筑物的沉降变形,通常在建筑物上选择一些有代表性且能反映建筑物沉降特征的部位布设观测点,用点的沉降变形反映建筑物的变形情况,这些点称为沉降观测点。

1. 高程基准点和工作基点的布设

高程基准点与工作基点的布设应满足下列要求:

(1)为了对基准点进行互相校核,防止由于高程产生变化造成差错,基准点的数目应不少于 3 个,以组成水准网,如图 9-1 所示。

(2)高程基准点和工作基点应避开交通干道主路、地下管线、仓库堆栈、水源地、河岸、松软填土、滑坡地段、机器振动区,以及其他可能使标石、标志易遭腐蚀和破坏的地方。当建筑物规模较小、沉降观测精度要求较低时，一般不再布设工作基点。

（3）高程基准点应选设在变形影响范围以外且稳定、易于长期保存的地方。在建筑区内，其点位与邻近建筑的距离应大于建筑基础最大宽度的2倍，其标石埋深应大于邻近建筑基础的深度。高程基准点也可选择在基础深且稳定的建筑上。

（4）高程基准点、工作基点之间应便于进行水准测量。当使用静力水准测量方法进行沉降观时，用于联测观测点的工作基点应与沉降观测点设在同一高程面上，偏差不应超过+1 cm，当不能满足这一要求时，应设置上下高程不同但位置垂直对应的辅助点传递高程。

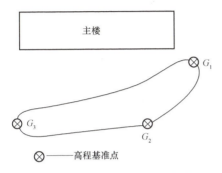

图 9-1　高程基准点与工作基点布设

视频：监测网的建立

2. 高程基准点和工作基点的构造与埋设

（1）高程基准点的标石应埋设在基岩层或原状土层中，可根据点位所在处的不同地质件，选理基岩水准基点标石，深埋双金属管水准基点标石、深埋钢管水准基点标石，混凝土基本水准标石。在基岩壁或稳固的建筑上也可埋设墙上水准标志，如图9-2所示。

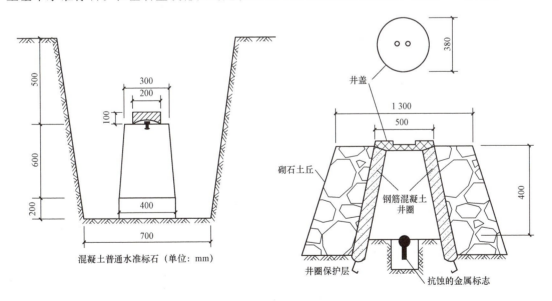

图 9-2　基准点标石结构

（2）高程工作基点的标石可按点位的不同要求，选用浅埋钢管水准标石、混凝土普通水准标石或墙上水准标志等（图9-3）。

图 9-3　基准点标石

(3)特殊土质地区和有特殊要求的标石(志)规格及埋设应另行设计。

3. 沉降观测点的布设

沉降观测点的位置以能全面反映建筑物地基变形特征，并结合地质情况及建筑结构特点确定。点位选设如图 9-4 所示。

(1)建筑物的四角、核心筒四角、大转角处及沿外墙每 10~15 m 处或每隔 2~3 根柱基上。

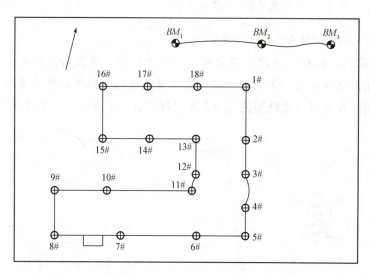

图 9-4　某建筑的沉降观测点布置

(2)高低层建筑物、新旧建筑物、纵横墙等交接处的两侧。

(3)建筑物裂缝、后浇带和沉降缝两侧、基础埋深相差悬殊处、人工地基与天然地基接壤处、不同结构的分界处及填、挖方分界处。

(4)宽度大于或等于 15 m 或小于 15 m 而地质复杂及膨胀土地区的建筑物，在承重内隔墙中部设内墙点，在室内地面中心及四周设地面点。

(5)邻近堆置重物处、受震动有显著影响的部位及基础下的暗浜(沟)处。

(6)框架结构建筑物的每个或部分柱基上或沿纵横轴线设点。

(7)筏形基础、箱形基础底板或接近基础的结构部分的四角处及其中部位置。

(8)重型设备基础和动力设备基础的四角、基础形式或埋深改变处及地质条件变化处两侧。

(9)电视塔、烟囱、水塔、油罐、炼油塔、高炉等高耸构筑物，沿周边在与基础轴线相交的对称位置上布点，点数不少于4个。

4. 沉降观测点的构造及埋设

沉降观测标志可根据不同的建筑结构类型和建筑材料，采用墙(柱)标志、基础标志和隐蔽式标志(用于宾馆等高级建筑物)等形式。各类标志的立尺部位应加工成半球形或有明显的凸出点，并涂上防腐剂，如图9-5所示。

图9-5　沉降观测点

标志的埋设位置应避开如雨水管、窗台线、暖气片、暖水管、电气开关等有碍设标与观测的障碍物，并应视立尺需要离开墙(柱)面和地面一定距离。

9.2.4　建筑沉降观测频率的确定

1. 建筑施工阶段

建筑施工阶段的观测频率应符合下列规定：

(1)普通建筑可在基础完工后或地下室砌筑完成后开始监测，大型、高层建筑可在基础垫层或基础底部完成后开始观测。

(2)观测次数与间隔时间应视地基与加荷情况而定。民用高层建筑可每加高1~5层观测一次，工业建筑可按回填基坑、安装柱子和屋架、砌筑墙体、安装设备等不同施工阶段分别进行观测。若建筑施工均匀增高，应至少在加荷25%、50%、75%和100%时各观测一次。

(3)施工过程中若暂停工，在停工时及重新开工时应各观测一次。停工期间可每隔2~3个月观测一次。

2. 建筑使用阶段

(1)建筑使用阶段的观测次数，应视地基土类型和沉降速率而定。除有特殊要求外，可在第一年观测3~4次，第二年观测2~3次，第三年后每年观测1次直至稳定为止。

(2)在观测过程中，若有基础附近地面荷载突然增减、基础四周大量积水、长时间连续降雨等情况，均应及时增加观测次数。当建筑突然发生大量沉降、不均匀沉降或严重裂缝时，应立即进行逐日或 2~3 天 1 次的连续观测。

（3）建筑沉降是否进入稳定阶段，应由沉降量与时间关系曲线判定。当最后 100 天的最大沉降速率小于 0.01~0.04 mm/d 时可认为已进入稳定阶段。对于具体沉降观测项目，最大沉降速率的取值宜结合当地地基土的压缩性能来确定。

9.2.5　建筑沉降观测精度的确定

建筑物沉降观测精度的确定取决于建筑物的设计级别和允许变形值的大小。一般来说，对建筑物的沉降观测的精度要求应控制在建筑物允许变形值的 1/10~1/20。通常应根据建筑物的高度、设计单位的要求等选择观测精度等级。变形测量的精度等级按以下原则确定：

（1）绝对沉降（如沉降量、平均沉降量等）的观测中误差，对于特高精度要求的工程可按地基条件，结合经验与分析具体确定；对于其他精度要求的工程，可按低、中、高压缩性地基土的类别，分别选 ±0.5 mm、±1.0 mm、±2.5 mm。

（2）相对沉降（如沉降差、基础倾斜、局部倾斜等）、局部地基沉降（如基坑回弹、地基土分层沉降等），以及膨胀土地基变形等的观测中误差，均不应超过其变形允许值的 1/20。

（3）建筑物整体性变形（如工程设施的整体垂直挠曲等）的观测中误差，不应超过允许垂直偏差的 1/10。

（4）结构段变形（如平置构件挠度等）的观测中误差，不应超过变形允许值的 1/6。

（5）对于科研项目变形量的观测中误差，可视所需提高观测精度的程度，将上列各项观测中误差乘以 1/5~1/2 系数后采用。

9.2.6　建筑沉降观测实施过程

1. 沉降观测的作业方法和技术要求

（1）作业中应遵守的规定：观测应在成像清晰、稳定时进行；仪器离前后视水准尺的距离应力求相等，并不大于 50 m；前后视观测应使用同一把水准尺；经常对水准仪及水准标尺的水准器和 i 角进行检查。当发现观测成果出现异常情况并认为与仪器有关时，应及时进行检验与校正。

（2）为保证沉降观测成果的正确性，在沉降观测中应做到五固定，即固定水准点、固定水准路线、固定观测方法、固定仪器、固定观测人员。

（3）首次观测值是计算沉降的起始值，操作时应特别认真、仔细，并应连续观测两次取其平均值，以保证观测成果的精确度和可靠性。

（4）每测段往测与返测的测站数均应为偶数，否则应加入标尺零点差改正。由往测转向返测时，两标尺应互换位置，并应重新整置仪器。在同一测站上观测时，不得两次调焦。转动仪器的倾斜螺旋和测微鼓时，其最后旋转方向均应为旋进。

（5）每次观测均需采用环形闭合方法或往返闭合方法，当场进行检查。其闭合差应在允许闭合差范围内。

（6）在限差允许范围内的观测成果，其闭合差应按测站数进行分配，计算高程。

采用二等水准测量进行观测，观测时先后视水准基点，接着依次前视各沉降观测点，最后再次后视该水准基点两次后视读数之差不应超过＋1 mm。另外，沉降观测的水准路线（从一个水准基点到另一个水准基点）应为闭合水准路线，如图9-6所示。

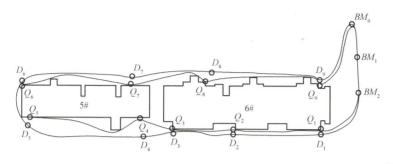

视频：建筑物的沉降观测

图9-6　某建筑的沉降观测点路线示意

2. 沉降观测数据处理与分析

（1）整理原始记录。每周期观测结束后，应检查记录表中的数据和计算是否正确，精度是否合格，如果误差超限则应重新观测。建筑物沉降观测记录表见表9-1。

表9-1　建筑物沉降观测记录表

工程名称				××工程												
结构形式	框架结构			建筑层次		5			仪器			水准仪				
水准点号数及高程				25±0.200												
测点	2023年9月11日		第1次 2013年10月5日			第2次 2013年10月24日				第3次 2013年11月15日				第4次 2013年12月12日			
	天气情况	初次高程/m	天气情况	高程/m	本次下沉/m	天气情况	高程/m	本次下沉/mm	累计下沉/mm	天气情况	高程/m	本次下沉/mm	累计下沉/mm	天气情况	高程/m	本次下沉/mm	累计下沉/mm
1	晴	0.594	晴	0.594	0	多云	0.593	1	1	晴	0.593	0	1	晴	0.592	1	2
2	晴	0.617	晴	0.617	0	多云	0.617	0	0	晴	0.616	1	1	晴	0.616	0	1
3	晴	0.556	晴	0.556	0	多云	0.556	0	0	晴	0.555	1	1	晴	0.554	1	2
4	晴	0.581	晴	0.581	0	多云	0.580	1	1	晴	0.580	0	1	晴	0.579	1	2
5	晴	0.566	晴	0.566	0	多云	0.566	0	0	晴	0.565	1	1	晴	0.565	0	1
6	晴	0.573	晴	0.573	0	多云	0.572	1	1	晴	0.572	0	1	晴	0.571	1	2
7	晴	0.572	晴	0.572	0	多云	0.572	0	0	晴	0.571	1	1	晴	0.571	0	1
进度	首层		二层			三层				四层				五层			

工程名称		××工程			
结构形式	框架结构	建筑层次	5	仪器	水准仪
水准点号数及高程			25±0.200		
测量人					
沉降观测点布置图					
测量人		计算人		审核人	观测单位印章

（2）计算沉降量。根据各观测点本次所观测高程与上次所观测高程之差，计算观测点的沉降量、沉降差，以及本周期平均沉降量、沉降速率和累计沉降量。

3. 绘制沉降曲线

为了更清楚地表示沉降量、荷载、时间三者之间的关系，还要画出各观测点的时间与沉降量关系曲线图及时间与荷载关系曲线图，如图9-7所示。

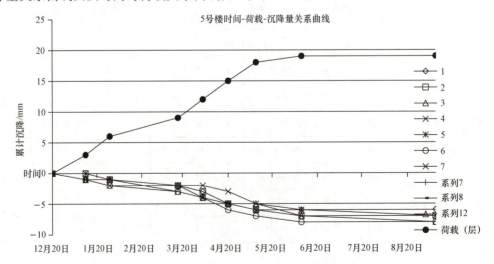

图9-7　建筑物的沉降、荷载、时间关系曲线

截至最后一期观测,统计得最大累计沉降量、最小累计沉降量、最大沉降差、平均累计沉降量。计算出该观测周期内建筑物的平均沉降速率。

(1)从荷载-时间-沉降量(P-T-S)关系曲线图的分布情况来看,观测点沉降曲线与其余观测点沉降曲线相比,分析其原因。

(2)从沉降速度-时间-沉降量(V-T-S)关系曲线图的分布情况来看,观测点沉降速度与明显快(慢)于其他观测点,分析其原因。

(3)从沉降曲线的沉降趋势来看,观测点沉降曲线在××××年××月以后开始逐渐趋缓,并小于规定值,则表明建筑物基础在××××年××月以后开始逐步进入稳定沉降阶段。

4. 建筑物沉降稳定判断标准

根据《建筑变形测量规范》(JGJ 8—2016)规范要求:"当最后 100 d 的最大沉降速率小于 0.01~0.04 mm/d,可认为已进入稳定阶段,对具体沉降观测项目,最大沉降速率的取值宜结合当地地基土的压缩性能来确定"。

根据沉降量与时间关系曲线来判定。对于重点观测工程,若最后 3 期观测中,每期沉降量均不大于 $2\sqrt{2}$ 倍测量中误差,则可认为已进入稳定阶段。

5. 建筑物沉降观测成果提交

(1)沉降观测成果表;

(2)沉降观测点位布置图及基准点图;

(3)P-T-S(荷载-时间-沉降量)曲线图;

(4)V-T-S(沉降速度-时间-沉降量)曲线图;

(5)建筑物等沉降曲线图;

(6)沉降观测分析报告。

9.3 建筑物倾斜观测

建筑物产生倾斜的原因主要是地基承载力的不均匀、建筑物体型复杂形成不同荷载及受外力风荷载、地震等影响引起基础的不均匀沉降。高层或高耸建筑物(如电视塔、水塔、烟囱、高层建筑物等)由于基础不均匀沉降、邻近其他建筑施工或受风荷载等影响,其垂直轴线会发生倾斜。测定建筑物倾斜度随时间而变化的工作叫作倾斜观测。建筑物倾斜观测常采用水准仪、经纬仪、全站仪、垂球或其他专用仪器来进行。

建筑主体倾斜观测应测定建筑顶部观测点相对于底部固定点或上层相对于下层观测点的倾斜度、倾斜方向及倾斜速率。对刚性建筑的整体倾斜,可通过测量顶面或基础的差异沉降来间接确定。建筑物的倾斜观测有直接法和间接法两类方法。

1. 建筑物主体倾斜观测网布设方法

(1)观测点和测站点的布设要求。当从建筑外部观测时,测站点的点位应选设在与倾斜方向成正交的方向线上距照准标 1.5~2.0 倍目标高度的固定位置,当利用建筑内部竖向通道观测时,可将通道底部中心点作为测站点。

对于整体倾斜,观测点及底部固定点应沿着对应测站点的建筑主体竖直线,在顶部和底部上下对应布设,对于分层倾斜,应按分层部位上下对应布设。

按前方交会法布设的测站点，基线端点的选设应顾及测距或长度丈量的要求。按方向线水平角法布设的测站点，应设置好定向点。

(2)主体倾斜观测点位的标志设置应符合下列要求。

1)建筑顶部和墙体上的观测点标志可采用埋入式照准标志，有特殊要求时应专门设计。

2)不便埋设标志的塔形、圆形建筑，以及竖直构件可以照准视线所切同高边缘确定的位置或用高度角控制的位置作为观测点位。

3)位于地面的测站点和定向点，可根据不同的观测要求，使用带有强制对中装置的观测墩或混凝土标石。

4)对于一次性倾斜观测项目，观测点标志可采用标记形式或直接利用符合位置与照准要求的建筑特征部位，测站点可采用小标石或临时性标志。

(3)建筑物主体倾斜观测的周期及频率。

1)主体倾斜观测周期，周期可视倾斜速度1～3个月观测一次；堆载或卸载、场地降雨积水，增加观测次数。

2)施工期间观测周期，可按照前述沉降观测周期规定确定；倾斜观测应避开强日照和风荷载影响大的时间段。

2. 建筑物倾斜观测的方法

(1)水准测量观测法。建筑物的倾斜观测可采用精密水准测量的方法。如图9-8所示，定期测出基础两端点的不均匀沉降量 h，再根据两点距离 L，即可计算出基础的倾斜度。

$$a = \frac{\Delta h}{L} \quad (9\text{-}4)$$

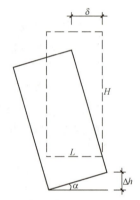

知道建筑物的高度 H，则可推算出建筑物顶部的倾斜位移值 δ

$$\delta = a \times H^2 = \frac{\Delta h}{L} \quad (9\text{-}5)$$

(2)全站仪投点法。建筑物主体的倾斜观测应测定建筑物顶部观测点相对于底部观测点的偏移值，再根据建筑物的高度，计算建筑物主体的倾斜度，即

图 9-8　水准仪观测法

$$i = \tan\alpha = \frac{\Delta D}{H} \quad (9\text{-}6)$$

式中　i——建筑物主体的倾斜度；

　　　ΔD——建筑物顶部观测点相对于底部观测点的偏移值(m)；

　　　H——建筑物的高度(m)；

　　　α——倾斜角(°)。

全站仪投点法观测步骤如下：

如图9-9所示，将全站仪安置在固定测站上，该测站到建筑物的距离，为建筑物高度的1.5倍以上。瞄准建筑物 X 墙面上部的观测点 M，用盘左、盘右分中投点法，定出下部的观测点 N。用同样的方法，在与 X 墙面垂直的 Y 墙面上定出上观测点 P 和下观测点 Q。M、N 和 P、Q 即所设观测标志。

隔一段时间后，在原固定测站上，安置全站仪，分别瞄准上观测点 M 和 P，用盘左、盘右分中投点法，得到 N' 和 Q'。如果，N 与 N'、Q 与 Q' 不重合，说明建筑物发生了倾斜。

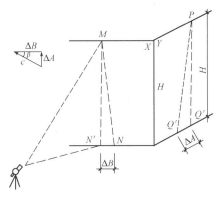

图 9-9　建筑倾斜观测

视频：建筑物的倾斜观测

用尺子量出在 X、Y 墙面的偏移值 ΔA、ΔB，然后用矢量相加的方法，计算出该建筑物的总偏移值 ΔD，即

$$\Delta D = \sqrt{\Delta A^2 + \Delta B^2} \tag{9-7}$$

根据总偏移值 ΔD 和建筑物的高度 H 即可计算出其倾斜度 i。

$$i = \arctan\alpha = \frac{\Delta D}{H} \tag{9-8}$$

（3）测水平角法。如图 9-10 所示，对塔、圆形建筑或构件的倾斜观测，可采用测水平角的方法。P_1 和 P_2 分别为其顶部和底部中心，A 和 B 为地面观测墩，两者与烟囱中心的连线相互垂直。在测站 A 上测得建筑物的底部和顶部两侧边缘线与基准线 AB 之间的夹角分别为 $\angle 1$、$\angle 4$、$\angle 2$、$\angle 3$，在测站 B 上得 $\angle 5$、$\angle 8$、$\angle 6$、$\angle 7$。计算出 $(\angle 2 + \angle 3)/2$ 和 $(\angle 1 + \angle 4)/2$，它们分别表示烟囱上部中心和底部基础中心的方向，已知测站 A 至烟囱中心的距离，即可计算出烟囱上部中心相对于底部基础中心的位移 a_1。

视频：建筑物的
位移观测

同样，计算出 $(\angle 6 + \angle 7)/2$ 和 $(\angle 5 + \angle 8)/2$，计算出测站 B 上测出的烟囱上部中心相对于底部基础中心的位移 a_2。将 a_1 和 a_2 相加，即可得到烟囱上部中心相对于基础底部中心的相对位移值，如图 9-11 所示。

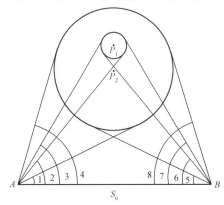

图 9-10　测水平角法示意

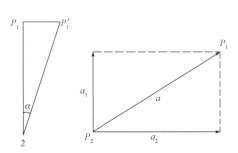

图 9-11　矢量相加法示意

（4）前方交会法（图 9-12）。首先在圆形建筑物周围标定 A、B、C 三点，观测其转角和边长，则可求得其坐标；然后分别设站于 A、B、C 三点，观测圆形建筑物顶部两侧切线

与基线的夹角，并取其平均值；以同样的方法观测圆形建筑物底部；按角度前方交会定点的原理，即可求得圆形建筑物顶部圆心 O' 和底部圆心 O 的坐标。再用计算出偏移距 e，用式(9-10)即可计算出建筑物的倾斜值：

$$e=\sqrt{(x_0'-x_0)^2+(y_0'-y_0)^2} \tag{9-9}$$

$$i=\arctan\alpha=\frac{e}{H} \tag{9-10}$$

所选基线应与观测点组成最佳构形，交会角宜为 $60°\sim120°$。水平位移计算可采用直接由两周期观测方向值之差解算坐标变化量的方向差交会法，也可采用按每周期计算观测点坐标值，再以坐标差计算水平位移的方法，如图 9-12 所示。

(5)全站仪测距法。如图 9-13 所示，在建筑物顶部两侧布设 3 对距离观测标志，采用全站仪反射片，用全站仪观测基点 M 和 N 各自到 A、B、C 和 D、E、F 的距离，读数到 0.1 mm，根据各次观测的距离差值，计算倾斜。在 M、N 附近的建筑物墙壁上再设置若干个检查点，每次观测前，检查 MN 是否变动。

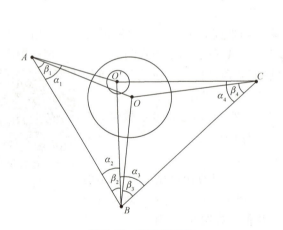

图 9-12　前方交会法

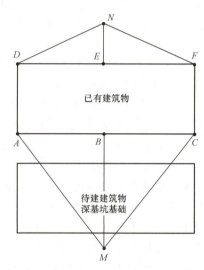

图 9-13　全站仪测回法倾斜观测示意

(6)激光铅垂仪观测法。应在顶部适当位置安置接收靶，在其垂线下的地面或地板上安置激光铅垂仪或激光经纬仪，按一定周期观测，在接收靶上直接读取或量出顶部的水平位移量和位移方向。作业中仪器严格置平、对中，应旋转 180°观测两次取其中数。对超高层建筑，当仪器设在楼体内部时，应考虑大气湍流影响。

3. 主体倾斜观测周期

建筑主体倾斜观测的周期，可视倾斜速度每隔 1~3 个月观测一次。如遇基础附近因大量堆载或卸载、场地降雨长期积水等而导致倾斜速度加快时，应及时增加观测次数。施工期间的观测周期应随施工进度并结合实际情况确定，具体要求与前述沉降观测的周期要求相同。倾斜观测应避开强日照和风荷载影响大的时间段。

4. 主体倾斜观测成果

倾斜观测工作结束后，应提交下列成果：

(1)倾斜观测点位布置图；

（2）观测成果表、成果图；

（3）主体倾斜曲线图；

（4）观测成果分析资料。

【知识思维导图】

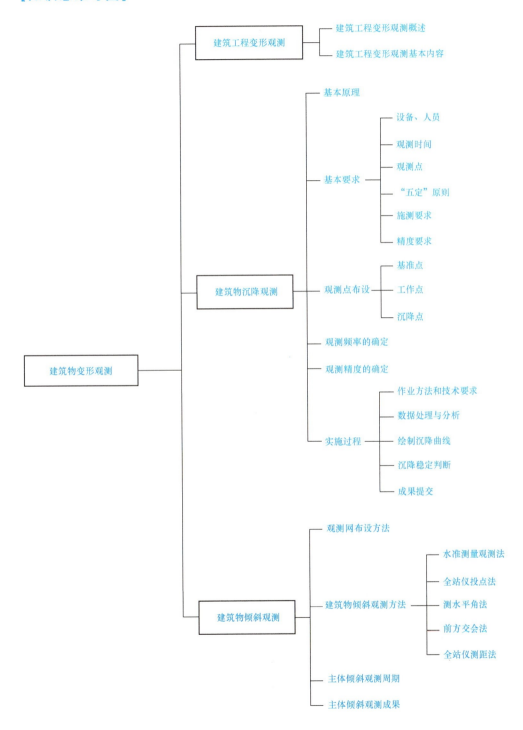

知识要点	能力要求	所占分值(100 分)	自评分数
变形观测概述	(1)掌握变形观测的意义	10	
	(2)掌握变形观测的内容	10	
建筑物沉降观测	(1)基准点和观测点的布设	10	
	(2)掌握沉降观测的方法	20	
	(3)能够对沉降观测数据进行处理	20	
建筑物倾斜观测	(1)掌握建筑物倾斜观测网的布设方法	10	
	(2)掌握建筑物倾斜的方法	10	
	(3)了解倾斜观测的观测周期和成果内容	10	
总分		100	

【素养提升】

变形观测是一项精密的科学工作，需要测量人员遵循严格的测量规范和标准，对测量的每个环节和细节都要认真负责，不容许有任何的差错和疏忽，体现了严谨认真的工作态度。变形观测人员要求具备严谨的科学思维和方法，能够正确地运用测量原理和公式，合理地选择测量仪器和设备，严格地控制测量误差和精度，准确地进行测量计算和分析，确保测量的科学性和权威性。

课后习题

一、单项选择题

(1)每个工程变形观测应至少有(   )个基准点。

A. 2   B. 3   C. 4   D. 5

(2)在施工沉降观测过程中，若工程暂时停工，停工期间可每隔(   )个月观测一次。

A. 1～2   B. 2～3   C. 3～4   D. 4～5

(3)塔形、圆形建筑或构件宜采用(   )观测主体倾斜。

A. 投点法   B. 测水平角法

C. 前方交会法   D. 正、倒垂线法

(4)对于深基础建筑或高层、超高层建筑，沉降观测应从(   )时候开始。

A. 上部结构施工   B. 主体封顶   C. 不一定   D. 基础施工

(5)基准点在施工过程中应每隔(   )个月复测一次。

A. 1～2   B. 2～3   C. 3～4   D. 4～5

二、多项选择题

(1)变形观测网观测周期的确定因素有(　　)。

A. 观测体变形特征

B. 观测体变形速率

C. 观测精度

D. 工程地质条件

(2)每期观测结束后,数据处理中出现(　　)情况,必须立即通知建设单位和施工单位采取相应措施。

A. 变形量达到预警值或接近允许值

B. 变形量缓慢增长但未达到预警值

C. 建(构)筑物的裂缝或地表裂缝快速扩大

D. 变形量出现异常变化

(3)沉降观测应提交(　　)。

A. 工程平面位置图及基准点分布图

B. 沉降观测点位分布图

C. 沉降观测成果表

D. 荷载-时间-沉降量曲线图

E. 等沉降曲线图

(4)倾斜观测结束后,提交的成果一般包括(　　)。

A. 建筑物设计图及施工详图

B. 观测点位布置图

D. 观测成果表

C. 基准点位分布图

E. 主体倾斜曲线图

三、综合探究题

(1)建筑物沉降观测点的埋设要求有哪些?

(2)主体倾斜观测点的布设应满足哪些要求?

项目 10 竣工总图的编绘与竣工测量

相关规范

1.《工程测量标准》(GB 50026—2020)；

2.《工程测量通用规范》(GB 55018—2021)；

3.《总图制图标准》(GB/T 50103—2010)。

学习重难点

1. 竣工总图和竣工测量的概念。

2. 竣工总图编绘的原则。

3. 编绘竣工总平面图的意义。

4. 编绘竣工总平面图的方法和步骤。

5. 竣工总图的编制规定。

岗课赛证

国家职业技能标准——工程测量员(2019 年版)

高级：

(1)能进行城市建设工程竣工规划的核实测量。

(2)能进行城市建设工程竣工规划核实测量数据的检查与整理。

10.1　概　述

　　竣工总图是工程竣工后的平面图，反映了工程内部的建（构）筑物、管线、地形等的实际位置和形状，是工程的技术档案资料，也是工程竣工验收的必备条件之一。

　　建设工程项目施工完成后，应根据工程需要编绘或实测竣工总图。竣工总图应采用数字竣工图。竣工总图的比例尺，厂区宜选用1∶500，线状工程宜选用1∶2 000；坐标系统、高程基准、图幅大小、图上注记、线条规格，应与原设计图一致；图例符号应符合现行国家标准《总图制图标准》（GB/T 50103—2010）的有关规定。

　　竣工测量是在工程竣工时，对建（构）筑物或管网等的实地平面位置、高程进行的测量工作，是编绘竣工总图的依据。竣工测量的内容包括控制测量、细部测量、竣工图编绘等。竣工测量的方法和精度应满足相关规范的要求。

　　竣工总图的编绘应充分利用设计和施工资料，使用前应对所收集的资料进行实地对照检核，不符之处应实测。竣工总图的坐标系统、比例尺、图幅大小、图上注记、线条规格应与原设计总平面图一致。竣工总图应以遵循现场测量为主，资料编绘为辅的原则进行。

10.2　竣工总平面图的编绘

　　竣工总平面图是设计总平面图在施工后实际情况的全面反映，所以，设计总平面图不能完全代替竣工总平面图。

　　新建的工程竣工总平面图的编绘，最好是随着工程的陆续竣工相继进行。一面竣工，一面利用竣工测量成果编绘竣工总平面图。如发现地下管线的位置有问题，可及时到现场核对，使竣工图能真实反映实际情况。边竣工边编绘的优点：当工程全部竣工时，竣工总平面图也大部分编制完成；既可作为交工验收的资料，又可大大减少实测工作量，从而节约了人力和物力。

10.2.1　编绘竣工总平面图的意义

　　竣工总平面图是设计总平面图在施工结束后实际情况的全面反映。由于设计总平面图在施工过程中因各种原因需要进行变更，所以设计总平面图不能完全代替竣工总平面图。为此，施工结束后应及时编绘竣工总平面图。其目的如下：

　　(1)由于设计变更，使建成后的建（构）筑物与原设计位置、尺寸或构造等有所不同，这种临时变更设计的情况必须通过测量反映到竣工总平面图上；

　　(2)将便于日后进行各种设施的维修工作，特别是地下管道等隐蔽工程的检查和维修工作；

　　(3)为企业的扩建提供了原有各项建筑物、地上和地下各种管线及测量控制点的坐标、高程等资料。

编绘竣工总平面图，需要在施工过程中收集一切有关的资料，并对资料加以整理，然后及时进行编绘。为此，在建筑物开始施工时应有所考虑和安排。

10.2.2 编绘竣工总平面图的方法和步骤

1. 绘制前准备工作

(1)确定竣工总平面图的比例尺。建筑物竣工总平面图的比例尺一般为 1:500 或 1:1 000。

(2)资料收集。竣工总图的编绘应收集下列资料：总平面布置图、施工设计图、设计变更文件、施工检测记录、竣工测量资料、其他有关资料。

(3)资料检查。编绘前，应对所收集的资料进行实地对照检核，并应实测不符之处的位置、高程及尺寸。

2. 竣工测量

在建筑物施工过程中，在每个单项工程完成后，必须由施工单位进行竣工测量，提出工程的竣工测量成果，作为编绘竣工总平面图的依据。竣工总图的实测与编辑宜采用全站仪测图、RTK 测图、地面三维激光扫描测图及数字编辑成图的方法。

竣工测量内容如下：

(1)工业厂房及一般建筑物：房角坐标、几何尺寸、各种管线进出口的位置和高程，房屋四角室外高程；并附注房屋编号、结构层数、面积和竣工时间等。

(2)地下管线：检修井、转折点、起终点的坐标，井盖、井底、沟槽和管顶等的高程，附注管道及检修井的编号、名称、管径、管材、间距、坡度和流向。

(3)架空管线：转折点、结点、交叉点和支点的坐标，支架、间距、基础标高等。

(4)交通线路：起终点、转折点和交叉点坐标，曲线元素，桥涵等构筑物位置和高程，人行道、绿化带界线等。

(5)特种构筑物：沉淀池、污水处理池、烟囱、水塔等及其附属构筑物的外形、位置及标高等。

(6)其他：测量控制网点的坐标及高程，绿化环境工程的位置及高程。

在竣工总图中，建(构)筑物细部点的点位和高程中误差应符合表 10-1 的规定。

表 10-1　建(构)筑物细部点的点位和高程中误差　　　　　　　　　　　　　　mm

地物类别	点位中误差	高程中误差
主要建(构)筑物	50	20
一般建(构)筑物	70	30

3. 竣工总平面图的编绘

对凡有竣工测量资料的工程，若竣工测量成果与设计值之比差不超过所规定的定位容许误差时，按设计值编绘；否则应按竣工测量资料编绘。

如果施工单位较多，多次转手，造成竣工测量资料不全，图面不完整或与现场情况不符时，应进行实地测绘竣工总平面图。

10.2.3　竣工总平面图的附件

为了全面反映竣工成果，便于日后的管理、维修、扩建或改建，下列与竣工总平面图有关的一切资料，应分类装订成册，作为竣工总平面图的附件保存：

(1)建筑场地及其附近的测量控制点布置图和坐标与高程一览表；

(2)建筑物或构筑物沉降及变形观测资料；

(3)地下管线竣工纵断面图；

(4)工程定位、放线检查及竣工测量的资料；

(5)设计变更文件及设计变更图；

(6)建设场地原始地形图等。

10.3　竣工总图的编制规定

地面建(构)筑物应按实际竣工位置和形状进行编制，地下管道及隐蔽工程应根据回填前的实测坐标和高程记录进行编制，施工中若有变更，应根据设计变更文件编制，资料与实地不符时，应按实测资料编制。

10.3.1　竣工总图的绘制规定

(1)应绘制出地面的建(构)筑物、道路、铁路、地面排水沟渠、树木及绿化地等；

(2)矩形建(构)筑物的外墙角应注明两个以上点的坐标；

(3)圆形建(构)筑物应注明中心坐标及接地处半径；

(4)主要建筑物应注明室内地坪高程；

(5)道路的起终点、交叉点应注明中心点的坐标和高程，弯道处应注明交角、半径及交点坐标，路面应注明宽度及铺装材料；

(6)铁路中心线的起终点 X 曲线交点应注明坐标，曲线上应注明曲线的半径、切线长、曲线长外矢矩、偏角等曲线元素，铁路的起终点、变坡点及曲线的内轨轨面应注明高程。

10.3.2　给水排水管道专业图的绘制规定

(1)给水管道应绘制出地面给水建筑物及各种水处理设施和地上、地下各种管径的给水管线与附属设备；管道的起终点、交叉点、分支点应注明坐标；变坡处应注明高程；变径处应注明管径及材料；不同型号的检查井应绘制详图；当图上无法按比例绘制管道结点时，可用放大详图表示。

(2)排水管道应绘制出污水处理构筑物、水泵站、检查井、跌水井、水封井、雨水口、排出水口、化粪池及明渠、暗渠等；检查井应注明中心坐标、出入口管底高程、井底高程、井台高程；管道应注明管径、材质、坡度；对不同类型的检查井，应绘制出详图。

(3)在给水排水管道专业图上，还应绘制出地面有关建(构)筑物、铁路、道路等。

10.3.3　动力、工艺管道专业图的绘制规定

(1)应绘制出管道及有关建(构)筑物；管道的交叉点、起终点应注明坐标、高程、管径和材质。

(2)对于沟道敷设的管道，应在适当地方绘制沟道断面图，并应标注沟道的尺寸及各种管道的位置。

(3)在动力、工艺管道专业图上，还应绘制出地面有关建(构)筑物、铁路、道路等。

10.3.4　电力及通信线路专业图的绘制规定

(1)电力线路应绘制出总变电所、配电站、车间降压变电所、室内外变电装置、柱上变压器、铁塔、电杆、地下电缆检查井等；并应注明线径、输电导线数、电压及送变电设备的型号、容量。

(2)通信线路应绘制出中继站、交接箱、分线盒(箱)、电杆、地下通信电缆入孔等；

(3)各种线路的起终点、分支点、交叉点的电杆应注明坐标，线路与道路交叉处应注明净空高。

(4)地下电缆应注明埋设深度或电缆沟的沟底高程。

(5)电力及通信线路专业图上，还应绘制出地面有关建(构)筑物、铁路、道路等。

10.4　某地《建设工程竣工测量技术规程》

1. 总则

1.1　为了确保建设工程规划验收工作的顺利进行，统一建设工程竣工测量技术要求，确保测量成果和成图的质量，特制定本规程。

1.2　本技术规程适用于《××建设工程规划批后管理暂行规定》所要求的各类建设工程的竣工测量。

1.3　建设工程竣工测量应采用济南市独立坐标系和1985国家高程基准。

1.4　建设工程竣工测量成果应采用统一标准格式的图纸和电子文档，图纸的比例尺一般为1∶500(图形数据格式为＊.dwg，文档数据格式为＊.doc)。

1.5　建设工程竣工测量成果资料应归档永久保存。

2. 主要技术依据

(1)《城市测量规范》(CJJ/T 8—2011);

(2)《卫星定位城市测量技术标准》(CJJ/T 73—2019);

(3)《城市地下管线探测技术规程》(CJJ 61—2017);

(4)《城市基础地理信息系统技术标准》(CJJ/T 100—2017);

(5)《国家基本比例尺地图图式 第1部分:1:500 1:1 000 1:2 000 地形图图式》(GB/T 20257.1—2017);

(6)《数字测绘成果质量检查与验收》(GB/T 18316—2008)。

3. 一般规定

3.1 测量单位在接受委托后,应认真研究《建设工程规划许可证》及附图的要求,确定建设工程规划竣工测量的范围,编制技术设计书(一般工程可编制策划说明)。

3.2 根据《建设工程规划许可证》及附图的要求,确定周边建筑、围墙、河、渠、现状路、铁路、高压塔(线)、古树、文物等地物待测点,作为对照建设工程规划竣工测量与建设工程规划验线测量差异的条件点。

3.3 地形图测量的作业方法和技术要求按照《城市测量规范》(CJJ/T 8—2011)相应条款执行。

3.4 条件点和规划控制线、建(构)筑物、道路和管线工程的特征点坐标或高程应标注在建设工程竣工图上。

4. 控制测量

控制测量的作业方法和技术要求按照《城市测量规范》(CJJ/T 8—2011)相应条款执行外,还须满足下列要求:

(1)平面控制起算点不得低于城市三级导线精度;

(2)高程控制起算点不得低于《城市测量规范》(CJJ/T 8—2011)相关技术要求;

(3)图根导线和水准测量必须采用附合线路。

5. 建(构)筑物工程竣工测量

建(构)筑物竣工测量除应按《城市测量规范》(CJJ/T 8—2011)相应条款进行地形图测绘外,还应包括以下内容:

(1)主体建(构)筑物相关地形要素的测量;

(2)高程、高度测量;

(3)规划要素测量、计算。

5.1 主体建(构)筑物相关地形要素的测量。

5.1.1 主体建(构)筑物外部轮廓线的测量。

测量主体建(构)筑物轮廓线平面图形、建(构)筑物外轮廓的拐点及悬挑部分的投影点、架空过道等特征点。

每栋建(构)筑物应使用解析测量法测定不少于两点(房角)的建筑物坐标。

5.1.2 主体建(构)筑物外部轮廓线距四至边界距离的测量。

(1)测量主体建筑的主要拐点距四至边界的距离。

(2)所测量或计算的数据、距离等的位置应和《建设工程规划许可证》附图所标注的位置相对应。

5.1.3 除测量主体建(构)筑物轮廓线平面图外，还应测量与《建设工程规划许可证》附图对应的建设用地范围内的其他现状地物，如保留的建(构)筑物、道路及绿化用地、单独设立的配套设施等，并用必要的注记在地形图中标注相关的信息。

5.2 高程、高度测量。

5.2.1 室内地坪、室外地坪(或散水)高程的测量。

应按附合图根水准测量方法对建(构)筑物的室外地坪、室内地坪的高程、±0 的绝对高程进行实测。线路总长不得大于 8 km，视线长度不宜超过 100 m，线路闭合差不大于 $\pm10\sqrt{n}$ mm(n 为站数)，观测采用中丝读数法。测量点数视情况定，并应在竣工图中标注所测位置及高程值。

室外地坪的高程一般应为建(构)筑物散水坡脚的地面高程。

同一建筑物室内地坪有高差的应分别测量。

5.2.2 楼高测量。

(1)楼高是指建(构)筑物檐口或女儿墙顶到室外地坪的相对高度。

(2)对于平面屋顶的建(构)筑物，应测量屋顶楼面到室外地坪的相对高度；有女儿墙的，还应测量女儿墙顶到室外地坪的相对高度和女儿墙顶到屋顶楼面的相对高度。在楼高立面图上分段标注女儿墙顶—楼顶、楼顶—±0、±0—室外地坪的高差。

如果室外地坪没有成形，则算出设计±0至散水的高差，如果散水也没完工，测出建(构)筑物首层室内地坪的绝对高度，在楼高立面图上分段标注：女儿墙顶—楼顶、楼顶—散水(首层室内地坪)、散水(首层室内地坪)—±0，并在"说明"栏中注明：现场室外地坪(散水)均未完工。

分段除标注各高差外，还必须在立面图上标注出整体高度。标注格式详见图 10-1(楼高立面示意)。

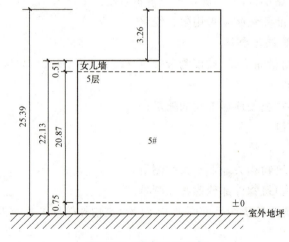

图 10-1 楼高立面示意

(3)对于坡屋面或其他曲面屋顶的建(构)筑物，应测量建(构)筑物外墙与屋面板交点至室外地坪的高度。如果建设工程规划许可证附件要求测出最高点高度，应按要求测量。

(4)凸出屋面的水箱间、电梯间、亭台楼阁一般可不测高度；如果建设工程规划许可证中有要求，应按要求测量。

（5）阶梯式建筑要测出各楼层的高度，各楼层都要标出分段高差和整体高度，并应在立面图中分段标注。

（6）可用手持测距仪、三角高程法、前方交会法或用钢尺实量法。两次测量值的较差不大于 10 cm 时，取平均值作为最终值。

5.3　规划要素测量、计算。

5.3.1　四至距离的计算。

（1）建（构）筑物与四至边界的距离计算可采用解析法，根据所测的坐标进行计算，计算可在计算机图形软件中进行。

（2）建（构）筑物与四至边界的距离也可采用实量法，即在实地采用手持测距仪、光电测距或钢尺丈量法进行间距测量。

5.3.2　依据建筑物轮廓线和层数，计算建筑物面积。

5.3.3　实测停车场的停车泊位，标注停车泊位数量。

5.3.4　实测现状形成的绿地，计算面积。

5.3.5　其他规划竣工验收内容的测量应在满足《城市测量规范》（CJJ/T 8—2011）相应要求的前提下，按规划验收的要求实施。

6. 道路工程竣工测量

本规程所指的道路为城市的主、次干道及支路。道路工程竣工测量除应按《城市测量规范》（CJJ/T 8—2011）相应条款进行地形图测绘外，还应包括以下内容：

（1）纵断面测量；

（2）横断面测量；

（3）其他规划竣工验收要素的测量。

6.1　纵断面测量。

6.1.1　道路中心线应采用极坐标法进行测量，点位间距不宜大于 30 m。采集的点位应能反映道路走向及坡度变化。并在建设工程竣工图上标注。

6.1.2　计算道路平面及竖向曲线部分的起点、中点、终点、交点等坐标及坡度等，并绘制纵断面图。

6.2　横断面测量。

根据道路横向坡度的变化，选有代表性的位置采用极坐标法进行采集，并在建设工程竣工图上标注断面位置，并绘制横断面图。

6.3　其他规划竣工验收要素的测量应在满足《城市测量规范》（CJJ/T 8—2011）相应要求的前提下，按规划验收的要求实施。

7. 管线工程竣工测量

地下管线工程的竣工测量应在覆土前进行。

7.1　管线工程竣工测量除应按《城市测量规范》（CJJ/T 8—2011）相应条款进行地形图测绘外，还应包括以下内容：

（1）测量管线起止点、转折点、分支点、交叉点、变径点及每隔适当距离的直线点等的平面位置、高程及架空管道的高度等；

（2）调查并标注管线的类别、材质、埋深、断面尺寸、电缆孔数、管偏、传输物质特征

（流向、压力、电压等）、埋设年月等；

（3）其他规划竣工验收要素的测量。

7.2　测量方法和要求。

（1）作业方法和技术要求按照《城市测量规范》（CJJ/T 8—2011）和《城市地下管线探测技术规程》（CJJ/T 61—2017）的相应条款执行。

（2）将管线成果与建设工程竣工图叠加生成管线图，并填写管线工程竣工测量成果表。

（3）其他规划竣工验收要素的测量应在满足《城市测量规范》（CJJ/T 8—2011）相应要求的前提下，按规划验收的要求实施。

8.竣工测量资料的整理

（1）尺寸标注：标注的尺寸必须是验测计算和实量的尺寸，如果计算的是垂直距离，应标注在点位上，并应标注垂足符号。

（2）坐标标注：在竣工测量图中应标注实测的对应建设工程规划许可证附图中标注坐标的点位坐标。

（3）文字标注：在竣工测量成果图中，所测的楼、围墙等现状地物可不标点名，应标注楼号。

（4）线型：对于竣工测量的建（构）筑物，在成果图中应采用0.25 mm粗线表示；周边的相关建筑、规划路、拨地红线、规划控制线、设计边线、标注尺寸线等应采用0.13 mm细线表示。

（5）计算时，角值应取至秒，距离和坐标值应取至毫米。标注时，角值应取至分，距离、坐标和高程值应取至厘米，面积值应取至0.1 m²。

9.竣工测量资料

（1）《建设工程规划许可证》及附图要求（复印件）；

（2）合同（或合同评审会议纪要）；

（3）技术设计书（一般工程可编制策划说明）；

（4）计算资料（控制点来源及检测资料、外业观测记录、导线计算、水准计算等）；

（5）建（构）筑物（道路、管线）竣工图及电子数据（＊.dwg格式）；

（6）检验记录；

（7）建设工程竣工测量成果，附录；

1）建设工程竣工测量技术报告；

2）成果表；

①建（构）筑物竣工测量成果表（附表1）；

②道路工程竣工测量成果表（附表2）；

③管线工程竣工测量成果表（附表3）。

3）建设工程竣工图；

4）楼高立面示意图［注：建（构）筑物竣工测量使用］；

5）纵断面测量（注：道路工程竣工测量使用）；

6）横断面测量（注：道路工程竣工测量使用）；

7）其他规划竣工验收要提交的资料。

【知识思维导图】

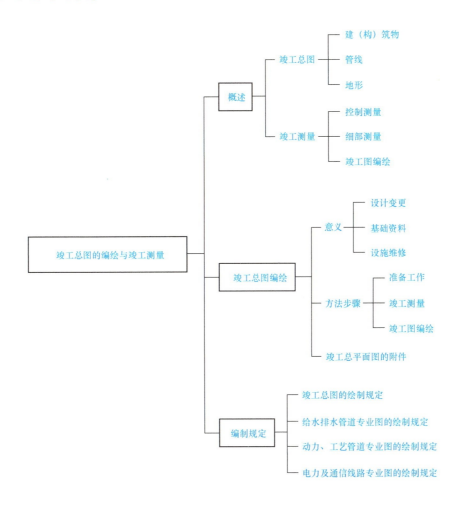

【能力评价】

知识要点	能力要求	所占分值(100 分)	自评分数
竣工总图的编绘与竣工测量	(1)掌握竣工总图和竣工测量的基本概念	15	
	(2)掌握编绘竣工总平面图的意义	10	
	(3)能够独立或协同完成竣工总图编制和竣工测量的实际工作	30	
	(4)掌握编绘竣工总平面图的方法和步骤	30	
	(5)能够撰写竣工总图和竣工测量的技术报告与说明	15	
总分		100	

竣工测量是建筑工程的重要环节，涉及工程质量、安全、效益等方面。竣工测量要遵循国家法律法规和行业标准，体现对社会主义法治的尊重和维护；竣工测量要坚持科学的测量方法和技术，体现对科学精神和创新能力的培养；竣工测量要严格执行测量规程和质量控制，体现对工程质量和社会责任的重视；竣工测量要注重团队协作和沟通交流，体现对团结合作和人文关怀的价值观；竣工测量要诚实守信和公正公开，体现对职业道德和社会公德的遵守。

课后习题

一、判断题

(1)竣工测量的目的是确保建筑工程按照设计图纸准确施工，无须考虑后续使用和维护。

（　　）

(2)竣工测量仅包括建筑物本身尺寸的测量，不包括附属设施的测量。　　（　　）

(3)竣工总图需要反映出实际施工中的变更和调整。　　（　　）

(4)所有的竣工测量工作都应在建筑完工之前完成。　　（　　）

(5)竣工测量结果必须与设计图纸完全一致，否则即为不合格。　　（　　）

(6)只有设计单位才有资格编制竣工图。　　（　　）

(7)竣工图是建筑工程验收的必要条件之一。　　（　　）

(8)竣工图编制完成后，无须经过审核即可用于工程验收。　　（　　）

(9)对于未按设计要求执行的工程部分，可以不在竣工图中显示。　　（　　）

(10)竣工图需要显示出所有隐蔽工程的位置和细节。　　（　　）

二、选择题

(1)竣工测量的主要目的是（　　　）。

A. 确保建筑设计美观　　　　　　　　B. 检查施工质量是否符合设计要求

C. 为后续工程提供基础数据　　　　　D. 确定建筑材料的使用情况

(2)在进行竣工测量时，以下做法错误的是（　　　）。

A. 根据实地情况调整测量方案　　　　B. 忽略小的偏差，不做记录

C. 使用精密的测量工具和设备　　　　D. 按照预定的精度要求执行测量

(3)在竣工测量过程中，如果发现建筑物与设计图纸不符，处理方式是（　　　）。

A. 忽视小的差异，不作修改

B. 立即停止测量，通知设计单位重新设计

C. 记录差异，并在竣工报告中说明

D. 自行修改设计图纸以适应实际状况

(4)竣工测量报告一般不包括（　　　）。

A. 实地测量的数据和分析结果　　　　B. 施工过程中的照片和视频资料

C. 竣工总图和相关图纸　　　　　　　　　　D. 施工队伍的人员名单

(5)竣工测量的成果物主要用途是(　　　)。

A. 用于施工结算　　　　　　　　　　　　　B. 作为物业管理的依据

C. 提供给政府相关部门备案　　　　　　　　D. 所有上述用途

(6)以下内容不应包含在竣工图中的是(　　　)。

A. 建筑物的基础类型　　　　　　　　　　　B. 管线走向和接点

C. 临时施工设施　　　　　　　　　　　　　D. 设备型号和参数

(7)竣工图的编制依据是(　　　)。

A. 设计图纸　　　　　　　　　　　　　　　B. 施工日志

C. 现场实测数据　　　　　　　　　　　　　D. 所有上述资料

(8)竣工图需要体现出的内容是(　　　)。

A. 理论施工结果　　　　　　　　　　　　　B. 实际施工结果

C. 设计预期效果　　　　　　　　　　　　　D. 材料供应商信息

(9)竣工图的编制应该在(　　　)完成。

A. 施工前　　　　　　　　　　　　　　　　B. 施工过程中

C. 竣工验收前　　　　　　　　　　　　　　D. 工程结算后

(10)竣工图的精确度应该达到(　　　)。

A. 设计图纸要求的精度　　　　　　　　　　B. 施工现场的实际情况

C. 相关行业标准和规范要求　　　　　　　　D. 甲方的特殊要求

三、简答题

(1)竣工总图和竣工测量的概念分别是什么?

(2)作为竣工总平面图的附件保存的资料有哪些?

(3)编绘竣工总平面图的意义是什么?

附　录

编号：××××

（规划许可证号）

×××××××
建设工程竣工测量成果

编制人：

审核人：

批准人：

测量单位：（盖章）

年　月　日

附图1

目　录

1. 建设工程竣工测量技术报告
2. 成果表
3. ××××××工程竣工图

附图 2

建设工程竣工测量技术报告

一、项目名称

二、工程概况

委托单位、项目位置等情况。

三、作业依据

规范、标准等。

四、平面控制

采用的坐标系统、使用仪器及型号、导线精度情况等。

五、高程控制

采用的高程系统、使用仪器及型号、高程精度情况等。

六、成图方法

采用的成图方式、软件情况等。

七、质量结论

精度情况、检查情况及结论等。

工程负责人：

年 月 日

附图3

附表 1 建(构)筑物竣工测量成果表

测量单位(章):　　　　　　　　　　　　　　　年　月　日

项目名称		工程地点	
建设单位		规划许可证号	
联系人		联系电话	

建(构)筑物空间定位指标

楼号	角点坐标/m			角点坐标/m			备注
	X	Y	H	X	Y	H	

建(构)筑物主要技术指标

楼号	工程项目	建筑性质	结构形式	项目性质	地上层数	地下层数	高度	底层建筑面积

备注:

填　表		检　查	

附表 2 道路工程竣工测量成果表

测量单位(章):   年　月　日

项目名称		工程地点	
建设单位		竣工时间	
联系人		联系电话	

规划道路主要技术指标						
序号	道路名称	路幅宽度/m			道路面积/m²	路面材质
		行车道	非机动车道	绿化带		

规划道路要素/m				
序号	X	Y	H	备　注

备注:	
填表		检查	

228

附表 3 管线工程竣工测量成果表

管线类别：　　　图幅编号：　　　日期：　　　权属单位：

管线点号	连接方向	材质	点特征	附属设施	管径/断面尺寸/mm	传输体特征		电缆孔数	已用孔数	电缆条数	建设年代	坐标/m		高程/m		路名	物探点号
						压力/电压	流向/性质					X	Y	地面	管顶（底）		
测绘单位（章）								填表					检查				

××××工程竣工图

竣工图中的内容应包括：

一、图廓整饰

参照《国家基本比例尺地图图式 第1部分：1∶500 1∶1 000 1∶2 000 地形图图式》(GB/T 2025 7.1—2017)执行。

1. 图名注记：××××工程竣工图，不注记图号。

2. 比例尺一般为1∶500或整百比例尺(特殊情况除外).

3. 图幅结合表根据需要而定。

4. 根据施测范围图幅可为矩形、竖幅或横幅.

二、按数字化测图方式进行现状地物测绘。

三、建(构)筑物角点(关键点)、规划道路中心、红线等的坐标标注.

四、建(构)筑物内部尺寸距离等。

五、其他规划验收所需的内容。

六、其他

附图 4

参考文献

［1］中华人民共和国住房和城乡建设部 . GB 50026—2020 工程测量标准［S］. 北京：中国计划出版社，2020.

［2］中华人民共和国国家市场监督管理总局，中国国家标准化管理委员会 . GB/T 20257.1—2017 国家基本比例尺地图图式　第 1 部分：1∶500　1∶1 000　1∶2 000 地形图图式［S］. 北京：中国标准出版社，2018.

［3］中华人民共和国住房和城乡建设部 . JGJ 8—2016 建筑变形测量规范［S］. 北京：中国建筑工业出版社，2016.

［4］中华人民共和国国家市场监督管理总局，中国国家标准化管理委员会 . GB/T 12898—2009 国家三、四等水准测量规范［S］. 北京：中国标准出版社，2009.

［5］袁建刚，刘胜男，张清波，等 . 建筑工程测量［M］. 2 版 . 北京：清华大学出版社，2019.

［6］杨文才，岳英龙 . 建筑工程测量（活页式）［M］. 北京：北京大学出版社，2023.

［7］陈锋，文学，雷朋涛 . 建筑工程测量（活页式）［M］. 武汉：华中科技大学出版社，2023.